中共海南省委宣传部、海南大学共建马克思主义学院项目成果

THE LOGIC OF THE FORMATION OF
MORAL BEHAVIOR IN SOCIAL ORGANIZATIONS

社会组织道德行为的生成逻辑

蒋　玉◎著

中国社会科学出版社

图书在版编目（CIP）数据

社会组织道德行为的生成逻辑／蒋玉著．—北京：中国社会
科学出版社，2016.6
ISBN 978－7－5161－8930－6

Ⅰ.①社…　Ⅱ.①蒋…　Ⅲ.①社会组织－道德行为－研究
Ⅳ.①C912.2

中国版本图书馆 CIP 数据核字（2016）第 221709 号

出 版 人	赵剑英	
责任编辑	任　明	
特约编辑	乔继堂	
责任校对	闫　萃	
责任印制	何　艳	

出　　　版	中国社会科学出版社
社　　　址	北京鼓楼西大街甲 158 号
邮　　　编	100720
网　　　址	http://www.csspw.cn
发 行 部	010－84083685
门 市 部	010－84029450
经　　　销	新华书店及其他书店

印刷装订	北京市兴怀印刷厂
版　　　次	2016 年 6 月第 1 版
印　　　次	2016 年 6 月第 1 次印刷

开　　　本	710×1000　1/16
印　　　张	13.5
插　　　页	2
字　　　数	215 千字
定　　　价	58.00 元

凡购买中国社会科学出版社图书，如有质量问题请与本社营销中心联系调换
电话：010－84083683

摘　　要

社会组织是指与政府组织和企业组织相区别的，隶属于社会体系，具有非政府性、非营利性和志愿公益性或互益性特征的各种组织形式及其网络形态。社会组织道德行为，是指社会组织以其组织结构、组织伦理使命及特定的伦理氛围整合组织成员的道德信念及道德行动，从而做出的可以进行善恶评价的、具有道德意义的积极行为。从不同视角，社会组织道德行为可以划分为职能型与任务型道德行为、社会动员型与成员自主型道德行为、规范依循型与规范建构型道德行为。不同类型的道德行为，其生成逻辑具有一定的差异。在对差异性进行比较的基础上可以更为准确地把握其共性所在，即社会组织道德行为生成的基本逻辑。社会组织道德行为的价值主要在于促进个体的道德实现，有效地防范社会组织的伪善，构建社会的和谐伦理秩序。

在现代性伦理危机及社会转型期道德动荡的双重裹挟下，当前中国社会组织道德行为的实际状况不容乐观。现代性伦理危机，一方面是生活世界中道德被金钱和权力败坏的危机；另一方面，是伦理理论合法性危机。由此导致了营利化、行政化、去志愿化等"社会组织之恶"，社会组织道德行为陷入社会压力情境下的自主性悖论、多元文化背景下价值取向困境及"志愿失灵"等困境之中。这一切表明，社会组织道德行为的生成逻辑在方向、动力两个维度上存在多重障碍。

社会组织的团结性确保道德行为方向的一致和动力的统一，是道德行为发生的前提。追求团结应该成为现代社会组织的伦理行动。建构社会组织的团结性，首先，需要对个体进行主体动员，并保持在个体道德自我基础上的去个体化，实现道德取向的普遍化；其次，需要组织成员对社会组织实现从身份认同到精神归属，树立组织荣辱感、道德责任感和组织忠诚，促使成员与社会组织自觉地结成道德命运共同体；最后，社会组织内部通过组织传播、道德学习等方式提升组织凝聚力，使社会组织团结性获得发展性力量。

　　动力机制是社会组织道德行为发生的基本条件。在道德行为如何发生的问题上，问题本身的复杂性及当前社会转型期所遭遇的价值环境导致伦理学更关注价值取向或道德标准问题，而对道德的行为是如何发动和发展，即道德行为的动力机制问题关注不够。有效的动力机制是社会组织道德行为生成的关键因素之一。其动力机制的主体基础是组织认同，为此，社会组织必须确立起"组织自我"。社会组织道德行为的动力源表现为趋避选择的组织形态、道德文化累积层上的集体道德冲动形态以及集体的极化效应等多种形态，其动力模式主要包括原发内生型、集体自省型和外部压力型模式三种，其动力传递机制包括借助于权力或权威、道德榜样的感召力等实现动力的组织内传播。

　　组织伦理能力对道德行为的方向和动力进行有效调控和审慎反思，是社会组织道德行为发展的内源性力量。社会组织伦理能力较其他类型组织更强，它能保障社会组织更全面、持续地进行伦理反思，并维持在道德价值取向和道德规范的开放程度和道德行为的控制水平，从而实现道德行为的自觉自控。伦理决策能力和伦理反思能力是组织伦理能力的重要体现。伦理决策能力主要体现为对道德场的感知及道德行为方案的制定和优选。伦理反思能力促进社会组织道德行为的组织自律及对行为边界的正确把握。社会组织的道德行为应以社会组织的伦理能力为限，从政府更有实力和市场更有效率的领域退出，回归到"道德人"供给的志愿行为边界之内。

　　关键词：社会组织道德行为；现代性伦理危机；道德行为方向；道德行为动力机制；组织伦理能力

Abstract

Social organization refers to the various forms of organizational forms and their networks, with a non-governmental, non-profit and volunteer or nonprofit mutual benefit characteristics, under the social system, and different from governmental organizations and business organizations. Moral behavior of social organization indicates which the social organization make the evaluation can be good and evil, with the moral significance of positive behavior, in their moral convictions and moral action organizational structure, mission and organizational ethics specific ethical atmosphere integrate members of the organization. From a different perspective, Moral behavior of social organization can be classified as a functional and task-based ethical behavior, social mobilization and the members of autonomous type of ethical behavior, norms and specifications Constructive type follow ethical behavior. Different types of moral behavior, its generation logic has some differences. On the basis of the difference can be compared more accurately grasp the similarities lie, namely the basic logic of moral behavior of social organizations. The value of moral behavior of social organization is to promote ethical behavior and moral achieve major individual, effectively prevent the hypocrisy of social organization, and build a ethical harmonious society.

In the modern ethical crisis andsocial transformation, the current actual situation of moral behavior of Chinese social organization is not optimistic. the modern ethical crisis, on the one hand, refer to moral crisis of the living world be corrupted by the money and power; on the other hand, is a crisis of legitimacy ethical theory. Profit-seeking, the administrative tendency, and removing volunteer of social organization, Which led to the evil of society organization. Moral behavior of social organization fall into the paradox of autonomy under social pressure situations, the dilemma of value orientation under multicultural cultural background, and voluntary failure etc. All this shows that the logic of formation of moral behavior of social organization exist multiple combination obstacle in the dimensions of direction and power.

The unity of moral behavior of social organization should be based on the solidarity of social organization. The pursuit of solidarity should be the ethical actions of modern social organizations. The construction of the solidarity of social organization, First, individuals need to mobilize the body and keep the individual on the basis of moral self deindividuation achieve universalization of moral orientation. Secondly, the social organization members achieve the change from identity to belonging to the spirit, set up the feeling of honor and disgrace of social organization, moral responsibility and organizational loyalty, prompting members form self-consciously of the moral destiny community with social organization. Once again, the social organization through internal organizational communication, moral learning to enhance organizational cohesion, and the solidarity social organizations obtain endogenous forces.

Effective dynamic mechanism is one of the key factors inthe logic of formation of moral behavior of social organization. On the question of how moral behavior occurs, the complexity of the problem itself and the current social transition encountered led to ethics are more concerned about the value of environmental values or ethical standards, moral behavior and how to launch and develop, that moral behavior the dynamic mechanism concern enough. The main basis of the dynamic mechanism of moral behavior of social organization is organizational identity. For this reason, social organizations must be established from the self-organization. the power source of moral behavior of social organization showed aversion selection morphology, collective moral impulse shape and collective polarization effects on the moral cultural accumulation layer on a variety of forms, the dynamic pattern including primary endogenous, collective introspection and external pressures schema type. the dynamic mechanism of moral behavior of social organization also include the transfer of power within the organization by means of power or authority, moral example charisma, etc.

The ethical capability of social organization regulate and reflect the direction and power of moral behavior of social organization, which is endogenous power of of moral behavior development of social organizations. The ethical capability of social organization stronger than other types of organizations, which can guarantee a more comprehensive and sustained ethical reflection, and to maintain the openness of value orientation and moral norm, and control over the level of moral behavior. In the role of organizational ethical capability, the decision of moral behavior of social organization includes four steps: the perception of moral field, the assess the fit between the needs of ethical behavior and service object, and the establishment and the optimization of the moral behavior project. The control of moral behavior of social organization show as the prevention to non-forward effects, such as the loss of coordination, accident and irrational factors of members. The moral behavior of social organization should be based on the ethical capability of social organization, which exit from the more powerful field of the government organization and the more efficient field of the market organization, which return to the boundaries of volunteer behavior of the supply by moral man.

  Key words: the moral behavior of social organization; modern ethical crisis; the orientation of the moral behavior; the dynamic mechanism of moral behavior; the ethical capability of social organization

目　　录

绪论 ……………………………………………………………（1）

  一　社会组织道德行为的研究缘起 …………………………（2）

  二　相关研究成果综述 ………………………………………（8）

  三　本书的基本思路和主要方法 ……………………………（19）

  四　本研究的重点及难点 ……………………………………（20）

  五　本研究的创新之处 ………………………………………（21）

第一章　社会组织道德行为的一般理论阐释 ………………（22）

  第一节　社会组织道德行为的义涵及其特殊性 …………（22）

    一　本书所称的"社会组织" ………………………………（23）

    二　社会组织道德行为的含义 ……………………………（26）

    三　社会组织道德行为的特殊性 …………………………（29）

  第二节　社会组织道德行为的理论基础 …………………（32）

    一　道德需要：社会组织及其道德行为的伦理依据 ……（32）

    二　道德行为：社会组织道德实践的基本要素 …………（38）

  第三节　社会组织道德行为的价值 ………………………（40）

    一　促进个体的道德实现 …………………………………（40）

    二　防范社会组织的伪善 …………………………………（43）

    三　构筑社会的伦理和谐 …………………………………（46）

第二章　社会组织道德行为生成的基本逻辑及其类型学分析 ………（50）

  第一节　社会组织道德行为生成的一般逻辑 …………（51）

    一　社会组织道德行为生成条件的理论史考察 …………（51）

    二　社会组织道德行为生成的基本条件 …………………（54）

第二节　职能型及任务型道德行为的生成 …………………………（58）

　　一　社会组织职能型道德行为的生成 ……………………………（59）

　　二　社会组织任务型道德行为的生成 ……………………………（60）

第三节　社会动员型与成员自主型道德行为的生成 ……………（62）

　　一　社会组织社会动员型道德行为的生成 ………………………（62）

　　二　社会组织成员自主型道德行为的生成 ………………………（64）

第四节　规范依循型与规范建构型道德行为的生成 ……………（66）

　　一　社会组织规范依循型道德行为的生成 ………………………（66）

　　二　社会组织规范建构型道德行为的生成 ………………………（67）

第三章　社会组织道德行为的理论困难与现实困境 …………（70）

第一节　社会组织发展对现代性伦理的挑战 ……………………（70）

　　一　现代性生活世界的道德危机及其"中国样态" ……………（71）

　　二　现代性伦理知识系统的合法性危机 …………………………（75）

　　三　社会组织的"伦理—道德"悖论 ……………………………（77）

第二节　当代中国社会组织的道德行为问题 ……………………（80）

　　一　中国社会组织的历史变迁与当代发展 ………………………（80）

　　二　"社会组织之恶"的现象及其后果 …………………………（84）

　　三　社会组织道德行为问题的伦理追问 …………………………（88）

第三节　社会组织道德行为生成问题上的三重困境 ……………（90）

　　一　社会压力情境中社会组织道德行为的自主性之困境 ………（90）

　　二　多元文化背景下社会组织道德行为的价值取向之困境 ……（93）

　　三　社会组织道德行为的"志愿失灵"之困境 …………………（96）

第四章　社会组织道德行为的统一性 …………………………（100）

第一节　个体主体动员与道德取向的普遍化 ……………………（101）

　　一　社会组织成员的角色结构与主体间互认 ……………………（102）

　　二　组织的去个体化与组织成员的道德自我 ……………………（104）

　　三　共意动员与价值共识 ………………………………………（107）

第二节　社会组织成员的伦理实体情结与道德自律 …………（109）

　　一　从身份认同到精神归属 …………………………………（109）

　　二　社会组织荣辱感与道德责任感 …………………………（112）

　　三　社会组织成员的忠诚与道德自律 ………………………（116）

第三节　社会组织的凝聚力与团结性 ……………………………（119）

　　一　社会组织的内稳态与社会组织凝聚力 …………………（120）

　　二　人际模仿、道德从众与组织成员的一致性 ……………（124）

　　三　社会组织道德学习与社会组织的团结性 ………………（128）

第五章　社会组织道德行为的动力机制 …………………………（133）

第一节　组织认同：社会组织道德行为动力机制的

　　　　主体基础 …………………………………………………（134）

　　一　组织认同的二重结构 ……………………………………（135）

　　二　社会组织的自我认同与道德行为动力的生成 …………（136）

　　三　道德行为动力问题上社会组织成员之贡献的

　　　　两个维度 …………………………………………………（138）

第二节　社会组织道德行为的动力源与动力模式 ………………（140）

　　一　组织道德行为动力源的心理分析 ………………………（141）

　　二　社会组织道德行为动力源的多种形态 …………………（143）

　　三　社会组织道德行为的动力模式 …………………………（148）

第三节　社会组织道德行为动力的组织内传递 …………………（152）

　　一　经由权力和权威的道德行为动力传递 …………………（152）

　　二　基于榜样的道德感召力的行为动力传递 ………………（154）

　　三　组织传播中的道德行为动力传递 ………………………（156）

第六章　基于伦理能力的社会组织道德行为致成 ………………（159）

第一节　社会组织的伦理能力与道德行为之关系 ………………（159）

　　一　组织伦理能力的基本结构与社会组织伦理能力

　　　　的特性 ……………………………………………………（160）

　　二　社会组织伦理能力的一般功能 …………………………（163）

三　社会组织的伦理能力与其道德行为的内源性关联 ……… （164）

第二节　社会组织道德行为的决策与控制 ……………… （166）

一　社会组织的道德行为决策 ……………………… （167）

二　社会组织道德行为的流程控制 ………………… （174）

三　社会组织道德行为过程中非正向效应的防范 …… （177）

第三节　社会组织对自身道德行为的反思 ……………… （179）

一　社会组织道德行为的组织自律 ………………… （179）

二　社会组织道德行为的限度 ……………………… （184）

结语 …………………………………………………… （187）

参考文献 ……………………………………………… （191）

后记 …………………………………………………… （203）

绪　　论

　　虽然伦理学史上各种伦理流派分流异趣，各种道德学说间论争不断，但在伦理学的实践性上却达成了惊人的一致。个中缘由恐怕就是道德行为在伦理世界中所处的重要地位。在某种意义上，可以说道德行为既是伦理学的出发点，也是其归宿。贝尔在《资本主义文化矛盾》中提出，文化是通过意义的阐释来帮助人类摆脱生存困境的一种努力。作为文化生态的有机构成，伦理就是以实践理性的方式对生存困境的自觉把握及超越。因此，基于精神自律的道德行为应是伦理建构的基本方式。而当代伦理学要么聚焦在道德原则、道德规范的制定上，要么聚焦在先验道德价值观念的确立上。透过道德规范去把握的伦理生活是支离破碎的。由于缺乏相应的思维工具，对先验道德价值的知性认识也只停留在观念层面，容易陷入先验幻象之中。在工具理性的设计下，道德走向了外在压制性的制度化、规范化及无根基的形式化。同时，在高度组织化的现代社会，当代伦理学仍沿袭农业社会、前工业社会以个体德性为考量中心、以个体自然的道德心理机制为着力点的传统道德哲学范式。因此，伦理主题的不完备性与伦理主体的个体单一性所造成的伦理理论危机使得在成立之初就带有"道德隐疾"的中国社会组织缺乏相应伦理照看。因此，从"道德行为"的视角展开对社会组织的伦理诊治不失为切中要害的社会拯救之方。

　　未完成的现代性谋划或者说现代性谋划的失败使社会陷入空心化、碎片化、多元化的旋涡中。金钱和权力在宰制了经济系统和政治系统后又全面入侵生活世界。在财富社会性和权力公共性被消解的社会背景下，社会组织"德性完美"的神话已然破灭。红十字会"郭美美事件"后，一位"80后"在博客上写下了"这个社会，还有什么是可以相信的？"的感慨。当被寄予较高道德期待的社会组织假道德的外衣而行不道德之实时，是对道德极具破坏性的侮辱，不仅伤害了人们的道德情感，破坏了社会的信任机制，而且摧毁了社会最基本的价值信念。社会转型期，新旧道德规范体系并存，人们的道德行为及社会道德秩序难免会出现一时的混乱。但只要人们的道德信念没有动摇，建构新的道德体系就是可期待的事情。而一旦道德信念被摧毁，我们就只能回到动物式的入侵与防范的紧张对峙中艰难度日。社会组织道德行为的提出，既缘于对社会组织不道德行为的现实反思，也未尝不是一种对社会组织、对社会生活充满焦虑的道德呼求。当社会组织昔日的道德威信已日薄西山时，对社会组织道德行为的伦理审视就显得急迫而神圣。因此，"社会组织道德行为"这一视角实则是从不同的维度、不同的层次，关心着众人所关心的同一个问题，即转型期中国社会的道德建设，只是视野与叙事的重点不同而已。

一　社会组织道德行为的研究缘起

对于当代中国社会，前现代并未彻底消失踪影，后现代虽未到来却以猛烈之势不断地对其进行批判性的解构。在前现代、现代、后现代错综交织的背景下，我们必须从社会文化背景出发，审视我们的时代及时代中的问题。工具理性、政治权威和市场逻辑构成"现代性"的基本面貌，既是现代性文化的主体，也是现代性危机的根源。在工具理性的设计下，事实与价值、物质与精神、存在与意义、生活与信仰间的和谐统一异化为紧张对峙，原本与实体统一的个体分裂为各种零碎的"角色"，只是以各种变幻不定的身份嵌入实体中。个体与实体从原初自然的统一走向了无以复加的分裂。"在文明演进史上，资本主义及其所创造的现代性，一方面空前地解放但也不可收拾地膨胀了人的个体性，以至造就了一个原子式的世界；另一方面，又透过严密的分工体系、官僚体制与市场经济瓦解和消解了人的个体的完整性。"[①] 政治权威和市场逻辑在全面掌控了政治系统和经济系统后，又开始入侵生活世界。金钱和权力及二者之间的畸形交换不仅破坏了生活世界的意义系统，还败坏了社会的道德风尚，消解了权力的公共性和财富的社会性。

现代社会的伦理基础是权力的公共性和财富的社会性。而腐败使权力成为少数人谋利的工具，从而使其丧失公共性；贫富差距加大消解了财富的普遍性和社会性。权力公共性和财富社会性的消解使社会陷入伦理信任及道德信念危机。现代社会不得不把经济效率和法律制度作为运行的目的

---

① 樊浩：《道德形而上学体系的精神哲学基础》，中国社会科学出版社 2006 年版，第316 页。

和保障，由此而建构起来的社会只具有形式上的普遍性，缺乏伦理上的普遍性，即共同精神家园的消逝。没有了归属感的人类成了漂泊的存在者。乡土社会的解体拉远了人与人之间的距离，瓦解了依靠传统道德规范建立起来的道德秩序，不仅使我们失去了共同的道德规范和伦理信仰，更让我们失去了亲密和谐的社会空间。在这个信仰不再、诸神退位的生活世界，作为肉体的人类可以迷醉于物欲的海洋，而作为灵性存在的人类又将如何安放灵魂？复杂的人性可以简化为个体性与社会性，人的存在就是个体性存在与社会性存在的对立统一。虽然现代性和后现代消解了人的完整性并摧毁了人类共同的精神家园，造成了人与人的隔离。但是，"社会性"本能使现代人从未放弃对共同体生活的追求。在共同体中，现代人才能更好地实现存在的价值和意义。

　　社会组织不以权力的获取为追求，不以金钱的占有为目的，而是秉承道义的使命，以志愿参与和奉献精神为运行逻辑，从而成为现代人与他者沟通、与社会统一的最适宜的伦理共同体或者说伦理场域。用海德格尔的话来说，"内在于本体而存在的"理解、沟通把迷惘、孤独的个体联结在一起，使社会组织获得根本性团结。生活在社会中的每一个人，无论是权贵精英，还是老弱病残，都是社会形成、运行机制中的一分子。每一个人都应该享受到社会发展所带来的权利、利益。由于个人禀赋的差异性，尤其是先天的、无法靠人力改变的差异，使处于弱势的一部分群体很难参与到社会竞争中，充分享受社会发展的福祉，甚至社会发展的代价也更多的是由弱势群体来承担。个体的自然禀赋存在自然的差别，这是一个事实，但却不具有价值上的优劣。但一种社会制度如何对待"自然禀赋的差异"这一中性事实却鲜明地体现出这种制度的价值取向。罗尔斯提出著名的差别原则：社会的各种安排应"适合于最少受惠者的最大利益"，仅当有益于改善较差者的生活时，才可能实现社会共同利益的增进。正义的社会要设法抑制自然因素对生活状况的任意支配。自然资质较高者应该在获得较高收益的同时给弱势群体一定的补偿。[1] 因此，社会必须通过"后天"弥补的方式把公共利益向弱势群体倾斜，使其更好地享受社会公共利益。但是"以经济建设为中心"的提出使我们不自觉地选择了一种以效率为导

---

　　① ［美］罗尔斯：《正义论》，何怀宏、何包钢、廖申白译，中国社会科学出版社1988年版，第63—70页。

向的不均衡发展模式。而社会事业的发展却远滞后于经济的发展，造成对某些社会群体的相对剥夺，甚至呈现出绝对剥夺的态势。这种不均衡的发展模式虽然在一段时期内为经济发展提供了强大的冲动力，但却使各种发展要素（如生态环境、自然资源、人力资源等）面临涸泽而渔、焚林而猎的险境，为社会和谐埋下隐患。同时，不均衡发展模式加剧了我国贫富分化。市场体系中的经济组织奉行资本逻辑，拥有资本的人便拥有竞争优势从而占有更多的经济利益及社会权益。国家行政体系中政府组织由于其权力的公共性，必须从社会全局出发，统一兼顾，难于惠及社会生活的方方面面。弱势群体的增多和政府职能的有限为社会组织发展提供了社会必然性。市场化取向的经济改革和服务取向的政府职能转变为社会组织发展提供了社会空间。市场经济发展和社会转型过程中的制度缺失，使环境问题、教育问题、公共卫生问题等日益突出。发展社会组织成为构建和谐社会的必然选择。社会组织的发育程度彰显着一个社会的公平正义和仁慈程度。社会组织的道德状况最能代表一个社会整体的道德水平。社会组织良性的社会影响依赖于其道德行为的有效开展。

本书研究的理论意义在于，通过对社会组织道德行为深入而系统的研究和阐发，将社会组织道德行为作为研究对象，把握社会组织道德行为的特征和规律，重建社会组织的伦理实体性和行为的合道德性，完善道德哲学范式，丰富伦理理论内容；本选题研究的实践意义在于，通过剖析转型期中国社会组织的不道德行为，建构社会组织道德行为的生成逻辑，指引社会组织道德实践，使社会组织成为社会道德风尚的灯塔，发挥社会组织积极的道德示范作用，构筑和谐的伦理秩序。这具体表现在：

第一，本书的理论价值在于适应并促进伦理主体与伦理主题由个体向组织的当代转换的实现。

社会组织道德行为发生论研究的理论旨趣在于通过对社会组织道德行为深入而系统的研究和阐发，将社会组织及其道德行为作为道德哲学的研究对象，在对社会组织及其道德行为的先验道德性批判的基础上，通过对社会组织道德行为的规律、发生及发展的把握，重建社会组织的伦理实体性和社会组织道德行为的合理性，弥补传统伦理理论主要指向和依托于个体主体道德建设模式的单一性之弊，把社会组织道德行为拉入道德审判和伦理建设的视野中。建构以社会组织成员的道德认同为基础，以社会组织道德行为主体性为核心，以社会组织结构性道德权威与权力、社会组织伦理特质、社会组织团结、社会组织道德动力机制、社会组织伦理能力为关键要素的社会组织道德行为生成逻辑，从而实现道德主体与伦理主体从个体向组织、从行为者到行为的当代转换，丰富伦理理论研究范式及研究内容。社会组织道德行为并不是一种独立的行为类型，而是渗透在社会组织各种行为之中。社会组织其他行为只有是道德化的或者说同时是道德行为才可能兼具合法性与合理性。道德行为在社会组织行为体系乃至实践体系中都居于重要的位置。社会组织道德行为的复杂性并不降低它的可把握性，只要抓住社会组织道德行为的特征，顺着道德行为发生、发展的纹理去把握，就能以此为基础自觉地建构社会组织道德行为生成逻辑，使缺乏理论依据的社会组织道德行为实现理论自觉，这就是社会组织道德行为生成逻辑所要达到的理论目标。

随着社会异质化、多元化的加剧，社会事实不断涌现。每一种理论职能短暂地适用于某一已知事实。对于理论创造，人的理智变得失望甚至疏懒。但是理论思维是人的重要能力之一，也是社会发展的重要推动力。正如贝尔所说："一个领域的发展日益依赖于理论工作的优先发展，它汇集整理出已知的内容，同时为经验验证指明方向，实际上，理论知识正日益发展成为一个社会的战略源泉，即中轴原理。"[1] 社会组织道德行为研究弥补了传统伦理理论个体单一性的缺憾，丰富了伦理理论的研究内容。受抽象思维发展水平的局限，传统伦理理论主要以个体德性为考量中心、以个体自然的道德心理机制为着力点，对难以附着于具体实物形式的组织，往往忽略或缺乏对其伦理审视和道德培育。深析现代性社会危机，不难发现一些重大的时代悲剧不是也不可能是个体的道德沦丧所致，而往往像是经济组织、行政组织和社会组织的道德意识的集体缺场所致。道德行为的主体不仅仅有鲜活的个体，还有大量涌现的组织实体。组织是由互动的人群为实现一定的目标结合而成的，具有内在结构和秩序的社会实体。在追求目标的过程中，组织具有自我选择、自我控制的能力，也即组织具备自觉自控的自由品格。同时，作为个体的有机组合，组织具有较大的整体行为能力，组织及其行为相应地会产生广泛的社会影响力。所以，组织能且应该成为道德责任的主体。尤其是社会组织，更应该成为社会道德信念的

---

① ［美］丹尼尔·贝尔：《后工业社会的来临——对社会预测的一项探索》，高铦等译，商务印书馆1984年版，第33—34页。

倡导者和道德行为的践行者。当代道德哲学必须对时代的道德悲剧和传统伦理理论的缺憾给予深刻的把握和充分的关注，将长期逃逸于道德归责和道德建设之外、被当作天然善的社会组织重新召回到自己的视野之中，实现道德哲学范式的辩证转换。

传统伦理理论以公义较之于私利的道德崇高为基础，预设了集体（实体）的天然善的伦理实体性，只是时刻警惕个体理性对集体伦理实体性的僭越，导致道德行为责任主体的个体单一性之弊。社会主义制度下的集体主义道德原则延续了传统伦理理论对集体（实体）道德性的先验预设，强调集体利益高于个人利益，个人利益服从集体利益，当二者发生矛盾时，牺牲个体利益维护集体利益。诚然，"人不是抽象地独立于社会存在之外，而是从社会历史中构型并生成其本质，个人的生存发展要依赖于特定社会生活条件，依赖于特定社会处境所必然使之隶属的集体，这是无可置疑的事实。然而，从这样的事实判断中并不能在逻辑上必然地推论出社会或集体利益应该高于个人利益、个人价值应该从属于集体价值这种价值判断。此逻辑缺陷在传统伦理学体系中没有得到明确而合理的解决"。① 集体主义原则依赖于两个预设的前提，其一，是集体利益与个体利益的一致；其二，集体道德性的自律与自足。由于社会主义文明基础的脆弱性及多元文化的冲击，矛盾甚至对立是现实中集体利益与个体利益的存在逻辑；市场经济体制下的集体的道德性并没有必然的保证。如果说，集体主义之所以产生并成为我国社会基本道德原则具有一定的合理性，那只有在一种情景中集体主义才是有效的，或者说是可以要求个人牺牲自我利益来维护集体利益，那就是当集体处于危机中时。除此之外，认为集体利益高于个人利益，尤其是当二者发生矛盾时，牺牲个人利益来维护集体利益，既缺乏逻辑上的严密性，也缺乏价值上的合道德性。作为社会主义制度的基本道德原则，集体主义对社会问题既没有解释力，也没有实践性，处在一种失语的尴尬处境。

社会组织道德行为理论是对传统伦理个体单一性思维范式及集体主义道德原则抽象性的扬弃。无论是基于历史上伦理理论范式的不完备性，还是集体主义逻辑上的不严密性，现代伦理学必须对自身进行彻底的反思，

---

① 卢坤：《从个体伦理到"集体与个体"二维伦理——论当代集体主义建构路径》，《哲学研究》2005 年第 3 期，第 114—119 页。

寻求一条新的发展路径。黑格尔认为，"在考察伦理时永远只有两种观点可能：或者从实体性出发，或者原子式地进行探讨，即以单个的人为基础而逐渐提高。后一种观点是没有精神的，因为它只有做到集合并列，但是精神不是单一的东西，而是单一物和普遍物的统一"。① 社会组织道德行为研究就是一种"从实体出发"的尝试，在批判社会组织先验道德性的前提下，以社会组织的道德行为来确证社会组织的道德合法性，既扬弃传统伦理个体单一性之弊，又修正了集体主义非历史、非知性的道德预设逻辑的不严密性。

第二，本书的实践价值在于直面社会组织不道德行为，在具体的问题处境中寻求社会组织道德行为发生、发展规律，建构社会组织道德行为的生成逻辑，指导社会组织道德实践，超越社会组织之恶。

社会组织道德行为研究的实践价值既是对社会组织的道德完善，也是对现代伦理理论实践力的不足的弥补。社会组织道德行为的生成逻辑不是依据传统伦理学的原理之后的应用部分，而是在直面社会组织的不道德行为，以开放性的姿态，寻求社会组织之恶的超越。因此，具体的问题视野是社会组织道德行为发生论的研究前提，把社会组织塑造为"善"组织是社会组织道德行为生成逻辑的实践追求。

社会组织应是主流价值信念的倡导者及道德行为的积极推动者、践行者。社会组织的道德状况最能反映一个社会整体的道德水平。对弱势群体的伦理关怀彰显着一个社会的公平正义及仁慈程度，是和谐社会最基本的伦理诉求。因此，人们对社会组织的道德期待远远高于政府组织和经济组织。当社会组织假以真善的外衣而行不道德之实时，人们会产生被欺骗、被耍弄的愤怒，造成对道德极具破坏性的侮辱，不仅伤害了人们的道德情感，破坏了社会的信任机制，甚至会摧毁社会最基本的价值信念。一旦社会最基本的价值信念发生动摇，对社会的良序运行无疑是最致命的打击。频频爆发的社会组织道德危机，如挪用善款、以公益之名敛财等不道德行为，使社会组织的公信力不断下滑。形成之初的伦理性并不意味着社会组织及其行为先验地具有道德合法性。社会组织的道德合法性必须通过社会组织合乎道德的行为来体现。但是，当社会组织在现代性道德危机下迷失

---

① 〔德〕黑格尔：《法哲学原理》，范扬、企泰译，商务印书馆1961年版，第173页。

了道德信念，没有抵挡住金钱和权力对其的侵犯，社会组织作为"整个个体"在与环境的互动中就会做出不道德行为。于是，社会组织便丧失了其形成之初的伦理合理性或者道德合法性。作为实体，社会组织在本性上应是伦理的；但作为"整个个体"，社会组织却是不道德的。这就是社会组织正在遭遇的"伦理的实体与不道德的个体"的悖论。积极的道德践行就成为社会组织复归伦理实体性和道德主体性的有效方式。

在传统社会，个体对实体具有自然归依感，这种不独立于实体的归依感既囿于生存需要，也缘于精神需求。个体通常会在高度理论抽象的层次上达成共识，但当把一般观念挪到具体情景下时，共识就会趋于瓦解，也就是说，在行动上比在原则上更难达成共识。认识到社会组织伦理的实然，设计出社会组织伦理的应然，但对组织伦理还只是停留在主观领域，"良心如果仅仅是形式的主观性，那简直就是处于转向作恶的待发点上的东西"①，社会组织道德行为研究具备意识与意志，思维与实践相统一的特性，可使组织伦理经由道德行为实践转化为真实的存在，将主观的善转化为客观的、自在自为的善。由此，本研究有望促进社会组织的良性发展，加强设计组织的团结与凝聚、激励组织成员、塑造组织形象、提升社会组织的公信度，为组织伦理价值的最大发挥及社会良序发展提供有效的道德力量。

二　相关研究成果综述

关于"社会组织道德行为"的生成逻辑，目前还没有直接的研究成果。不过，与之相关的研究成果，如道德行为发生问题的一般研究、组织行为与组织伦理研究、社会组织道德行为状况研究等，可为社会组织道德行为为生成逻辑的研究提供丰富的资源。

第一，关于道德行为发生问题的一般研究。

道德行为是最基本的道德实践活动，在伦理实践体系中居于重要地位。关于道德行为的研究成果纷繁复杂。笔者主要从道德行为的发生机制这一视角对现有的研究成果进行概述，以期为社会组织道德行为的生成逻辑寻求理论支持。

---

① ［德］黑格尔：《法哲学原理》，范扬、张企泰等译，商务印书馆1961年版，第143页。

从一般行为的发生原因来看大致有两种观点，即无因论和因果律论。无因论完全否认行为的因果律。以维特根斯坦为代表，他通过语言分析，认为行为就是行为，行为没有前因，他否定行为的线性决定过程。但经验表明，生活世界中行为大都受因果律限制。承认因果律的学者有的把目的、愿望、信念、心理等理由作为行为的动力。如赛尔认为通过"心理因果关系"将意向与行为结合起来，使自觉、自愿的行为得以实现。这种观点在日常生活世界具有较强的解释力，但缺乏对行为原因本体论探究；有的学者将隐藏起来的意志即潜意识，或者无意识作为行为的原因。以弗洛伊德为代表，他将深藏在内心深处、不可能被行为者意识到的无意识因素作为行为的原因；另有学者将环境因素，如社会传统、行为规范、风俗习惯、客观条件、强迫等外在因素作为行为的原因。信念、愿望、传统风俗等也是道德行为的发生原因，但除此之外，道德行为有着自身独特的发生机制。

对于道德行为的发生机制，不同的伦理流派关注中某一个或一些要素，如德性论认为道德行为是德性在具体情境中的现实展开，唯物论伦理学认为道德行为是源于由社会存在决定的社会道德意识，功利主义伦理学认为道德行为是受利益的推动，而情感主义伦理学认为情感才是激发道德行为的主体。国内学者李本书综合了唯物论、功利论和情感论，提出道德行为的发生受着利益、情感和快乐这三种因素所构成的"三角形铁律"的制约。他指出利益更多的是指一个道德行为的价值；而情感则是指伴随着行为主体并指向对象的爱与恨的心理动力；快乐，则是指主体自身在行为中得到的心理上的满足感。① 道德行为（moral action），也称作"伦理行为"，《伦理学大辞典》对其的定义是"在一定道德意识支配下表现出来的具有道德意义并能进行道德评价的行为"。② 从中可以看出，首先，道德行为是与道德相关，可以进行道德评价的行为，这是道德行为区别于政治行为、经济行为及日常生活行为的重要特质；其次，道德行为具有道德意义，具有一定的价值指向作用；最后，道德行为是受道德意识支配的。显然，这个关于道德行为的一般定义并没有完全呈现出道德行为的丰富内涵，当然也难以终止对道德行为的争辩。道德行为如何发生的？道德

① 李本书：《道德行为发生规律论》，《学术探索》2003 年第 12 期，第 52—54 页。
② 朱贻庭：《伦理学大辞典》，上海辞书出版社 2011 年版，第 39 页。

行为作用机制由哪些要素构成？这些与道德行为有关的问题，可归结为道德行为发生机制的复杂性。

第二，关于组织行为与组织伦理的研究。

在一定的意义上，社会组织道德行为就是组织行为与组织伦理的融合。因此，组织行为理论和组织伦理理论构成了社会组织道德行为的理论基础。

组织行为（organizational behavior，OB）关系到组织的生存和发展。既不能把组织拟人化，把组织行为抽象为人的行为，也不能把组织行为简单地分解为个体行为、群体行为。组织行为学运用系统方法研究组织环境影响下的行为，包括个体行为、群体行为和组织行为。研究个体行为、群体行为是如何影响组织行为的，组织行为又是如何影响个体和群体的，从而达到改善成员行为，提高组织效率。

达夫特认为，组织行为是由组织中个体和群体的行为及其相互作用构成的。罗宾斯认为，组织行为在组织结构特征的影响下个体行为、群体相互耦合而形成的组织行为整体。从中可以看出，个体、群体与结构是决定组织行为的重要因素。古典管理理论按照经济学范式对组织中人的行为进行研究，强调组织的高度结构性、科学性、纪律性、精密性及非人格化。古典管理理论提高了组织运作效率，但却忽视了人的因素，导致基层员工与管理层之间的紧张对峙。作为管理理论的新拓展，组织行为理论成为行为科学的一个重要发展方向，主要运用心理学、社会心理学、社会学及人类学的研究成果来分析、预测及解决组织行为问题。组织行为理论在对个体行为研究的基础上，着重分析组织中的个体、群体及组织结构对组织行为的影响。组织行为理论改变了组织管理行为的方式，从监督管理转向激励管理，从以对事与物的管理转向以人为中心。[①] 通过对组织行为理论的简要回顾，不难发现，工作和工作者是组织行为的两个主要维度。古典管理理论奉行科学理性主义，以工作为中心，强调组织行为的效率效用。现代管理理论开始推行人文主义，关注人的因素，强调组织行为的人性化。但是，它们都偏执于某一方，没有把工作和工作者结合起来。当代组织行为理论试图在工作和工作者之间寻求一种动态的平衡，在充分发挥工作者

---

① 杨加陆、袁蔚：《管理学教程》，复旦大学出版社 2005 年版，第 90—92 页。

的工作积极性、主动性和创造性的基础上，关注组织行为的合理化及由此带来的效益最大化。①

组织行为环境的变化与组织行为价值取向的变化。伴随组织环境的变化，推进组织发展的行为准则、行为价值取向也发生了深刻变化。组织外部环境变化性增加，稳定减弱；同时，复杂性增加，确定性减弱。这就促使组织更加关注与环境间的相互作用并积极保持组织行为与外部环境的动态平衡。如实施权变管理方法，更好地应对非例行性问题集突发事件；不再倾向于传统的机械式的组织结构设计，而逐渐转向有机的、柔性的、扁平的组织结构形态。组织行为的准则从只关注自身利益转向注重社会整体利益的增进，如保护生态环境、支持社会福利、社会公益等。在组织行为决策阶段，自觉建立内部约束机制，有效避免组织与社会的冲突；在组织行为过程中，主动评价行为可能引发的社会问题并及时修正行为方案。在组织行为与外部环境的良心互动中，推动组织的发展。在面对竞争者和协作者时，组织行为改变传统单一的竞争观，以平等互利、共生共赢的共生观为行为取向。组织行为一改过去以效益为取向，而注重把组织建成"生活共同体"②。

组织行为中人的变化与组织行为研究方法的变化。组织中人的变化首先体现在工作观念的多元化，如知识员工更关注工作意义、工作自主性，而轻视组织命令、组织管制。其次，组织中人的结构的差异化增大，如家庭背景、教育背景、宗教信仰、知识结构、生活方式等差异性增大。人的变化要求组织行为关注人的差异及对人的激励。"积极组织行为学"的兴起就是把工作者的健康和幸福作为组织行为使命，确立心理能力驱动、自我效能、希望、主观幸福感等概念以指导组织行为。③人的差异性增大，在组织中也存在相对弱势群体，组织行为开始关注对弱势群体的关怀。在人与组织的关系上，引入组织承诺、组织忠诚、心理契约等观念，改变组

① ［美］斯蒂芬·P.罗宾斯、蒂莫西·A.贾奇：《组织行为学》，中国人民大学出版社2008年版，第9—15页。

② 杨家祿：《组织行为面临的挑战及组织行为的研究趋势》，《上海大学学报》2010年第4期。

③ 曾晖、赵黎明：《组织行为学的发展新领域》，《工商大学学报》（社会科学版）2007年第3期。

织只是工作场所的单一性，把组织建成组织与员工的"生活共同体"成为组织行为的目标。在这样的背景下，组织行为改变过去实验室实验和现场观察实验的研究方法，开始采用大量的案例研究和大规模的调查研究。这种经验主义研究方法通过对个别组织或成功或失败的研究，从有限的组织问题中推演出一般的结论，以解释和指导特定领域的组织行为，从而提高了组织行为的针对性和有效性。①

当伦理概念从个体道德扩展到组织伦理时，是把组织视为可以承担道德责任并进行伦理反思的行为主体。组织伦理是组织在制定规范、处理关系、把握实践时，做出合乎善的评判和选择并付诸道德行动。但是，有部分学者把组织视为管理工具，把组织伦理等同于组织中个体的道德，尤其是管理者的道德素养，认为组织行为是由个体行为构成的，个体的道德素养和伦理敏感性是组织员工伦理行为的动机来源，组织伦理深受个体道德的影响，并最终是通过个体道德行为来实现的。组织成员的道德素养越高，组织伦理水平就相应提升，因此，不存在独立的组织伦理，所谓的组织伦理是通过个体的道德行为来表现的，尤其是高层管理者的道德行为，在某种意义上，可以说组织伦理就等同于高层管理者的道德素养。

更多的学者反对把组织伦理简单地等同于管理者道德素养的观点。他们认为组织由个体组成，但这种行为不是个体行为的简单相加，组织具有独特的结构、目标、利益及行为方式，并在此基础上发展出这种个性和组织自主性。组织作为独立的行为者并不一定受制于高层管理者，反过来，组织凭借制度规范、奖惩机制、组织文化氛围等结构化力量对个体行为造成影响。与之相应，组织伦理也不等同于管理者的道德素养。组织伦理是组织作为主体在处理与各利益相关者的关系时的道德表现，如所遵循的行为准则的道德性及行为方式、目标、过程的合道德性等。成员个体道德是组织伦理的基础，组织伦理一旦形成，便会影响个体的道德选择，激励道德行为者，惩罚甚至驱逐不道德行为者。这种观点无论是在理论上还是在实践上都得到了国内外更多学者的认同。

国外在组织伦理研究方面已取得一定成果。20 世纪 80 年代，组织伦理学已进入工商管理学院，并迅速发展。有学者预言，组织伦理学终有一

---

① 张钢：《论组织行为学研究方法的转向》，《浙江大学学报》（社会科学版）1995 年第 1 期。

天会取代商业伦理学。《布莱克维尔商业伦理学百科辞典》中收入了"组织伦理学"条目，认为组织伦理学所研究的对象是组织中的伦理问题。从行为的视角看，经济组织、政府组织和非营利性组织在伦理问题上有相似之处。鉴于此，学者没有进行严格的分门别类，而统称为"组织伦理"。① 达夫特在《组织理论与设计》一书中强调了组织伦理价值观的重要意义。现代组织普遍存在不道德行为，伦理标准应成为组织规章制度和潜规则的一部分，伦理价值观应成为组织文化的核心。实践证明，组织的伦理观与组织绩效呈正相关。影响组织伦理价值观的主要因素包括个人的伦理观、组织文化、组织系统及外部利益相关者。理查德·L. 达夫特认为，在组织伦理塑造的过程中，高层管理者必须担当起对伦理价值给予承诺及领导者表率的角色。此外可通过组织结构强化组织伦理。设置特定的职位或机构担负伦理价值观管理的责任，比如首席伦理官、伦理办公室、伦理委员会等。同时还要建立披露机制（使有悖伦理的行为得到揭发，并保护揭发者）、完善伦理规则及实施伦理培训方案。②

　　在国内，只有为数不多的几位学者对组织伦理进行研究。整体而言，组织伦理还没有引起学界应有的关注。王珏教授从道德哲学的角度对组织伦理进行了系统的研究。王珏指出，传统道德哲学理论已不能满足现代社会所提出的伦理需求，也无法提供解决现代社会伦理问题的行为方案。作为一种新的道德哲学范式，组织伦理将组织这一社会实体创生为伦理实体，并通过组织伦理制度和组织伦理精神的建设，最终使组织成为实体性道德主体，有效地进行组织伦理建设，促进现代社会的伦理和谐。③ 余卫东、龚天平认为，组织伦理是组织之中蕴含的伦理道德价值观念。合理的道德价值观念对于组织的运行具有重要的意义，具体表现为：有利于组织的运作和控制，有利于加强组织的团结与凝聚作用、对组织成员的激励与振奋作用；能够塑造组织形象，提升组织的社会地位，提高组织绩效。在

---

① ［英］帕特里夏·沃海恩、R. 爱德华·弗里曼：《布莱克维尔商业伦理学百科辞典》，刘宝成译，对外经济贸易大学出版社 2002 年版，第 505—508 页。

② ［美］理查德·L. 达夫特：《组织理论与设计》，王凤彬等译，清华大学出版社 2008 年版，第 427—451 页。

③ 王珏：《组织伦理与现代社会的伦理和谐》，《东南大学学报》2008 年第 2 期，第 31—34 页。

抽象的思维中，组织伦理可以分为组织设计伦理和组织结构伦理。① 组织伦理的相关研究成果奠定了社会组织道德行为生成逻辑的理论基础。

第三，关于社会组织及其道德行为状况的研究。

对现有学术成果进行梳理，可清晰呈现社会组织道德建设的既往思路及社会组织道德行为的问题所在，从而更好地引导社会组织未来的发展。

20 世纪 80 年代以来，社会组织在世界范围内蓬勃发展，萨拉蒙教授把这一历史进程称为"全球社团革命"。就学术研究的特征而言，西方学界对社会组织的研究注重实证调查及对全球社会生活的影响。而中国学者没有沿用西方"社会组织与国家相分离"的研究范式，而是积极寻求政府与社会组织之间良性互动的合理路径。国外对社会组织的研究起步较早。西方社会组织理论的基本概念源自古希腊和古罗马，历经中世纪的积淀，在近代反专制主义思潮影响下而兴起，并成为西方文化的强势话语。但进入 19 世纪，随着福利国家政策的推行，"从摇篮到坟墓的社会福利"使得社会组织几乎无用武之地，以至于有学者提出"慈善终结论"。但是，随着国家福利政策的种种弊端的暴露，如政府负担过重，锉削了人的积极性，助长了不劳而获的懒惰等，继"市场失灵"之后，"政府失灵"论流行开来。作为对"政府失灵"的矫正或者说应对，社会组织重新崛起。加之经济全球化和文化多元化的影响，20 世纪后期，西方学界掀起了对社会组织研究的热潮。霍普金斯大学的萨拉蒙教授带领数百名学者对41 个国家 NGO 的结构、规模、功能、融资及对全球公民社会的影响等问题进行考察，所得出的"全球社团革命"② 这一结论被社会组织研究者广泛引用。西方学界对社会组织的研究注重实证调查及对全球社会生活的影响。20 世纪 90 年代，西方学者认为他们已经完成了理论建构，接下来的工作就是把社会组织的理论作为普适性真理向其他国家和地区推行，站在全球角度研究社会组织对全球治理、全球公民社会的影响。布朗认为，全球化为国际非政府组织的发展提供了政治空间，非政府组织成为政策的倡

---

① 余卫东、龚天平：《组织伦理略论》，《伦理学研究》2005 年第 3 期，第 17—21 页。

② ［美］莱斯特·M. 萨拉蒙：《非营利部门的崛起》，《马克思主义与现实》2002 年第 3 期。

议者，或与国家一起成为政策的实施者。① 科恩全面分析了非政府组织在全球扩展中的积极效应和消极影响。积极效应如使公域、人道和公共理念等得到广泛传播，满足了人们的多元需求等。国际非政府组织的扩展也助长了一些消极影响，如奢望没有分化和冲突的世界秩序，憎恶政治，削弱人民对国家的认同感，导致经济组织和社会大众对国家的疏离和排斥等。② 国际非政府组织研究热点还涉及对非政府组织道德性的关注，强调非政府组织对社会和文化的批判等。西方非政府组织在全球范围的扩展，尤其是对落后地区的资金资助，的确起到了积极的影响。但是西方国家社会组织自发内生型发展路径与其他国家和地区的发展路径有着显著的差异，不能把西方国家社会组织的发展模式作为摹本直接效仿。

20 世纪 80 年代国家全面控制经济和社会资源的"总体性"社会逐步破解，社会管理经验的积累和需求推动了对社会组织的研究。起始于经济领域的体制改革带动了政治领域的改革，这两个领域的改革分别带来了"自由流动的资源"和"自由活动的空间"，进而引发中国社会结构深层次的变迁。从"总体性"社会结构中分化出来市场领域得到了充分发展，各类经济组织呈爆炸式增长，而社会领域的发展却稍显滞后。一批敏锐的学者观察到了社会领域的变化及发展需求，开始从学理的角度进行研究，从而开启了中国社会组织研究的热潮。这一时期的研究重点主要是引进西方社会组织理论、分析国家与社会组织的关系模式，并在这一基础上开始涉及中国社会组织的性质、定位与发展问题③。学者们反对西方"社会组织与国家相分离"的研究范式，而是借鉴新法团主义理论，认为中国政府与社会组织之间是良性互动的关系。④ 邓正来也明确提出中国在现代化进程中屡屡受挫的根本原因就是未能寻找到国家与社会良心互动的合理途径。⑤ 黄宗智认为站在国家与社会二元对立的角度展开对公共领域的研

① ［美］戴维·布朗：《全球化、非政府组织和多部门关系》，李惠斌主编《全球化与公民社会》，广西师范大学出版社 2003 年版，第 146—147 页。

② ［美］科恩：《论民主》，聂崇信、朱秀贤译，商务印书馆 1988 年版。

③ 俞可平：《马克思市民社会理论及历史意义》，《中国社会科学》1993 年第 4 期。

④ 甘阳：《"民间社会"概念批判》，张静主编《国家与社会》，浙江人民出版社 1998 年版，第 27—28 页。

⑤ 邓正来、［英］亚历山大：《国家与市民社会——一种社会理论的研究路径》，中央编译出版社 2005 年版，第 456—457 页。

究，这一对立的范式并不适合中国。他建议用"第三领域"来研究中国的社会组织，即在国家与社会组织之间存在一个双方都能参与其间的区域。①

关于中国社会组织的功能，学者们观点基本一致，即认为社会组织成为国家政府、企事业单位和个人自荐的横向联系纽带，在建构和谐社会的过程中发挥着越来越重要的作用。以王名为代表，他认为社会组织是积极影响社会的重要的组织制度创新形式，能够弥补"市场失灵"和"政府失灵"。比照企业和政府组织，他从投入、产出、影响和作用等方面概括出社会组织的四大功能：动员社会资源、提供公益服务、社会协调和治理、政策倡导和影响。② 王颖、孙炳耀等以社会团体为例，认为社会组织"使已经分化出来的新经济成分、新利益群体和新志趣群体与原组织体系以新的联结方式整合在一起，改变了原有组织要素之间单一的行政隶属关系，建构起组织体系整合的新格局"。③ 社团组织的具体功能主要包括参政议政、政府助手、经济参与、维护成员利益及促进成员发展。

社会组织在快速发展的同时也暴露出一些问题。部分学者把研究的目光聚焦在社会组织的发展困境上，提出相应的对策，以期实现社会组织的良性发展。邓国胜认为登记注册的社会组织存在着缺乏使命感、自主性弱、效率低下、组织能力及公信力不足等问题。而没有登记注册的社会组织存在着制度不健全、组织能力弱小及公信度不高等问题。④ 施雪华认为某些社会组织存在着政治行政化、行政等级化及对党政机关依附倾向明显，没有明确的法律法规管理、指引成长中的社会组织。⑤ 王绍光、叶常林等学者认为中国社会组织缺乏应有的自主性和独立性。王诗宗、宋程成从结构和功能相统一的理念，结合中国社会组织独特的结构和实践，严格区分了自主性和独立性，并得出中国社会组织独立性与自主性的复杂且多

---

① 黄宗智：《中国研究的范式问题讨论》，社会科学文献出版社 2003 年版，第259—260 页。

② 王名：《社会组织论纲》，社会科学出版社 2013 年版。

③ 王颖、折晓叶、孙炳耀：《社团发展与组织体系重构》，《管理世界》1992 年第 2 期。

④ 邓国胜：《民间组织评估体系——理论、方法与指标体系》，北京大学出版社 2007 年版，第34—38 页。

⑤ 施雪华：《建构有成熟规则的中国公民社会》，《学习月刊》2005 年第 8 期。

样组合，在总体上呈现为"依附式自主"的特征。① 张林江认为中国社会组织具有营利冲动，出现了营利化倾向。张远芝、万江红等学者认为中国社会组织在政府与市场的夹缝中艰难生长，面临着发展的外部宏观环境不好，法律法规不健全；社会组织自身威信缺失，社会公信力不足及志愿参与不足等困境。② 任金秋、虞维华等学者认为中国社会组织也遭遇到了萨拉蒙所谓的"志愿失灵"，主要表现为公众志愿捐赠、志愿行为、志愿参与不足，还有社会组织自身偏离公益宗旨而导致的志愿危机。③

关于社会组织道德行为的积极示范价值，学者们达成了一致，都认识到了社会组织利他的奉献精神及以志愿求公益的行为逻辑为人们展示了一种行为方向，具有积极的道德示范作用，推进了社会良好道德风尚的形成。廖加林认为社会组织特别是公益性社会组织，以社会正义为目标，通过组织化形式把志愿精神凝聚为改善社会的强大力量。社会组织道德行为对社会来说是有效的道德感召和示范，是现代社会道德实践的新模式。④安云风强调作为新公共管理主体之一，社会组织富有伦理精神，在促进行政伦理、社会伦理、国际伦理、经济伦理以及个人伦理发展中具有重要的社会功能。⑤

但是社会组织与道德的一致性是人们对其的美好期待或者说是社会组织的应然状态，而在实然状态中，有些社会组织却逆道德而行，出现了诸多悖德行为，对社会组织自身的发展及社会道德风尚的形成都造成了恶劣的影响。白立娟认为非营利组织在成立之初担负着公众较高的伦理期待，对社会道德风尚的改善具有不可推卸的社会责任。大多数非营利组织的道德示范作用发挥得很好，但也有一些非营利组织辜负了人们的道德期待，频频爆发不道德行为，败坏了社会道德风气。应该从伦理视角规范社会组

---

① 王诗宗、宋程成：《独立抑或自主——中国社会组织特征问题重思》，《中国社会科学》2013 年第 5 期。

② 张远芝、万江红、田大明：《当前民间组织发展的困境》，《理论与现代化》2006 年第 5 期。

③ 任金秋、刘伟：《我国非政府组织志愿失灵问题探讨》，《内蒙古大学学报》（哲学社会科学版）2008 年第 3 期。

④ 廖加林：《论非营利组织活动的伦理特质》，《中南大学学报》（社会科学版）2006 年第 1 期。

⑤ 安云风：《非政府组织及其伦理功能》，《中国人民大学学报》2006 年第 5 期。

织行为，使社会组织回归本应具有的伦理意蕴，承担起公共的伦理责任。① 张晶认为我国社会组织存在着违背诚信的现象和行为，社会组织是实践社会道德的主体之一，同时具有一定的经济职能，因此，社会组织应重视自身的信用体系建设。姚锐敏认为我国社会组织的信用与其公益属性及社会大众对其的道德期待之间存在明显差距，社会组织道德行为失范，公益属性异化，运行监管失控等使社会组织遭遇公信力不足及道德危机。② 目前，学术界对社会组织的研究主要集中在社会学、政治学、管理学、经济学等领域，伦理学界对社会组织的研究，无论是在规模上还是在研究成果上，还难以与以上学科相媲美。针对社会组织近年来频频爆发的道德问题，伦理学应有相应的理论批判和实践关照，积极探究社会组织的道德行为发生、发展规律，以引导社会组织道德行为的顺利开展及社会组织的良性发展。

通观与本选题相关的现有研究成果可见，对社会组织道德行为的研究虽日益受到关注，但存在以下不足：（1）关注度仍显著不足。首先，社会组织道德行为研究成果的数量与现实中频频爆发的社会组织不道德行为存在严重不匹配现象；其次，现有社会组织道德行为研究成果多局限于认识论和价值论层面的基本理论讨论，未将社会组织道德行为发生模型的建构置于现实的道德情境乃至道德选择困境之中探讨社会组织道德行为的发生机制，未能真正进行社会组织道德行为的实践研究。（2）对于社会组织行为的研究虽有众多的研究者参与讨论，但更多的研究成果集中在社会组织行为的经济逻辑、政治逻辑等。为数不多的对社会组织行为的道德逻辑研究成果中很大一部分是把道德作为价值标准判断组织行为的合道德性，或者把道德作为服务于社会组织目标的工具，而未将社会组织成长为"善的集体"的伦理目标凸显出来。因此，现有的社会组织道德行为研究既缺乏终极目标，也缺乏深厚的理论根基，未能构建出社会组织道德行为的有效机制，也难以真正实现社会组织行为的合道德性。社会组织道德行为研究的理论价值没有很好地呈现出来。（3）在社会组织道德行为发生机制建构方面，目前的成果仅限于一般性的路径探讨，既缺乏坚实的方法

---

① 白立娟：《期待、背离与回归：非营利组织伦理问题研究》，《吉首大学学报》2007 年第 5 期。

② 姚锐敏：《困境与出路：社会组织公信力问题建设研究》，《中州学刊》2013 年第 1 期。

论依托，也没有深入社会组织内部，按照社会组织自身的运作、发展规律，去探寻其道德行为的发生、发展的途径、方式与方法，因此缺乏具体细致、实际有效的过程设计，操作性显著不足，有限的研究成果也难以实现实践转化。

三　本书的基本思路和主要方法

本书的基本思路是：运用道德哲学、组织社会学、心理学、管理学、组织行为学等学科的理论资源，以社会组织的现实存在以及由于市场失灵、政府失灵所决定的社会组织的重要性为逻辑起点，从社会组织道德行为的含义、特殊性及价值分析入手，在社会组织道德行为的相关理论基础上，对当代社会组织道德行为的现状、困境及后果进行现象描述与质性研究，揭示出社会组织道德行为的生成逻辑的关键问题——行为方向和行为动力问题，继而围绕影响方向、动力的三个因素，即社会组织团结性的形成、道德行为的动力机制、组织伦理能力作用下的道德行为决策及其实施的控制进行分别研究（见图1）。

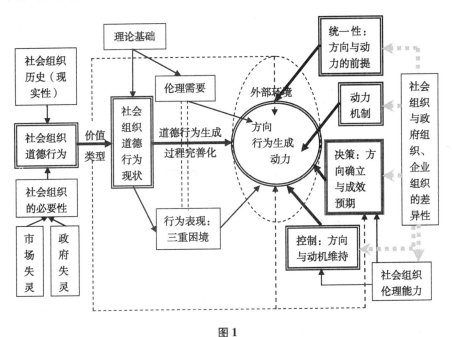

图1

本书所采用的主要方法包括理论分析法、系统分析法、对比分析法等。（1）借助理论分析法，通过价值分析、批判分析等对社会组织道德行为进行理论探究和现实考察。（2）运用系统分析法，在社会大系统中确立社会组织的合理定位，揭示社会组织道德行为的特殊重要性。（3）运用对比分析法，在与政府组织、企业组织的对比中把握社会组织的特殊性，并在此基础上，分别揭示社会组织在道德行为的动力机制、组织伦理的结构与功能、道德行为决策的影响因素与决策程序以及道德行为的流程控制等方面的特殊规律性。

四　本研究的重点及难点

第一，社会组织道德行为生成逻辑的关键要素和具体内涵。逻辑有着诸多丰富含义，文中的逻辑主要指事物形成的因果关系。因此，社会组织道德行为的生成逻辑就是指社会组织道德行为发生、发展过程中不同的因果关系，即哪些因素促进了社会组织道德行为的发生。笔者认为社会组织道德行为的生成逻辑的关键问题是行为方向和行为动力问题，继而提出统一性、动力机制、组织伦理能力作用下的道德行为决策及其控制共同构成了社会组织道德行为的生成逻辑，并在道德行为触发（发动）、决策、控制、评价和反思的行为过程中动态地把握社会组织道德行为的生成逻辑。社会组织道德行为的生成逻辑不仅要发现、探求道德行为发生、发展的过程中的因果关系，更重要的是有目的地去建构这些因果关系，以预测、指导、矫正社会组织道德行为的发生、发展，实现社会组织道德行为的理论自觉。

第二，对社会组织道德行为的生成逻辑进行道德哲学研究。从哲学高度澄清社会组织道德行为与个体道德行为的差异与共性，清晰界定社会组织道德行为与一般组织行为生成逻辑之间的辩证关系。在先验与经验的交锋，历史与逻辑的互动，必然与自由融合的过程中论证社会组织及其行为的合道德性，使在先验逻辑上被预设的合乎道德的社会组织行为，在历史经验的展开中获得确证、延伸。

第三，社会组织道德行为的生成逻辑不是社会组织道德行为发生理论的理论，而是试图提出社会组织道德行为的批判尺度及实践限度。因此，社会组织道德行为的生成逻辑致力于将理论研究与实践应用有机结合，科学地揭示社会组织道德行为的特点和发生规律，建构社会组织道德行为的生成逻辑，以应对和解决社会组织道德危机。

第四，采用历史与逻辑相统一的方法，对社会组织及其行为的先验的道德性进行道德哲学层面的批判。揭示传统伦理理论所预设的社会组织先验道德性的虚幻性，提出社会组织的道德性不在于成员对组织的信赖，也不在于其成立伊始的志愿性、伦理性，而是体现在社会组织出于道德并合乎道德的行为中，且这种善的行为不会随着社会组织在经验生活中的发展而被磨损甚至消失。从而澄清内含在社会组织中的"伦理的实体与不道德的个体"悖逆的实质，拓展道德哲学研究领域。

五　本研究的创新之处

第一，在揭示各种形态社会组织的道德行为在内涵、价值一般原理基础上，指出社会组织道德行为的生成逻辑主要不是基于成员个体的心理机制，而是基于社会组织赖以运行的内、外部社会机制。基于对社会组织与政府组织、企业组织差异性的认识，指出当前营利化、行政化、去志愿化等"社会组织之恶"以及社会组织道德行为的自主性悖论、价值取向困境及"志愿失灵"困境的根源在于其生成逻辑在方向、动力两个维度上存在多重障碍。

第二，围绕着影响社会组织道德行为方向和动力的三个关键要素，即社会组织道德行为的统一性、动力机制以及基于组织伦理能力的道德行为触发（发动）、决策、控制、评价和反思，揭示了社会组织道德行为生成的逻辑过程，为预测、指导、矫正社会组织道德行为的发生、发展提供理论支持。此外，还提出社会组织道德行为的限度，即社会组织道德行为应以其组织伦理能力为限，对之提出的过高要求和期待不仅难以促进其道德行为的发生或维持，反而会构成对社会组织道德行为的解构和对道德行为目标的损害。社会组织应从政府更有实力和市场更有效率的领域退出，回归到"道德人"供给的志愿行为边界之内。

第三，采用类型学方法，对社会组织道德行为从不同视角进行划分，即职能型与任务型道德行为、社会动员型和成员自主型道德行为、规范依循型和规范建构型道德行为，指出社会组织道德行为的不同类型在其生成逻辑上具有差异性，具体地说，在其道德行为统一性的实现、动力的发生和维持以及行为过程中伦理能力的作用方式、程度上均存在明显差异。在对差异性进行比较的基础上更为准确地把握社会组织道德行为生成的基本逻辑。

第一章

社会组织道德行为的一般理论阐释

概念之于理论研究的意义，可借用黑格尔的语言来表述：一个核心概念在各个向度上的充分展开，就是全部的理论。"真正的思想和科学的洞见，只有通过概念所作的劳动才能获得。"① 本书首章试图先通过概念自身的阐释，使"社会组织道德行为"所蕴含的理论价值在概念自身之中就能得以自然呈现。

20 世纪 80 年代前后，西方国家"从摇篮到坟墓"式社会福利政策的种种弊端开始暴露出来，如政府负担过重；锉削了人的积极性，助长了不劳而获的懒惰等。继"市场失灵"之后，"政府失灵"论流行开来。作为对"政府失灵"的矫正或者说应对，社会组织重新崛起，出现了全球性的"社团革命"。这一历史进程恰好与中国的改革开放大抵吻合，推动改革开放的力量，同时也促进了中国社会组织的发展。社会组织构成了现代多元社会中规模庞大、高度活跃的组成部分，成为与政府组织和企业组织并存的伙伴。但是，较之于政府组织和企业组织，社会组织仍然是一个未来难卜的脆弱有机体。社会组织的良性发展需要多学科的共同呵护，尤其是目前处于缺位状态的伦理学，更应该给予具有道德本性的社会组织更多的伦理观照。

第一节 社会组织道德行为的义涵及其特殊性

社会组织是现代社会的有机组成部分，是现代化的必然过程。社会组织的发育程度成为衡量一个社会公平正义及仁慈程度的有效指标。社会组织是个多学科交叉的概念，在理论研究和实践应用中有着诸多称谓，如非政府组织（NGO）、非营利组织（NPO）、民间组织、志愿组织、慈善组

---

① ［德］黑格尔：《精神现象学》，贺麟等译，商务印书馆 1979 年版，第 48 页。

织、第三部门（也有人译为"第三域"）、公民社会等。因此，有必要对社会组织及道德行为的概念内涵进行界定，从而更好地把握社会组织道德行为的特殊性，在此基础上建构社会组织道德行为的生成逻辑。

一 本书所称的"社会组织"

社会组织与社会同源，是一个极其宽泛而模糊的概念。一般而言，由人组成的组织便可称为"社会组织"，包括行政组织和经济组织等。但是，本书中所研究的社会组织不是宽泛意义上的人类社会组织，而是有其特定的精神内涵和边界外延，特指与国家行政体系中的政府组织和市场经济体系中的企业组织相区别的，隶属于社会体系的社会组织。放置于笔者的研究视域中，本书所探析的社会组织主要指自改革开放以来，由我国各个社会阶层的公民自发成立的，自愿组成的，具有非政府性、非营利性和志愿公益性或互益性特征的各种组织形式及其网络形态。具体来讲，主要指在民政部门登记注册的社会团体、民办非企业单位、基金会，以及应该在民政部门注册但未能注册的民间组织，·如在工商部门注册的民间组织、未注册的民间组织（通常所称"草根组织"多属此类）和挂靠或依附在其他机构下的内部组织。事业单位、居委会、村委会等组织不包括在本书之中。

较之于政府组织和企业组织，社会组织作为类存在方式，更好地实现了个体单一物与社会普遍物的统一。社会组织是与国家体系和市场体系相对应的第三部门，是公共参与、公众协商、表达意愿和理性对话的自由场域，是开展扶贫救弱、丰富人生价值、实现道德自我、追求公平正义、弘扬社会道德风尚的伦理场域，更是理想社会形态的一部分。人类从事经济活动是为了在经济交往中满足个体的生存和发展需要。人类参与政治活动是为了维持人类共同体的秩序。在政治和经济活动之外，人们因为传统文化、风俗习惯、兴趣爱好、价值追求、道德使命感等方面的共同之处而展开文化交往活动。人们不总是以个体的方式参与社会活动。具有共同价值追求、兴趣爱好的人们会按自愿原则自发结成组织，即社会组织。社会组织满足了人们对于自由结社的需要，并使人们在结社过程中，通过互惠互利，提升公益性社会服务质量，从而更好地促进公共问题的解决；社会组织是抵御市场经济暴政的有效手段，避免市场经济因工具理性的过度扩张而侵犯人们的生活世界，监督市场和企业的不道德行为，解决经济发展所带来的环境问题、公平问题，维护社会正义；社会组织是道德风尚形成和道德文化传播的重要载体，是实现个体社会化的重要场所。

较之于政府组织和企业组织，社会组织内部的差异性更为显著。因此，社会组织的分类标准多，如按会员的组成形式，可将社会组织分为会员制社会组织（社会团体）和非会员制组织（基金会、民办非企业单位）；根据服务对象是特定人群还是全体社会成员，可将社会组织分为互益性社会组织和公益性社会组织；根据社会组织的生成模式可将社会组织分为自上而下型和自下而上型社会组织；根据社会组织与政府的关系，可将社会组织分为官办社会组织和草根社会组织。

"社会组织"这一概念所指代的组织类型有诸多的称谓，不同的地区、不同的国家及不同的学者对社会组织都有不同的称谓或习惯用语。如非政府组织（NGO）、非营利组织（NPO）、志愿组织、民间组织、第三部门（也译"第三域"）等。较之于其他称谓，"社会组织"这一概念更明确地体现出现代社会的组成体系及这类组织的社会使命，也更能得到政府和大众的文化认同。依据人类活动的"国家—经济—社会"三分法，现代社会可以划分为国家、市场和社会三个相对独立又相互结合的体系。在它们的对立统一中，现代社会的整体得以构成。其中国家体系的主体是各级各类行政机构，市场体系的主体是各种营利性的经济组织，而社会体系的主体则是具有非政府性、非营利性、志愿公益性或互益性的社会组织。

笔者认为，关于"社会组织"的不同称谓，不同的术语之间不是严格对立的，只是分别强调了社会组织不同侧面的属性，但都指代同一类型的组织。"非政府组织"更强调与强制性的行政机制的区别，由于联合国、世界银行等国际组织的倡导，非政府组织作为参与社会治理的方式，成为国际社会的共识，在世界范围内得到广泛应用。"非营利组织"源于美国国内税法，强调社会组织的"利润不分配约束"特征，以此与企业等经济组织相区别，在财税和经济领域得到广泛应用。"志愿者组织"强调社会组织的志愿性特征，在英国、北欧等欧洲国家得到广泛应用。"第三部门"由美国学者莱维特提出，他认为在政府和企业之间存在着大量的组织在从事着政府与企业不愿意做或做不好的事情。这类组织可称为"第三部门"。德鲁克也提出，"知识社会必然是由三大部门组成的社会：

一为公共部门，即政府；另一为私人部门，即企业；还有一个为社会部门"。①"公民社会"则是社会组织充分发展所带来的一种社会状态，是从社会关系上指代同类社会组织，强调社会组织的公民主体性及公民自治、民主治理、志愿参与等特征。"公民社会"这一概念突出了社会整体由于社会组织的存在发展而更富有包容性、多样性和和谐性。由于这一概念在外延上宽于非政府组织及非营利性组织，突出了新型社会关系的公民主体性，在国际上得到了更多学者的认可。

出于行文方便，本书采用"社会组织"② 这一术语来统称中国和西方的这类组织。从学术上看，社会组织比非政府组织、民间组织等概念的外延更广，可以涵盖除政府与企业之外的各种组织；从社会文化心理上讲，社会组织这一概念明确了这类组织的社会属性、社会本质、社会地位、社会价值及社会使命，更能得到政府和社会大众的认同，有利于社会转型期多元利益矛盾的化解。因此，社会组织已逐渐取代其他一些相关概念，成为政策文件及学术研究中通行的科学概念。

社会组织的基本属性是社会组织异于其他组织及其存在发展的机理。关于社会组织的基本属性，不同的学者有不同的认识。萨拉蒙依据社会组织的结构运作特征，将社会组织的基本属性概括为私立性、自治性、正规性、非营利分配性、志愿性及公益性。③ 重富真一结合亚洲国家的国情，将社会组织的基本属性归纳为非政府性、非营利性、利他性、慈善性及自发性和持续性等。④ 王名认为，非政府性、非营利性及社会性是社会组织的基本属性。⑤ 综合学者们的观点及本人的理解，笔者认为，非营利性、非政府性志愿公益性或互益性，是社会组织的基本属性。

社会组织的非营利性是社会组织区别于市场体系中经济组织的本质特征。社会组织的非营利性包含三个层面：一是非营利的分配和收入约束机

---

① ［美］彼得·德鲁克：《大变革时代的管理》，译文出版社 1999 年版，第 201 页。

② 这一提法在我国的正式使用始于中国共产党第十六届六次中央全会上通过的《关于构建社会主义和谐社会若干问题的重大决议》，在《决议》中明确提出要健全社会组织，增强服务社会功能。在党的十七大报告中再次确认"社会组织"这一概念及其相关思想。

③ ［美］莱斯特·M. 萨拉蒙等：《全球公民社会：非营利部门视界》，社会科学文献出版社 2007 年版。

④ 康晓光：《依附式发展的第三部门》，社会科学文献出版社 2011 年版。

⑤ 王名：《社会组织论纲》，社会科学出版社 2013 年版。

制，即经济学所谓的"不分配约束"，是基于信任和动机而达成的一项制度规范。社会组织的实际管理者、理事会成员和捐赠人等不得从社会组织的财产及运作中获利。二是非营利的运作和管理机制。社会组织在决策、执行及监督等各环节要具备有效回避高回报和高风险的自我控制机制，以及避免用利润和收益作为激励手段的管理制度。三是非营利的财产保全机制，要求社会组织不得以捐赠以外的其他方式变更财产及产权结构，当组织注销时，剩余财产只能用于与其宗旨相关的其他社会活动，而不得转移给包括捐赠人在内的私人。以上三个层面在中国社会组织的实践中并没有得到有效运行。一些社会组织甚至异化为某些个人或群体获取利润收入的工具。这也是社会组织"德行完美神话"破灭的直接原因。

社会组织的非政府性是社会组织区别于国家体系中行政组织的本质特征，主要表现在三个方面：一是社会组织在决策体制上具有自主性、自治性和独立性，是自主决策、自治管理的独立实体；二是社会组织在治理结构上具有民主性和公开性，是公开透明的开放组织；三是社会组织在运作机制上要具有一定的市场竞争力。自主性是社会组织存在发展的必备特性。但现实中社会组织对政府财政的依赖、边界的模糊及外在社会制度的不健全使社会组织的自主性开始弱化。社会组织的自主性悖论是社会组织"德行完美神话"破灭的又一重要原因。

社会组织的志愿公益性或互益性是社会组织区别人类其他组织形态的本质特征。志愿公益性或互益性主要表现在三个方面：一是资源的志愿性，社会组织的存续和运作的资源主要来自志愿捐赠所得；二是产出的志愿性，社会组织所提供的产品及服务主要针对大多数社会成员，或是弱势群体、边缘群体等，具有很强的公益性或互益性；三是问责的志愿性，社会组织的运行管理过程会受到来自社会志愿的监督。社会组织的业余性、社会组织成员及组织自身的自利倾向及社会组织资源的稀缺使得社会组织为维持发展而出现日益严重的商业化、营利化倾向，由此出现的"志愿失灵"致使社会组织的"志愿主义神话"面临破灭危机。

二　社会组织道德行为的含义

道德行为是最基本的道德实践活动，在道德生活世界中居于中心地位。伦理学上的诸道德范畴都是围绕道德行为全过程而展开的，如道德规范、道德评价、道德品质、道德修养等。在某种意义上，可以说道德行为既是伦理学的出发点也是其归宿。因此，从"道德行为"的视角切入对社会组织的伦理探究既具有理论基础又具有重要的实践价值。尽管在现实中以社会组织为责任主体的不道德行为频频发生，人们也开始追究社会组织的道德责任，但关于"社会组织道德行为"的生成逻辑这一具有重大理论价值及实践意义的问题还没有形成共识，"社会组织道德行为"在伦理学中还是一个被掩隐着的概念。

"社会组织道德行为"是相对于个体道德行为的一个复合概念，它以社会组织为道德行为的责任主体及行为主体。社会组织道德行为不是个体道德行为的集合，而是社会组织以其组织结构、组织伦理使命及特定的伦理氛围整合组织成员的道德信念及道德行动，从而做出的可以进行善恶评价的、具有道德意义的行为。广义上的社会组织道德行为包括社会组织道德行为和社会组织不道德行为①。本书主要是通过分析社会组织不道德行为来探究社会组织道德行为的生成逻辑。社会组织道德行为扬弃了伦理、道德在社会组织中以概念方式存在的抽象性，与社会组织精神、组织文化、组织规范相结合，通过组织实践行为，使概念、规范、制度层面的伦理道德得以具体化、现实化，推动社会组织整体发展。从类型学角度可把社会组织道德行为划分为：任务型与职能型（非任务型）社会组织道德行为、社会动员型与集体自主型社会组织道德行为、规范依循型与规范建构型社会组织道德行为。社会组织道德行为是组织实体在自觉反思的基础上对伦理精神的主观认同、对伦理规范的客观践履，是社会责任感和道德使命感通向"善果"的"舟"和"桥"。社会组织道德行为与社会组织一般行为的关系用哲学话语来表示，即特殊性与普遍性的辩证统一。社会组织道德行为渗透在一般性组织行为之中，促进了社会组织目标的实现及良性发展。当社会组织陷入伦理困境，遭遇道德冲突时，社会组织道德行为又是组织应对道德冲突、化解伦理危机的有效方式。

关于社会组织道德行为与其他行为的关系，有学者认为社会组织道德行为与组织经济行为、政治行为、文化行为等并列，构成组织行为的具体

---

① 为研究的便利，在后文中笔者只在"积极的道德行为"的意义上使用"社会组织道德行为"这一概念，社会组织道德行为的生成逻辑系指社会组织在有利于他人、群体或社会的目的指导下，自觉自愿地实施的有利于他人、群体或社会的道德行为，而不讨论其不道德行为的生成逻辑。

内容。也有学者认为社会组织道德行为渗透在组织行为的各方面，既是组织行为的价值指引，又是组织行为的意义所在。笔者同意后者的看法，社会组织道德行为并不是一种完全独立的行为类型，而是渗透在社会组织各种行为之中。道德行为赋予社会组织其他行为以充分实现的可能性，社会组织在种种组织行为中并通过这些行为来实现道德行为。道德行为在使社会组织行为道德化的过程中培养社会组织的伦理使命感、完善组织德性。社会组织的其他行为只有是道德化的或者说同时是道德的才可能兼具合法性与合理性。因此，道德行为在社会组织行为体系乃至实践体系中都居于重要的位置。社会组织道德行为的复杂性并不降低它的可把握性，只要抓住社会组织道德行为的内涵、特征，顺着道德行为发生、发展的纹理去把握，就能以此为基础自觉地建构社会组织道德行为的生成逻辑，让过去缺乏理论依据的社会组织道德行为实现理论自觉。

社会组织作为道德行为主体不仅具有理论必然性，也具有现实可能性。谈及道德行为一般认为行为的主体是人，社会组织能否成为道德行为的主体？社会组织是否具备道德行为发生发展的条件？这是在展开对社会组织道德行为研究之前必须要解决的理论前提。关于组织能否成为道德行为的主体，一直备受争议。方法论个人主义者认为组织不同于个人，没有道德意识，不能作出道德选择，相应地，不能承担道德责任，因此，组织不能作为道德行为主体。与之相反，方法论集体主义者认为组织作为"复数主体"，可以形成不同于个人道德意识的组织道德意向，可以进行道德选择，并承担道德责任。因此，组织可以作为主体，发起组织环境影响下而脱离组织个体便难以发起的具有道德意义，可以进行善恶评价的行为，即道德行为。

方法论个人主义者认为，行动源于意向，道德行为与道德责任相关。只有个人才能有道德性意向，组织充其量只有派生的道德意向性。组织没有道德责任意识，不会进行道德选择，也不会为不道德行为感到不安、内疚和耻辱，不可能对其进行道德谴责。因此，组织不可能成为道德行动主体。由于组织不能进行道德选择，因此，它们没有道德过失，也就不可能承担道德责任。只有在个人层面才能对其做出道德谴责，使其承担相应的道德责任。纳维森认为，只有个人具有道德行动的动力，"其他东西都不能真正成为合格的责任承担者"。组织的道德责任只是一种派生的责任，组织道德行为也只是个人道德行动的一种隐喻性说法。

　　方法论集体主义者，吉尔伯特、维尔曼、图奥梅拉、科利特、弗伦奇等人认为组织可以形成不同于个人意向的组织道德意向，组织能够做出个体所不能承担的道德行为。关于组织意向，集体主义学者受到涂尔干、萨特的启发。吉尔伯特依据涂尔干的社会事实理论，提出具有共享意向的"复数主体解释"。他们认为，一个"真正的复数主体"涉及两个或更多的主体，他们以一个复数主体的方式联合了起来。组织的意向动因随附于个人的意向动因之上，组织行动也以这样的方式随附于其成员的行动之上。组织的属性（如意向、信念和愿望）"体现于"对个别成员的属性的看法之中并"受之决定"。梅也认同组织意向是组织道德行为的一个必要条件，但他认为组织意向产生于组织成员之间的关系，而非产生于任何组织成员。这些意向不是个人的意向而是基于组织的意向，是由群体的结构引起的，以群体为基础的，意向同一性是组织的。尽管组织的道德行为是以组织成员的道德行为为前提，但组织道德行为的理由、动机却不能还原为组织成员的道德行动理由和动机。如果个人依据相互关系并共同采取行动，而且这不可能在他们单独行动时发生，那么这就能被合法地归属为组织行为。组织行为是由组织本身的信念和愿望（希望）导致的，无论这些信念和愿望能否用个体主义词语来说明或解释。因此，组织可以成为道德行为的主体，组织道德行为是组织之中相互联系的成员共同采取的而脱离组织个体便难以发起的具有道德意义，可以进行善恶评价的行为。

三　社会组织道德行为的特殊性

　　作为一种特殊的群体道德行为，社会组织道德行为既具有道德行为的一般特征，又具有社会组织道德活动的特殊性。较之于个体道德行为，社会组织道德行为以社会整体利益为基础，以社会和谐伦理的构筑为目标，具有行为意识的特定性、行为方式的团体性、行为过程的组织性和行为效应的显著性；较之于经济组织和政府组织来说，社会组织道德行为具有利他性及高度的自觉、自发、自主、自愿等特征。但是，社会组织道德行为同样要受到外部必然性的制约，因此，社会组织道德行为处在自由与必然的冲突中，具有内在的矛盾性。社会组织道德行为的特殊性构成本书研究的基础，同时也蕴含着本书的研究价值。

　　首先，社会组织道德行为的特殊性表现为社会组织道德意识内容的复杂性和道德意识载体的特定性。虽然道德意识和道德行为之间还有一段距离，但作为道德行为产生的策源地与发展的内驱力，道德意识在道德活动中发挥着一定的支配性作用。道德意识分为个体道德意识与群体道德意识。但现代社会对个体道德意识强烈关注的同时却忽略了群体的道德意识。对群体道德意识的漠视、道德意识的集体缺场及社会重大道德悲剧，这三者之间显然有着密切的关系。群体的道德意识是复杂的，同样，对群体道德行为的影响也是深远的，因此，无论是学界还是组织道德实践者，都应该给群体的道德意识以足够的关注。社会组织道德行为的特殊性首先表现为社会组织道德意识内容的复杂性和道德意识载体的群体性。道德意识是主体在长期的道德实践中形成的对道德知识、道德规范、道德情感、道德责任和道德关系等的认识。社会组织道德意识不仅包括成员个体的道德意识，还包括社会组织对社会道德规范、社会道德使命及组织自身的道德原则、道德责任的把握。社会组织道德意识的载体是社会组织，因此，在对道德行为的评价中，社会组织应该承担主要的责任。但社会组织的道德意识包含着成员个体的道德意识，个体也应为组织的道德行为承担一定的责任。社会组织的道德意识正是成员道德意识在组织规范、组织结构和组织伦理氛围影响下相互作用的结果。在社会组织道德意识形成过程中，不同成员所起到的作用是不同的。领导者、决策者、管理者的道德意识对社会组织道德意识的形成起着关键性作用。因此，较之于基层员工，领导者、决策者、管理者应对社会组织道德行为承担相应的道德责任。由于社会组织的社会性、公共性和使命性，人们对社会组织的道德意识有着更高的要求和期待。社会组织应该通过道德学习和道德实践，不断提高自身的道德意识，以更好地指导社会组织的道德行为。

其次，社会组织道德行为的特殊性表现在行为方式的团体性、行为过程的组织性和行为效应的显著性。社会组织道德行为是在组织道德意识的统一支配下，组织共同道德目标的激励下，组织道德规章的指导下，全体组织成员，包括志愿者、捐赠者等共同参与而产生的，这就决定了社会组织的道德行为具有团体性特征。社会组织道德行为不是零散的个体道德行为之和，而是各部门、各成员间协调一致的组织行为。社会组织道德行为过程的组织性主要体现在道德行为方案决策过程的组织化和道德行为执行阶段的组织化。在道德行为方案的决策过程中，通过社会组织运行机制，既保证各部门广泛参与，又实现决策过程的组织化或系统化。其中，社会组织的结构形态发挥了很大的作用，尤其是伦理机构或道德监督部门，会更重视道德行为的整体性、远期效应及行为的社会价值。在道德行为执行阶段，各部门在伦理责任、行为内容上分工明确。在道德行为环节的交界处实行协商合作。奖惩分明的考评制度有效地推进社会组织道德行为的执行。但是，中国当前的社会组织依然存在部门设置随意、职能界限不清、业务流程不畅、缺乏部门间系统协同的缺陷，这些都显著影响了社会组织道德行为的组织性。

和个体道德行为相比，社会组织道德行为对社会的影响更为深远。社会组织及其道德行为的状况最能反映一个社会的公平正义及仁慈程度。社会组织道德行为规模大、示范效应强、涉及领域广泛，而且这些领域都与社会稳定、社会发展及个体的生活质量密切相关，如对弱势群体的生活关怀、医疗救助，对保护环境的倡导及对生态污染的治理，对落后地区的文化输入，对社会公共问题的参与等。人们对社会组织道德行为的关注和期待远远高于政府组织和经济组织。社会组织道德行为的显著效应，一方面表现为积极的正向效应，另一方面表现为消极的负面影响。积极的社会组织道德行为弥补了市场失灵和政府失灵，促进了社会公平正义；并使道德行为者和行为对象获得心灵的安宁和社会归属感。同时，社会组织道德行为还是实现社会认同、社会凝聚积极的力量。另外，社会组织不道德行为也会造成显著的破坏性影响。当社会组织假以真善的外衣而行不道德之实时，会严重破坏社会道德风气，是对道德最大的侮辱。社会组织不道德行为不仅使人们失去对社会组织的信任，更会质疑整个社会的公平正义及最基本的价值信念。因此，社会组织要通过道德行为的正向影响力，普及慈善意识，使现代慈善观念深入人心，发扬乐善好施、扶危济困的传统美德，实现"老有所终，壮有所用，幼有所长，鳏寡孤独废疾者皆有所养"的和谐社会理想。

最后，社会组织道德行为具有利他性及内在的矛盾性。非营利性、非政府性、公益性、互益性、慈善性、志愿性等基本属性是社会组织区别于其他组织的标志。其中，志愿性的根本内涵就是自愿的利他性。利他精神是社会组织最基本的伦理精神。社会组织道德行为以社会整体利益为基础，以社会公益使命的实现为行为要求，以社会和谐的增进为行为的出发点和归宿。社会组织自觉地把公共问题的妥善解决，弱势群体的生活改善，社会公平正义的维护等作为组织的行为目标，自发、自愿地开展道德行为，并使之成为行为习惯。因此，较之于经济组织和政府组织，社会组织道德行为具有纯粹的利他性及更高程度上的自觉、自发、自主、自愿等特征。与此同时，社会组织道德行为又摆脱不了外部必然性的制约，这就是社会组织道德行为的内在矛盾性。社会组织道德行为是基于公益使命或善良的同情心而自觉、自愿发起的。但是，社会组织处于一定的社会关系中，其道德行为必然受社会发展及环境的制约。美好的道德情感、善良的道德愿景及道德行为方案在实践过程中往往会遭遇现实的打击，如社会怀疑、社会支持不足、慈善捐赠资源的匮乏、道德意识与道德行为的偏离、道德责任尺度模糊及道德行为监管缺乏等。社会组织道德行为的自觉要伴随着某些方面的不自觉，自发自主的同时要受制于社会客观环境的制约。社会组织道德行为的自觉、自发、自主、自愿必须在一些客观因素的制约中才能实现。社会组织道德行为摆脱不了自由与必然的冲突，不得不在不断发展的矛盾序列中实现自身。

第二节　社会组织道德行为的理论基础

　　社会组织是基于一定的社会伦理使命、组织成员的志愿奉献及组织者的道德信念等而成立的。可以说社会组织在成立之初具有一定的伦理本性或者说伦理禀赋。但初始状态的伦理禀赋并不能作为社会组织先验道德性的确证。社会组织的道德性只有在合乎道德并且是出于道德的行为中才能得以最终确证。而社会组织道德行为的合理性应在长期的行为习惯中得以呈现，并在经验实践的展开中受到伦理的审视，唯有如此，才能超越"伦理实体与不道德个体"的悖论。

一　道德需要：社会组织及其道德行为的伦理依据

　　社会组织不以强制性行政机制为其运行保障，不以营利为其目标。从伦理的视角来看，社会组织产生与发展是基于道德需要体系的满足，即个人摆脱孤独感的道德需要和道德给予冲动的道德需要及社会追求公正的道德需要。这既是社会组织道德行为的伦理基础，同时也是社会组织发起道德行为的伦理资源。

　　社会组织道德行为发生的个体伦理信念基础是个人摆脱孤独感的，回归共同体的道德需要。社会组织是志同道合者相互沟通的伦理场域。在这一场域中，现代性与后现代性文化所造成的个人的疏离感和孤独感才得以摆脱，过上真正属于人的生活，即组织生活、群体生活或者说共同体生活。原始社会人处于蒙昧状态的重要表征之一就是人的意识中只有实体性的"我们"而没有作为个体的"我"。私有制和私有观念的出现标志着自我意识的觉醒。无论是在人类进化史、社会文明史还是在个体的智力发展史上，自我意识的觉醒都具有里程碑式的意义。漫长的原始文明主要以血缘智慧作为联系个人的天然纽带。同样漫长的封建社会主要以宗教神权作为统一个体相互联系的精神基础。随着人类文明的现代的演化，自我意识觉悟了的个体挣脱家族血缘及宗教神权的羁绊，极大地发挥了人的主观能动性，将人类文明拓展到更为广阔的领域。但现代性对个体的空前解放也造成了个体性的极度膨胀，或者说个人主义的盛行。个体的极度膨胀是现代社会特有的一种灾难。作为灵与肉的统一，人的个体性膨胀更多的是肉欲、物欲的膨胀。个人在竭尽全力满足自我日益增长的欲求，既无暇顾及心性美德的完善，又疏于与他者的类交流。人的类本质被遮蔽，只剩下一个个为自己利益而战的个体。在现代社会的高度分工体系下，人被分解为各种不同的角色镶嵌在不同的组织实体中。鲜活、丰满的人异化为按角色身份行事的工具性存在。人的完整性被消解，丧失了的人格的统一感。加之乡土社会的碎片化，共同道德规范和伦理信仰的瓦解，使人与人之间亲密和谐的关系被无情地打破，共同的精神家园也随之逝去。内外精神家园的丧失使一个个为自己利益而战的个体感到前所未有的迷惘和孤独。基于真诚沟通的相互联合才是现代人走出孤独的有效路径。"社群不是个人的取消，而是个人的加强。当个人感到缺乏力量时，便联合成社群。"①

　　科学意义上抽象的人具有三种形态，即个体形态、集团形态和社会形态。个体形态主要担负着生命的载体作用，只有在集团形态和社会形态中，人才能维持生存，并发挥主观能动性，实现自由全面的发展。② 也就是说人只有在群体、社会中才能全面实现人存在的价值和意义。从人类之初的集群而居，到如今普遍存在的各级各类集团、组织，我们不得不承认，集团和社会是人类最为主要的存在方式与发展形态。因此，复杂的人性被简化为个体性与社会性，人的存在就是个体性存在与社会性存在的对立统一。个体性极度膨胀的现代人的处境是相互隔离的，但却从未放弃相

---

① 钱满素、刘军宁：《自由与社群生活》，生活·读书·新知三联书店1988年版。
② 肖前：《马克思主义哲学原理》（上），中国人民大学出版社1994年版。

互沟通的愿望。因为人类天生具备"社会性"本能。人类祖先在与神秘自然抗争过程中所产生的对自然界的恐惧感以及在此基础上所产生的对群体的依赖和归属感是人类"社会性"本能产生的生理或者说心理基础。虽然现代性和后现代消解了人的完整性并摧毁了人类共同的精神家园，造成了人与人的隔离。但是，"社会性"本能使现代人从未放弃对共同体生活的追求。现实中的孤独感和疏离感使得许多人追求共同体生活的渴望更为强烈。政府组织的强制性权力机制与营利组织对经济利益的追求使得二者都难以满足现代人对精神性共同体生活的要求。社会组织不以权力的占有为追求，不以金钱的获取为目的，而是秉承道义的使命，以志愿参与和奉献精神为运行逻辑，从而成为现代人与他者沟通、与社会统一的最适宜的伦理共同体或者说伦理场域。用海德格尔的话来说，"内在于本体而存在的"理解、沟通把迷惘、孤独的个体联结在一起，使社会组织获得根本性团结。在这自发形成的、具有根本性团结的伦理场域中，志同道合者相互理解、共同行善，在践行社会组织伦理使命的集体行为中，摆脱了个体的疏离感和孤独感，过上真正属人的生活，即组织生活、群体生活或者说共同体生活。社会组织也在现代人对统一感的普遍精神诉求中得到更迅速的发展。

社会组织在这样一种普遍的精神诉求中得到更迅速的发展。组织作为超越人类有限性、不确定性的类存在方式，在社会学上，人有集群而居的天性或本能。在伦理学上，人有追求与实体统一，回归实体的伦理天性。现代社会之中人的处境是相互隔离，而人却从没有放弃相互沟通的愿望，共同体生活是人天性的追求，是真正属人的生活。为克服个体的孤单感或孤独感，按照自己的兴趣或爱好自发成立或加入相应的组织，志同道合者相互交流的伦理场域。对他人利益的肯定、关心是社会成员和睦相处、社会共同体良序运行的前提之一。如荀子所言，人只能在"群"的状态下才能生存。

个体出于同情、本能上的道德给予冲动，是社会组织建构及其道德行为发生的基石。在叔本华的伦理体系中，同情居于核心地位。叔本华认为，同情一切美德的核心，是对人生痛苦本质的洞察和直观，只有不局限于表象层面人与人的差异，才能领悟到自我与他人的共同本质。同情是个体向共同本质进展的桥梁和归宿，是促使人行为的力量。同情是人类作为社会存在的情感表达。当路遇乞讨的老人、饥寒交迫的儿童，甚至只是听说到一些不幸之人的悲惨遭遇，每一个社会存在者不管是否伸出援助之手，首先内心会泛起真挚的同情之感。如果我们有能力去帮助在悲惨境遇中的我们的同类，但却没有伸出援助之手，实现道德给予，我们就受到道德的谴责及良心的不安。因此，同情首先激起主体道德行为的冲动。冲动是意识向行为，观念向实践转化的机制。"见父自然知孝，见兄自然知悌，见孺子入井自然知恻隐。"在这里，知不仅是理性或思维，而且包括行，知孝就是知行孝，或者说就是行孝、行悌、行恻隐。从自然知到自然行，或者说自然知里隐含的、必然的行就是道德冲动的实践性。

吉登斯认为，在传统社会，时间和地点是一致的，人与人之间是"面对面"、"在场的"、"经验式"的互动关系，因此，个体的道德冲动可以立刻转化为道德行为，把自己的爱心直接馈赠给不幸的人。如在羊肠小道边支口锅就能给因战乱饥荒而颠沛流离的人一碗热粥，挽救一条性命。但在现代社会，由于科技信息技术的发达及高度分工体系的发展，时间与空间分离，行为与行为的结果被拉开。人们脱离"面对面"的交往，从经验化的地域情境中脱离，从"在场"走向"不在场"，现代性这一特征在伦理上造成的后果就是，道德冲动与道德行为直接的转化关系被人为、强硬地割裂。激起个体同情心和道德冲动的对象与个体之间隔着遥远的时空距离。个体的一腔道德热情只能被冷冰的距离感浇灭。社会组织因其特定的伦理使命及稳定组织结构使道德冲动和道德行为实现了直接转化。而且个体偶然的道德冲动汇聚个体偶然的道德冲动，使道德冲动、道德行为代际相传稳定化、有序化，使个体偶然的道德行动产生更深远的社会价值。社会组织使现代人可以容易实现道德给予，而且稳定的组织制度、组织运行机制可以把搜集、整合个体的善行，并形成稳定运行，发挥社会组织更大的道德影响力。个体的同情心、道德冲动是社会组织建构的基础，同时，社会组织促进个体同情心及道德冲动的不断激发。汉斯曼认为"非分配约束"是社会组织最重要的特征，是对生产者机会主义行为的一种有力的制度约束。由于利润不能参与分配，即使在信息不对称时，消费者也可以得到物美价廉的产品或服务。"非分配约束"是对社会组织机会主义行为的制度约束。但是应该对此进一步追问，为什么社会组织会自觉接受"非分配约束"，主动把净收入用于组织的发展，为更多的人提供帮助？经过追问不难发现，"非分配约束"只是一种制度约束，社会组

织成员对普通大众，尤其是弱势群体、特殊群体的道德给予的冲动、道德
奉献的信念才是社会组织建构的深厚基础。

　　但是，中国传统慈善行为基于血缘社会基础，缺乏广泛性、组织性、
规模化和可持续性。"虽然中国历史上有深厚的慈善文化传统，然而传统
上的慈善表现为零星的个别的、偶然的和随机的事件。不仅如此，基于血
缘社会基础上的慈善原则，往往是由近及远，由亲及疏；民间的慈善活动
也因此带有浓厚的乡里情结和亲族情结，并造成慈善事业的封闭性和内敛
性，以及希望对方知恩图报。而现代慈善事业是由专门的慈善组织策划和
实施的有组织的、大规模的、规范的和经常性的社会事业，具有社会化、
制度化、规模化、开放性和广泛性的特点。人们在参与这些活动时，不用
考虑具体的受助者是谁，更不会从知恩图报出发。中国人民大学郑功成教
授认为，现代公共慈善的理念认为慈善是公共行为。捐赠应以慈善组织为
中介，使捐赠与受赠分离，捐赠人不知道哪些人因他受助，而受助人也不
知道哪些人帮助了他。"① 社会组织与传统意义上的直接捐助不同，从而
免除了感恩与求回报的心理。捐赠人和受助人的人格是平等的，救助弱势
群体成为整个社会的行为。

　　社会追求公平正义的道德需要则是社会组织道德行为发生的社会基
础。如前所述，个体追求共同体生活的伦理需要和个体对他者、对类基
于同情的道德冲动是社会组织建构的个体基础，但是，社会组织的建构
还必须具备坚实的社会基础。在经济学中，社会组织可以保证财富再分
配过程中的公平。在伦理价值上，社会组织实现了幸福再分配流程中的
公平性。较之于传统社会，现代社会充满着多样化的矛盾，现代市民社
会的本质就是个人利益的战场。社会需要一定的控制系统来保证利益系
统的有序运转。较之于政府组织与经济组织，社会组织更好地实现了个
体至善与社会至善的统一，满足了社会良性发展的道德需求。"个人任
性的需要，对社会来说不是一种灾难性的需要。仅仅是某一个人或某几
个人的任性需要，也许还不足以构成对社会、对他人的共同需要的满足
的威胁。但如果所有的个人都怀有这种任性需要的欲望冲动，那么人类
为此付出的代价就将是人类因个人的彻底对立和分裂，而导致彻底的毁

---

① 何兰萍、陈通：《关于当前慈善事业发展的几点思考》，《社会科学》2005 年第 8 期。

灭，包括任性的个人的毁灭。……正是为了反对个人需要的'自行其是'性，正是为了防止个人间为了争夺必需品而进行毁灭人类社会的殊死搏斗，才从人类的物质需要中演化出人类的道德需要。"① 现代社会是自然伦理实体自我否定的必然结果。现代社会以个人的利益为目的，他人和形式上的联合是实现个人利益目的的手段。因此，现代社会潜藏着巨大的道德危险。"在所谓公共利益中，最主要的是人民的生存。因为任何人对自己的生存都没有责任。所以，为了使现在已生存的所有人都得到充分的物品，即使要那些持有多余物品的人牺牲一些金钱，这也是应该的，不能说是太大的牺牲。"②

　　生活在社会中的每一个人，无论是权贵精英，还是老弱病残，都是社会形成、运行机制中的一分子。每一个人都应该享受到社会发展所带来的权利、利益。由于个人禀赋的差异性，尤其是先天的、无法靠人力改变的差异，使处于弱势的一部分群体很难参与到社会竞争中，充分享受社会发展的福祉。甚至社会发展的代价也更多地是由弱势群体承担。因此，社会必须通过"后天"弥补的方式把公共利益向弱势群体倾斜，使其更好地享受社会公共利益。这才是真正的社会公平、公正。尤其在我国贫富分化的失衡状态下，市场体系中的经济组织奉行资本逻辑，拥有资本的人便拥有竞争优势从而占有更多的经济利益及社会权益。国家行政体系中政府组织由于其权力的公共性，必须从社会全局出发，统一兼顾，难以及时地为因自然灾害、社会变动等而造成的弱势群体提供帮助。社会组织"发现问题—寻求解决"的行为方式，反应迅速灵活。保护弱势群体是社会公平正义最基本的伦理诉求。对弱势群体的伦理关怀彰显着一个社会整体的道德水平。"桥的承载力是根据最不牢靠的桥墩加以测定的，社会的质量乃是根据最弱的社会成员的福利状况加以测定的。"③ "考察我国各个领域的公正问题，既不能以富裕阶层为标准，也不能以绝大多数人的情况为标准，而是应当把弱势群体尤其是对不幸者的慈善救助，作为衡

---

　　① 夏伟东：《道德本质论》，中国人民出版社1991年版，第27页。

　　② ［英］约翰·穆勒：《政治经济学原理》（上卷），赵荣潜等译，商务印书馆1991年版，第404页。

　　③ ［英］齐格蒙特·鲍曼：《现代性与矛盾性》，邵迎译，商务印书馆2003年版，第398页。

量的唯一尺度。"①"没有正义的慈善是不可能的，没有慈善的正义是扭曲的。"② 改革开放新增的失业及无业人员、下岗工人等弱势群体是社会发展的必然代价。这有悖于社会主义公平正义的伦理观。"社会的发展确实需要付出一定的代价，但是发展的代价不应只由弱势群体来承担，或者，即使必须由一部分人来承担，他们也理应获得相应的补偿和回报，而不应成为社会发展的牺牲品。"③ 追求公平正义的道德需要既是社会组织建构社会基础，更是社会组织存在的价值依据。社会组织的所有行为，当然包括道德行为在内，都是为了满足社会对公平正义、慈善和谐的道德需要。

二　道德行为：社会组织道德实践的基本要素

社会组织道德行为不仅是扬弃社会组织道德理念主观性的重要环节，也是呈现其道德状况、实现道德追求的重要载体。伦理是以实践精神的方式来把握现实世界。作为最基本的道德实践活动，道德行为是伦理实践精神的直接呈现，在伦理实践体系中居于中心地位。伦理学上的诸多道德范畴是围绕道德行为过程而展开的，如道德规范、道德评价、道德品质、道德修养等。在某种意义上，可以说道德行为既是伦理学的出发点也是其归宿。具体到社会组织的道德实践中，道德行为也是其道德实践体系中最基本的要素。

在中国文化中，"道德"是"道"和"德"二义的组合。"道"有道路、本体、规律等义。"德"在古代通"得"，《说文解字》注"德者，得也"。从构形看，"德"字从直从心，心得正直，引申为"品德"。因此在中国伦理思想史上，道德是指个人按照一定的规范长期身体力行后在内心的所得、所获。西方文化中的"道德"是罗马人征服希腊后用来翻译"伦理"的对译词。因此"道德"有"习俗"、"法则"、"风尚"等含义，后又引申为"心理上的"、"德性"，与 Virtue（美德）相近。综合以上之义，道德指"具有自由意志的个体根据对生活价值的认定和体悟，通过

---

① 程立涛：《爱心实现与慈善救助的现代意义》，《河南师范大学学报》（哲学社会科学版）2006 年第 3 期。

② ［英］齐格蒙特·鲍曼：《后现代性及其缺憾》，郇建立译，学林出版社 2002 年版，第 55 页。

③ 孟凡平：《伦理关怀：弱势群体问题的现代视角》，《齐鲁学刊》2006 年第 6 期。

自觉的行为追求善，不断提升自我、塑伦造理想人格的过程"①。简言之，在中国文化中，道德就是"得其道"、"践于行"并"化于心"；在西方文化中，道德就是具有自由意志的主体在对善的认同中通过自觉的行为追求善。因此，一方面，践行、行为就成为体现并实现道德的重要载体。道德就是在客观现实性的伦理存在中通过行为追求并实现善的目的；另一方面，道德就是"发明本心"、"致其良知"，是"主观意志的善"，但这种主观性是抽象的、零散的，带有很大的局限性。"良心如果仅仅是形式的主观性，那简直就是处于转向作恶的待发点上的东西。"② 主观的善要成为客观的、自在自为的善，需要借助行为。"道德所以为道德，在于不仅是思想认识，而更是行为的规范。道德决不能徒托于空言，而必须是见之于实际行动。"③ 社会组织在成立之初一般是基于一定的道德使命感，具有朴素的道德信念。但是，道德信念还只是"形式上的主观性"，而社会组织道德行为是扬弃形式主观性的重要环节，使社会组织的道德使命、道德追求得以最终实现。同时，道德行为是社会组织道德实践最基本的要素，动态地呈现出社会组织真实的道德状况。

社会组织道德行为还能够促进社会组织德性的生成。具体的道德行为、习惯性的道德行为对社会组织德性的养成具有发生学意义上的重要性。人类的行为是基于特定的欲求、为实现特定目标，而选择特定手段去实现目标的活动。人的价值、人格的价值就体现在人的行为中。黑格尔认为主体就是由他的一串行为所构成的。道德行为作为人类行为的一种，有着独特的价值规定。传统伦理理论一般把道德行为视为德性的外在展现，即德性是道德行为或道德行动发生的本质根源。亚里士多德认为"德性使我们倾向于去做，并且按照逻各斯的要求去做，产生着德性的那些行为"④。杨国荣也认为德性作为综合的道德意识结构，为道德行为提供价值导向，既是道德道德行为的真实主体，又构成道德行为的内在机制。道

---

① 王珏：《组织伦理——现代性文明的道德哲学悖论及其转向》，中国社会科学出版社2008年版，第46页。

② ［德］黑格尔：《法哲学原理》，范扬、张企泰译，商务印书馆1961年版，第143页。

③ 张岱年：《中国伦理思想研究》，江苏教育出版社2005年版，第161页。

④ ［古希腊］亚里士多德：《尼各马克伦理学》，廖申白等译，商务印书馆2003年版，第76页。

德行为是同一德性在不同社会境遇下的多方面的展现，德性与德行是"以一驭多"的关系。从行为发生学的视角来看，行为的累积而形成习惯，习惯的积累而养成品性。因此，道德行为与德性密切相关，正如传统伦理理论所认为道德行为是德性的外在展现，德性是道德行为的长期积淀。以人为参照对象，我们通常对品性的形成毫无察觉，甚至认为是天性，是自然的赋予。诚然，品性中有自然的因素，但基本上还是通过一个人行为习惯潜移默化的影响而生成。与此类通，社会组织道德行为累积而形成的行为方式和行为倾向便是道德行为习惯，而道德行为习惯的积累促进向善的精神结构和心理定式，即生成社会组织德性。作为道德行为的结果，社会组织德性一旦生成就难于改变。稳固的德性同时又构成社会组织道德行为的内在机制，制约着社会组织道德行为的发生、发展。因此，道德行为对社会组织德性的养成具有重要意义。

第三节　社会组织道德行为的价值

社会组织道德行为的生成逻辑不单纯是建构道德行为逻辑的发生机制，还包括行为自身的意义。本书主要在社会组织道德行为的"双重意义框架"下论证社会组织道德行为的基本价值。内在的意义框架是社会组织成员、志愿者、组织道德行为的动力机制由原来的被动参与，转而更强调自觉、自愿、自主、自发等特征，及其在此基础上，个体人生价值、道德自我的实现和社会组织伪善的规避。就外部意义框架而言，从慈善救助逐步走向多元的意义融合，如理性维权、公共参与、社会变革、社会发展等，从而使社会组织真正成为实现社会认同、社会凝聚、参与社会整合、避免社会冲突、构筑社会和谐的现实的、自觉的、积极的力量。

一　促进个体的道德实现

社会组织道德行为促进成员基于现实自我与道德自我相统一的自我实现。随着神权最高价值的自我贬值，自我实现成为现代人孜孜以求的重要价值目标。个体的道德化不仅是自我结构的灵魂，更是自我实现的标志。组织成员在反复的道德行为中养成一种道德的心理定式及心灵品性，即成员的道德化，使现实自我与道德自我达成有机统一，健全、强大自我得以建立，即自我实现的最终完成。

　　自我实现是马斯洛人本主义心理学的核心概念，他一生都在致力于自我实现研究。他把自我实现作为人的最高需要，自我实现的人是成熟的人、健全的人。自我实现是人性和人类所能达到的状态，是人性发展的方向。马斯洛是不忍心人性和人类文明危机的持续而提出"自我实现"理论，是想挽救世风，重建精神。但自我实现理论却在传播的过程中被异化，与马斯洛当初的理论价值指向背道而驰。工具理性和科学技术把人类带入物质极大丰富的时代，同时也入侵了人的生活世界，导致人生价值的丧失、生活意义的消解。弗洛伊德的人性观把病态人本化，把人性与文明的冲突合理化，不利于人性的发展及社会的进步。马斯洛不同意弗洛伊德的观点，指出"我们时代的根本疾患是价值的沦丧"，[①] "十九世纪上帝死了，二十世纪人死了"[②]，为此，他提出了以自我实现为核心的价值观念，从个人出发，把利己和利他相结合，把追求价值和献身事业作为人最大的特征和存在的最高目的。自我实现理论一提出便对人性的发挥和社会的发展产生了积极影响。但在传播的过程中却被异化。尤其在中国，自我实现理论产生了最广泛的影响，同时也受到了最深的误解。一些人只抓住自我实现理论中利己的一面，我行我素，认为自我实现就是狭隘的弗洛伊德式的本我、自我的实现，导致极端的自我中心论。道德沦丧、价值失落、生活颓废、绝望麻木等与极端自私的自我中心论思潮不无关系。鉴于此，澄明自我实现的本质，重建自我实现的价值就显得尤为重要。

　　马斯洛认为，自我实现的人，首先心理健康、成熟圆满；其次献身事业并在事业中获得快乐；再次追求价值，并以价值追求为核心，实现存在价值和超越价值的统一；最后是充分实现潜能和创造性。从中可以看出，自我实现包含了道德的、社会的、价值的、精神的内涵，自我实现的本质是对价值的追求，是通过行为活动实现存在价值与超越价值的统一。自我价值离不开个体自身，但主要是在对他人和社会的贡献中得以体现。"人的本质不是单个人所固有的抽象物，在其现实性上，它是一切社会关系的总和。"[③] 美国人本主义心理学家把自我区分为真实自我、公开自我、最佳自我和理想自我；苏联哲学家科恩把自我划分为存在自我、体验自我和

---

① 〔美〕马斯洛：《人类价值新论》，胡万福等译，河北人民出版社1988年版。

② 〔美〕马斯洛：《人的潜能和价值》，林方等译，华夏出版社1987年版。

③ 《马克思恩格斯选集》第1卷，人民出版社1995年版，第18页。

概念自我；莱布尼茨把自我分为肉体自我、意识自我和道德自我；唐君毅采用反省的方法以道德自我超越现实自我来分析自我。综合学者们的思想，结合中国注重道德修养的传统及挽救道德败坏的现实需要，笔者同意唐君毅先生对自我的分析，即自我主要包括现实自我和道德自我，道德自我是自我结构的灵魂。自我实现即现实自我和道德自我的有机统一，即道德化的自我实现。现实自我是客体的、存在的、日常观察中的、意识中的、感觉的、经验的、社会表象中的自我。道德自我是道德调控下的、道德化的自我。道德自我是自我结构的核心，调节自我的生命秩序，提升自我的人格境界，帮助自我获得现实性和社会性，从而建立起健全的、成熟的、内在价值和外在价值相统一的自我。"现实自我是身之自我，道德自我是心之自我，道德自我是现实自我的主体性，又提升并超越自我。"①对于社会组织成员来说，道德化的自我实现突破自私自利之小我的限制，达到无私利他的大我境界，体现了人性的特质，彰显了人的价值与尊贵，是神圣感和崇高感油然而生的基础。

社会组织成员自我实现的问题包含两个方面，一是实现什么样的自我；二是如何实现自我。前文回答了所要实现的自我是现实自我与道德自我的有机统一的自我。而实现的方式就是通过道德实践。英国新黑格尔主义哲学的代表人物布拉德雷在其著作《伦理学研究》中提出，道德不是实现外在目的的手段，道德本身就是目的，这一目的就是自我实现。经常、反复的道德行为，在实现社会组织伦理目标的同时也于潜移默化中提升了成员的道德素养。历经重复和强化的道德经验及体验的积累，成员帮扶弱势群体、奉献社会的道德感或者说道德冲动力成长为稳固的心理定式、坚定的价值取向及强烈的道德信念。可以说，组织成员道德化自我实现是一再重复的道德行为铸造的，习惯一经形成便转变为强大的道德行动力量，促进成员实现现实自我与道德自我的有机统一，即道德化的自我实现。"简而言之，自道德言，目的蕴涵行为，而行为则蕴涵自我实现。"②康德曾经担心的"知识"压抑了"信仰"的精神危机而成为韦伯对现代社会的忧虑，即工具理性对价值理性的压抑。在工具理性的"铁笼"中，膨胀了的个体狭隘地算计物的功用、一己私利的得失。人生的价值、生活

---

① 樊浩：《道德与自我》，吉林教育出版社 1994 年版，第 30 页。

② 周辅成：《西方伦理学名著选集》（下），商务印书馆 1996 年版，第 632 页。

的意义在费尽心机的算计中丧失殆尽。工作中，人的完整性被瓦解，裂化为碎片化的角色，冷冰冰的数据是角色合格与否的标志；生活中，温情脉脉的面纱被金钱和权力摧毁。就连传统文化中"结社而相会"以互通有无、相互帮扶的社会异化为个人利益的战场。诚然，社会组织及其道德行为并不能根除现代社会的精神文化危机，但其坚定的伦理使命、浓厚的伦理氛围、积极忘我的道德行为无疑有利于成员实现人生价值、追求生活意义，即道德化的自我实现。避免陷入精神分裂和双重人格的最佳途径就是做个实在的好人。

二　防范社会组织的伪善

社会组织道德行为揭穿了道德表象与道德真实、道德宣言与道德实际之间的矛盾，有效地规避了社会组织的伪善。伪善是一种普遍的社会现象。现代文化理解中的伪善一般被认为是虚假的伪装的善。但这却不是伪善的原初和唯一含义。在中国古代文化中，倾向于将伪善视为由后天的教化而达到的善，即人为的善。"伪"有三义，即虚假、人为和非法。荀子认为"人之性恶，其善者伪也"，恶先天地存在于人的本性之中，所有的礼仪道德都是后天人为教化的结果。在这个意义上，所有的善都是伪善。"'伪善'不再是一个贬义词：既然'善'都是伪的，都是人为的社会约定的结果，我们当然就没有必要、也没有资格去批评别人'伪善'了；我们也没有必要去寻找，且没有可能找到永恒不变的善。"① 而在西方文化中，伪善主要是指不是出于内心的善，又称为"法利赛式的伪善"。具体表现为：只说不做，对人布道，自己却做不到；内心所想与外部表露不一致；自以为义，好评判他人。现代文化现象中"伪善"的含义更接近西方思想史上的"伪善"的定义。本书中所论及的伪善就是指社会组织虚假的、伪装的善，而非古代哲学中后天教化的、人为的善。

社会组织的伪善是对道德的一种极具破坏性的侮辱，不仅伤害了人的道德情感，还摧毁了社会的信任机制。"郭美美事件"后，几位"80后"在博客上写下了"这个社会，还有什么是可以相信的？""看看曾经节衣缩食的捐款，我是不是很傻？"的疑问。社会组织最能反映一个社会的公

---

① 倪梁康：《论伪善：一个语言哲学的和现象学的分析》，《哲学研究》2006年第7期。

平正义及仁慈程度。人们对社会组织的道德期待远远高于政府组织和经济组织。当社会组织假以真善的外衣而行不道德之实时，人们会产生被欺骗、被耍弄的愤怒，不仅失去对社会组织的信任，更会质疑整个社会的公平正义及最基本的价值信念。慈善者怀着奉献社会的感恩之心提供志愿服务、捐赠钱物，这些却被社会组织无耻地据为己有，像蛀虫一样享用、挥霍。社会组织在圣洁的道德外衣下龌龊不堪的行为让国人感到寒心，挑战着公众的道德底线。社会组织的道德作秀、道德欺骗亵渎了道德的神圣性、侮辱了道德的崇高性。因此，可以说社会组织的伪善是社会组织之恶的潜隐样态，是整个社会道德衰落的标示。社会组织的伪善是一个亟待世人关切的伦理问题。

作为道德实践，社会组织道德行为是规避伪善的最有效的方式。伪善是日常生活世界普遍的一种社会现象，有着复杂的形态。其中道德心理学把动机层面的虚假作为判定伪善的依据，而道德社会学则更关注行为性质及行为结果上的伪善。这可以说是伪善最为典型的两种存在形态。社会组织道德行为是如何规避这两种不同形态、不同内容结构的伪善？简单地说，社会组织通过规范依循型道德行为防治动机层面的伪善，通过自主型道德行为来打破行为上的伪善。

道德心理学从动机层面界定伪善，一般是指并非出于真实善动机的善行。这种形态的伪善，其基本特征就是外显的行为具有善的特征但却没有内在的善的品性。"所有不是出自本能，而只是刻意地为了使自己在别人眼中甚或自己眼中显得善而做出的善举（包括善行、善言和善意），都属于伪善。伪善需以人为之善的存在为前提，但它本身不等同于人为之善，而是包含在纯粹人为之善中的虚假之善。"① 动机层面的伪善所关注的重心是动机、品性而非行为，它否定的是伪装的善动机、虚假的善品性，是对没有善心却蓄意伪装善意的道德谴责。可以说道德心理学视域下的伪善是与德性密切相关的，其对伪善判定的依据就是内在德性，既非行为结果也非行为性质。德性伦理所关注的就是内在的心性、品性。对无善心伪善的批判实质上就是对德性缺失的忧虑。因此，修养德性是规避动机层面伪善的有效良方。德性是行为习察过程中凝化的、稳定的内在人格，它与个

---

① 倪梁康：《论伪善：一个语言哲学的和现象学的分析》，《哲学研究》2006 年第 7 期。

体的存在保持着相对的绵延统一。社会组织能否生成德性是一个尚具争议性的论题，但社会组织可以拥有神圣的伦理使命感、强烈的道德责任感及坚定道德信念是得到实践验证的。它们犹如个体的德性一样是动机伪善的最佳的防治措施。社会组织处在价值危机的现代性中，如其他类型的组织一样，受到了工具理性的入侵及金钱、权力的殖民。有些社会组织会经受不住金钱、权力的诱惑，而淡忘了成立之初的伦理使命，异化为牟取私利的工具。缺乏伦理使命和道德责任感的社会组织就会为了树立良好的道德形象，骗取公众的信任，争取更多的社会资源，躲避社会的道德批判而不得不做出看似具有善价值的行为，实质是在道德上"作秀"。依循既定规范的道德行为会让社会组织在历经重复和强化的道德经验和道德实践中逐步明确伦理使命、坚定道德信念、强化道德责任感。这无疑是规避社会组织动机层面伪善的最佳条件和方式。

如果说动机层面的伪善是恶的潜隐状态，那行为上的伪善就是赤裸的恶、真实的恶。道德社会学往往根据行为的性质及结果来界定伪善。这种形态伪善的最大特征就是处心积虑地为自己缝制光鲜的"道德外衣"，以此为幌子牟取私利、践踏社会伦理规范，行不道德行为之实。较之于动机层面的伪善，社会组织的行为形态上的伪善更为赤裸，是一种根本的恶。它直接摧毁了公众的信任及社会组织仁慈的社会形象，可以说是社会道德衰落、颓废的催化剂。行为形态的伪善用日常话语表达就是"言行不一"，"说一套、做一套"。有材料指出，"自 2011 年开始，以助学、救助社会弱势群体、改善贫困地区农村医疗卫生条件为宗旨，宣传'人道、博爱、奉献'红十字精神的中国红基会仁爱基金向陕西大型国企、老干部局等非弱势群体主动捐赠上万辆自行车，其中不乏中航工业西安飞机工业公司、澄合矿务局这样的大型国企，捐赠的自行车号称 700 多元，实际只值 140 元"[①]。草根社会组织也存在行为形态的伪善。北京太阳村特殊儿童救助中心是专门资助服刑犯未成年子女的草根慈善组织，却以公益之名敛财，变卖捐赠物资，存在财务黑洞，拒绝公开财务信息。2011 年上海市卢湾区红十字会的"高额餐费"利用慈善的名义进行商业经营，牟取暴利，因此，对此类形态伪善的最

① 康晓光、冯利：《2013 中国第三部门观察报告》，中国社会科学出版社 2013 年版，第66—67 页。

有效规避方式就是成员自主型道德行为，这不仅可以撕破社会组织虚假的道德"外衣"，而且以善的行为过程及善的行为结果穿透道德表象与道德真实、道德宣言与道德实际之间的差距，"观其行"后再"信其言"。

三 构筑社会的伦理和谐

社会和谐的伦理之维是利益与美德的统一。与之相应，社会和谐的内容就包括社会经济生活秩序的公平正义和个体精神心灵秩序的安宁。在市场调节和政府主导之外，社会组织道德行为通过志愿性社会力量使社会资源和财富实现逆向转移，促进了社会的公平正义；在参与道德行为过程中，社会组织成员因奉献帮助别人快乐自己而获得心灵的安宁。弱势群体通过社会组织得以摆脱生存困境，感受到人性和社会的温暖而获得心灵的满足。

和谐社会应是政治理想与道德理想相统一的伦理社会。社会生活秩序的有序和谐，社会成员心灵秩序的宁静和谐，共同构成了和谐社会的伦理之维。因此，和谐社会具有两层内涵，既是对社会公平正义的秩序期待，也是对人们心灵安宁的伦理期待。从宏观上而言，社会组织道德行为弥补了初次分配与二次分配的不足和缺陷，填充了政府和市场协调不足留下的空白，促进了社会的公平正义；从微观层面来看，社会组织道德行为使行为者因帮助他人、奉献社会而获得心灵的安宁，而行为对象则因感受到人性和社会的温暖而获得心灵的归属感。同时，社会组织道德行为还是实现社会认同、社会凝聚、参与社会整合、避免社会冲突的现实的、自觉的、积极的力量。因此，社会组织道德行为既是和谐社会的重要内容，也是构筑和谐社会的重要力量。

社会组织道德行为作为第三次分配的组织化形式具有独特的伦理意蕴。它以仁爱和社会责任为伦理基础，以公平和谐为伦理追求，以社会道德风尚的培育和道德制度的完善为伦理保障，在市场调节和政府主导之外，通过社会力量使财富和社会资源实现逆向转移，从而缩小贫富差距，化解社会矛盾，维系社会稳定，促进社会的公平和谐。罗尔斯在《正义论》中开宗明义地指出："正义是社会制度的首要价值，正像真理是思想体系中的首要价值一样。"① 罗尔斯认为，把正义原则和善结合起来，就能实现社会的和谐稳定。而社会的公正问题就是如何合理地配置有限的社会资源和社会机会，使全体社会成员都能安身立命。② 正如桑德尔所说，衡量一个社会是否公正，最直接的方式就是看它如何分配我们所看重的东西，如收入和财富、权力与机会、义务与权利等。一个公正的社会应该能保证每一个人都能得到他应得的东西。为了保证个体应得的权益及个体间交换的进行，人们相信契约的作用。但人的处境的不同、知识的不同及交换、交易的力量不同，协议契约自身的公平性是难以保证的。而且让弱势群体、强势精英处于同一种制度框架下按照契约去竞争，本身就是对弱势群体的极大不公正。因此，实际中契约伦理并不是自足的道德工具。而且社会的初次分配是生产部门，第二次分配是强制性的税负征收。若社会只实行这两次分配，就会导致"富者越富，贫者更贫"的两极分化格局。这对和谐社会的建设来说，无疑是最致命的打击。社会科学院蓝皮书指出，2013 年最受关注的社会问题中，贫富分化居首位。反腐败和社会稳定问题的关注度也开始上升。其实，从 2000 年开始，贫富分化中所体现的社会公平正义问题的关注度就逐年上升。（弱势群体在这两次分配过程中都是针对因先天疾病或后天的天灾人祸而处于悲惨境遇中的弱势群体）随着贫富分化的加剧、弱势群体的增多及特定社会问题的频发，单靠政府的社会福利和社会保障体系是远远不足的。日益严峻的贫富差距、环境污染加重、地区发展不平衡等问题，成为社会不稳定、社会冲突的潜在因素。社会组织以组织化的方式聚集配置社会慈善资源，是继初次分配和第二次分配后的第三次分配，它是建立在社会成员自觉自愿基础上的慈善捐赠，有效地弥补了前两次分配的不足。

社会和谐不仅表现为公平正义的社会秩序和安宁和谐的心灵秩序，还表现为基于社会认同的社会凝聚、社会团结及对社会冲突的有效调节。社会组织道德行为是实现社会认同、社会凝聚、参与社会整合、避免社会冲突的现实的、自觉的、积极的力量。具有普遍内容的道德意识和道德信念通过社会组织的道德行为得以传播，逐渐成为一定时期社会组织成员及其

---

① ［美］罗尔斯：《正义论》，何怀宏、何包钢、廖申白译，中国社会科学出版社 1988 年版，第 1 页。

② 迈克尔·桑德尔：《公正——该如何做是好！》，朱慧玲译，中信出版社 2012 年版。

他社会成员的心理定式，就是涂尔干所谓的"集体良知"，这对实现社会认同、维系社会共同体的稳定无疑是内源性的担保。利他主义并不是注定将成为社会生活某种悦人的装饰物，相反，它永远将是社会的基础。如果人们不彼此承诺并相互做出牺牲，不以某种强而持久的纽带相互联系，他们就无法生活在一起。对他人利益的肯定、关心是社会成员和睦相处、社会共同体良序运行的前提之一。如荀子所说，人只有在"群"的状态下才能生存。对彼此利益的相互肯定是社会存在的观念条件。正是在这个意义上，涂尔干认为"每一个社会都是道德的社会"。社会组织的道德行为成为一种参与社会整合、避免社会冲突的现实的、自觉的、积极的力量。合乎一定时代的基本价值原则是社会形态获得合法性及合理性的前提之一。缺乏这一前提，社会便会遭遇冲突、面临危机。权威主义的价值观念是传统社会维护社会秩序的基础；近代以来，自由、公平、正义成为社会主导价值原则，同时，也成为社会系统获得合法性、稳定性的依据。合法性、稳定性是社会认同、社会凝聚、社会团结，即社会和谐的前提。社会组织道德行为对社会转型时期的社会和谐的构筑来说是一种现实的力量。社会组织道德行为所传达出的仁爱、慈善、公平、正义等道德信念合乎现代社会的主流价值观，成为凝聚、团结社会成员的力量，进而为实现社会的历史转型而努力。

对社会和谐伦理的构筑来说，可以有很多指标来表示，如 GDP 指标、生活水平指标、贫富差距指标等。但社会组织发达程度及由其所带来的社会道德风尚的状况无疑是重要指标之一。社会组织道德行为可以扩大社会组织的正向影响力，以仁爱和社会责任为基础，以公平正义的和谐为伦理追求，普及慈善意识，使现代慈善观念深入人心，发扬乐善好施、扶危济困的传统美德，实现"老有所终，壮有所用，幼有所长，鳏寡孤独废疾者皆有所养"的和谐社会理想。罗尔斯认为一种社会制度的合法性就在于它能在多大程度上实现社会公平正义。"自由、平等、博爱"是社会正义的集中体现。在一个合乎正义的社会体系中，自由、平等具有压倒一切的价值优先性。以斯密和哈耶克为代表的古典自由主义认为，平等始于也止于机会和条件的平等。这样的平等为个性自由的发挥提供了最大空间，保证了财富创造的高效率，同时也导致了财富的不平等。因此，罗尔斯认为，要对效率逻辑施以正当的约束。在市场经济体制下，效率机制会自动发挥作用，"仅仅效率原则本身不可能成为一种正义观"①。效率逻辑的价值正当性，不仅需要严格遵循机会、条件的公正平等原则，而且还应当给社会发展过程中最少受惠者以某种形式的合理补偿。个体的自然禀赋存在自然的差别，这是一个事实，但却不具有价值上的优劣。但一种社会制度如何对待"自然禀赋的差异"这一中性事实却鲜明地体现出这种制度的价值取向。罗尔斯提出著名的差别原则：社会的各种安排应"适合于最少受惠者的最大利益"，仅当有益于改善较差者的生活时，才可能实现社会共同利益的增进。差别原则中蕴含的互惠观念确证着一个社会的正当性，尤其是对最少受惠者的正当性。差别原则是一种具有现实可行性的正义诉求，它使博爱这一社会理想超越了抽象的道德感召。

社会组织道德行为设法抑制了自然因素对个体发展的任意支配，保障每一个体都能享受到社会发展所带来的福祉，而不是被无情淘汰。公平正义的和谐社会罗尔斯提出"正义优先于效率"。正义的社会不排斥"优胜"，但同时保障弱势群体不遭到无情的"淘汰"，这便是人道。自然禀赋的差异是中性事实，不具有"应得"的道德必然，因此，正义的社会要设法抑制自然因素对生活状况的任意支配。自然资质较高者应该在获得较高收益的同时给弱势群体一定的补偿，弱势群体通过社会组织得以摆脱生存困境，感受到人性和社会的温暖而获得心灵的满足。社会生活秩序的有序和谐，社会成员心灵秩序的宁静和谐，共同构成了和谐社会的伦理之维。

①　［美］罗尔斯：《正义论》，何怀宏、何包钢、廖申白译，中国社会科学出版社 1988 年版，第67 页。

第二章

社会组织道德行为生成的基本逻辑及其类型学分析

本书中的生成包含着形成与建构、历史与未来的义涵。逻辑有着诸多丰富含义，书中的逻辑主要指事物形成的因果关系。因此，社会组织道德行为的生成逻辑就是指社会组织道德行为发生、发展过程中的因果关系，即哪些因素促进了社会组织道德行为的发生。也就是说，通过把握社会组织道德行为发生的潜在规律，寻找促进道德行为发生的关键要素，并通过发现这些因果关系，预测、指导、矫正社会组织道德行为的发生、发展，实现社会组织道德行为的理论自觉。结合社会组织自身的伦理特性及其道德行为的特殊性，笔者认为，社会组织道德行为的生成逻辑的关键问题是行为方向和行为动力问题，基于团结性的社会组织道德行为的统一性、道德行为的动力机制、组织伦理能力作用下的道德行为决策及其控制共同构成了社会组织道德行为的生成逻辑。具体而言，团结确保社会组织行为方向的一致和动力的统一，是道德行为发生的前提；动力机制是社会组织道德行为发生的基本条件。没有激发道德行为的动力及约束动力的有效机制，社会组织道德行为难以发动；社会组织的伦理能力确立行为方向及矫正方向偏差，维持行为动机，是道德行为发展的内源性力量，缺乏组织伦理能力，社会组织道德行为难以实现持久发展。

社会组织道德行为本身的复杂性给把握社会组织道德行为的生成逻辑带来一定的困难。类型学方法不失为一种探究社会组织道德行为生成逻辑的简明路径，使社会组织道德行为生成逻辑的复杂内涵得以呈现。依据外部社会特征、道德行为的动力来源及道德行为的基本方式，可把社会组织道德行为划分为任务型道德行为与常规职能型道德行为、社会动员型和成员自主型、规范依循型和规范建构型。不同类型的道德行为，其生成逻辑具有一定的差异。在对差异性进行比较的基础上可以更为准确地把握其共性所在，即社会组织道德行为生成的基本逻辑。因此，对社会组织道德行为的类型学分析为社会组织道德行为生成逻辑的总体建构提供了丰富的行为基础。

第一节　社会组织道德行为生成的一般逻辑

关于社会组织道德行为发生的条件的思考，既需要以个体道德行为的发生理论为基础，需要强调组织的机制性对道德行为发生的影响，更需要关照社会组织的特殊性。在个体道德行为的发生问题上，人们普遍强调个体内在的心理因素和外在的社会环境因素的影响，但在德性论伦理学、唯物论伦理学、功利主义伦理学、情感主义伦理学那里却有不同的理解。

一　社会组织道德行为生成条件的理论史考察

德性论把道德行为视为德性的外在展现，即德性是道德行为或道德行动发生的本质根源。亚里士多德认为"德性使我们倾向于去做，并且按照逻各斯的要求去做，产生着德性的那些行为"①。德性就是人们对于人的出色的实现活动的称赞。行为公正便成为有公正的人，行为节制便成为有节制的人。德性形成于善的行为的重复发生。中国传统伦理注意到了德性的外在的实践品格，强调德性对德行的统摄作用。当代伦理学家大多继承了这一传统伦理思想，其中以杨国荣的观点为代表。他认为，德性作为综合的道德意识结构，既是道德道德行为的真实主体，又构成道德行为的内在机制。作为精神本体，德性不仅为道德行为提供价值导向，而且渗透到主体活动中而具体地制约着行为。可以说，道德行为是德性在具体情境中的现实展开。"作为真诚的人格，德性表现了自我的内在统一，在此意义上，德性为'一'；德行则是同一德性在不同社会关系与存在境遇中多方面展现，故此可视为'多'，这样，以德性统摄德行，亦可说是以一驭多。不妨说，正是自我的内在德性，担保了主体行为在趋善这一向度上的统一性。"② 合乎道德规范或出于对规范的理解而遵守的道德行为只属于"底线伦理"层面的行为。道德行为最本质的特征是出于行动者内在的德性。德性作为本真之我的精神结构蕴含着向善的心理定式。精神结构和心

---

①　［古希腊］亚里士多德：《尼各马克伦理学》，廖申白等译，商务印书馆2003年版，第76页。

②　杨国荣：《伦理与存在——道德哲学研究》，华东师范大学出版社2009年版，第165页。

理定式与行为动机之间存在着内在联系，即具有某种精神结构和心理定式的主体在一定的情境中往往会形成相应的行为动机。德性所内含的向善的心理定式在具体情境中引发向善的行为动机，从而赋予道德行为自然向善的形式。① 关于组织是否有德性，是一个颇具争议的问题。但笔者认为，社会组织可以形成向善的集体心理定式及向善的组织伦理氛围，这无疑表明社会组织具备生成德性的主体条件。

唯物论伦理学认为道德行为源于由社会存在所决定的社会道德意识。马克思主义站在唯物史观立场界定作为社会意识形式的道德及其无产阶级的革命的道德动机，以此与个人主义为本位的道德动机相区分。在马克思主义那里，阶级作为"在生产方式中处于不同地位的人群"，是由特定的阶级利益所决定的。这是阶级存在的客观条件和现实基础，从而也是阶级意识的来源与客观基础。道德作为一种社会现象，势必需要以社会为本位进行考察。无论个体范畴中包含着哪些社会性因素，道德动机的客观基础都不可能发自个体，而只能来源于由社会存在所决定的社会意识。马克思主义对道德动机的考量更加注重社会意识对个体意识的外在可塑性。与此同时，马克思也强调道德动机的外在可塑性与内在可欲性是辩证统一的。就无产阶级革命的道德动机而言，"内在的可欲性是由外在的可塑性提供真实的、具体的内容的（道德作为社会意识对象化个体），而道德动机的内在可欲性总是借以外在可塑性所提供的内容显以自身（被社会意识对象化了的个体进行再对象化）"②。无产阶级革命的道德动机主要来源于不以阶级成员个体主观意志为转移的作为社会意识的阶级道德意识。在国内，以罗国杰为代表，认为道德行为由行为的道德意识和行为活动本身构成，道德行为是由道德意识支配的行为，是道德意识内容的外化、客观化的过程。而道德意识作为一种特殊的社会意识形态，受社会关系特别是经济关系的制约。道德意识是道德行为的主导，构成道德行为发生的内部机制和动因。道德意识具体表现为主体自身的欲望、动机、情感、信念、意

---

① 杨国荣：《伦理与存在——道德哲学研究》，华东师范大学出版社 2009 年版，第 168—170 页。

② 张霄：《集体行动的道德动机：评马克思分析学派对革命动机理论的重建》，《江苏社会科学》2008 年第 3 期，第 82—87 页。

志等。其中，意志是道德行为形成的决定性机制。[1]

功利主义伦理学认为道德行为既不是内在德性的外在实践，也不发于道德意识，而是受利益的推动。古典功利主义代表人物边沁和密尔认为，利益是人类一切行为的出发点，失去利益的驱动，道德行为也就失去了发生的原初动因。费尔巴哈从道德行为的源本和道德行为的整合角度论证了"利己主义"在道德行为中的主导地位。他尖锐地指出，宗教道德使人感到遥远和空虚，而利己主义是实现"道德具体"的根据。利己主义适合人的本性也适合人的理性。道德行为的本源就是对个体生命的保护和生存发展的需要。利己主义是人们在生存过程中依附利害关系而又恰当地处理利害关系的行为指引。道德行为就是个体围绕利己主义而做出的与他者利益圆满协调的行为的整合。[2] 国内学者甘绍平认为在经济领域，道德行为得以发生的动机具有二重性，要么是出于自利的经济动机，要么是出于公益的道德动机，或者二者兼有。他认为自利是人的行为动机中难以排除的一个因素。尤其在经济生活中，若不考虑自利对道德行为发生的影响，便难以实现道德的要求。自利是中立概念，不对他人造成伤害的自利是合乎道德的。经济主体道德行为的利己动机表现为企业形象的塑造及以利己和互惠为出发点的契约道德上。公益的道德动机是指"社会无法承受的风险决定了行为主体在合作对象不是个人或法人而是整体之时，也应持合作的态度，且其合作的动机不是自利，而是纯粹真正的他利"。

情感主义伦理学认为道德情感是道德行为的主体，没有道德情感的发动，道德行为不可能发生。人类正是因为有自爱的情感，才产生种种善待自己的道德行为，同时，也正是因为有爱人的道德情感，才形成诸多利他的道德行为。休谟认为情感决定道德行为。理性产生不了善行，也阻止不了恶行。道德行为是由情感发动的，情感得到启动后，理性才能进入道德领域。叔本华认为道德情感中的同情是真正道德行为的唯一根源。他认为人类行为仅有三个基本源头：①利己主义，意欲自己福利的最大化；②邪恶，意欲别人的灾祸；③同情，意欲别人的福利。叔本华设定行为的任何形式的利己动机和其道德价值绝对是互相排斥的。只有同情才是道德行为

---

① 罗国杰：《伦理学》，人民出版社 2005 年版，第 383—386 页。

② ［德］路德维希·费尔巴哈：《费尔巴哈哲学著作选集》（下），商务印书馆 1984 年版，第 545—552 页。

的根源。他人的祸福为何会促动我的道德行为？叔本华认为，"仅仅因为另一个人成为我的意志的终极目标，有如平时我自身是那一目标一样"。"为了做到这一点，我必须以种种方法同他融为一体；就是说，我自己和他之间的差距，那正是我的利己主义存在的理由。"只有和他融为一体，深切地体会到他的痛苦和不幸，"遂为努力阻止或排除这些痛苦而给予同情支援；这是一切满足和一切幸福与快乐的最后手段。只有同情才是一切自发的公正和一切真诚的仁爱之真正基础"。①

二　社会组织道德行为生成的基本条件

具体的问题视野是社会组织道德行为生成的逻辑前提，个体道德行为的发生机制是社会组织道德行为生成的个体基础，而统一性、动力机制及伦理能力则是社会组织道德行为生成逻辑的基本条件，作为社会组织道德行为发生的关键要素，它们共同构成了社会组织道德行为的生成逻辑。

社会组织道德行为生成的逻辑前提。社会组织道德行为的生成逻辑不是依据传统伦理学的原理之后的应用部分，而缘于无法依据、应用传统伦理学的原则来理解和解决现实中社会组织的道德行为问题，换言之，正是无传统伦理原理可应用才导致社会组织道德行为的生成逻辑这一问题的产生。具体的问题视野是社会组织道德行为的生成逻辑的研究前提。应用伦理学与传统伦理学的区别，就问题而言，传统伦理学关注最一般、最根本的哲学问题，如苏格拉底"好的生活如何可能"的问题。而应用伦理是一种"问题定向的道德哲学"，其本义是在具体的问题处境中寻求决策的一般程序和可能达成共识规范。现代性伦理理论的合法性危机还表现为应用伦理的实践力不足，也就是说应用伦理理论有效应用性的欠缺。一面是浩如烟海的伦理学著作，一面是日益恶化的道德危机。伦理学理论与伦理学应用之间横亘着万丈鸿沟。应用概念的实质是在一种处境化的问题中寻找对问题本身的理解方式。"应用"不仅是在理解和解释之后的一个衍生事件，三者应该是内在统一的、没有时间上先后的"生成事件"。在经历了现象学和实在论哲学思潮后，理论与实践、知与行之间的二元论基本上被证明是一种缺乏有效性的哲学范式。以理论与实践、知与行的分离和脱

---

① ［德］叔本华：《伦理学的两个基本问题》，任立等译，商务印书馆2004年版，第234页。

节为前提的应用，最多……行为生成的基本逻辑及其类型学分析

本义就是在具体的问题处境……的操作过程，即挪用。应用伦理学的

是一种"问题定向的道德哲学"……的一般程序和可能达成共识规范，

传统伦理理论关注最一般、最……

做"的问题。这些问题都是立足于个人……问题，如康德"我该怎么

很大程度上只把这些有关个人生存的"私人……而现代性伦理理论也在

践问题。而现代社会的重大伦理问题都不是个人……看作有价值的伦理实

人类整体生存的问题，如环境问题、慈善组织的悖德……人问题，而是有关

理论的问题是把个体生活处境中具体的感性内容去掉，经……纯粹理性抽象

的最一般的道德哲学问题。而应用伦理学问题就是鲜活地摆……人们面前最

现实、最紧迫的问题。现代性伦理理论也关注应用，但其逻辑顺序是先确

定先验原理，再把它应用到经验领域。但是在普遍的道德规范基础有效性

丧失后，在后形而上学时代的无根基、无原则的处境下，在多样性道德危

机的洪流中，伦理学如何在既不依赖宗教权威，也不依赖本体论证明情况

下，如何为日常交往实践寻找有效的道德规范基础，这才是伦理理论应用

的要义所在。

社会组织道德行为生成逻辑的个体基础。社会组织的道德行为实际上

是由社会组织成员在组织中加以实施的，社会组织的道德行为自然也是个

体的心理机制和环境影响的产物。或者说，个体道德行为的发生机制，正

是社会组织道德行为发生的个体基础。关于个体的道德行为发生机制，有

着不同的观点。在费希特的行动伦理学中，行为构成了自我的存在，在持

续不断的行为中自我的价值和自由才能得以彰显。面对纷繁杂多的道德行

为，我们应如何把握个体道德行为的发生机制？叔本华认为没有任何自私

动机、纯粹出于为了他人的利益就是道德行为的价值标准，也是道德行为

发生的基本条件。道德行为的意义就在于对他人产生的影响。康德认为，

纯粹实践理性才是道德行为发生的源泉，真正有道德价值的行为当且仅当

出自善的意志，出自对道德律或义务的遵守。意志能够克服自然或非理性

欲望，按自己的原则行事。善的意志是按照普遍原则行为。除了善的意

志，没有什么东西能够被看作无条件的善。达沃尔将康德的道德行为理论

称为"理想道德行为者理论"，认为行为的道德性取决于道德律，而道德

律是由理想的道德行为者，即具有善的意志的人所决定的。

万宗节在总结关于个体道德行为发生的不同观点的基础上，运用心理

社会组织道德……氛围两方面因素对个体道德行

学理论着重强调了个体心理发育……式影响个体的认知、解释、推断
为发生的意义。在他那里，"……接由情境引起的道德情绪可以直接促
进而影响到道德行为的定向道德情感——责任感和良心感"以及道
使道德行为的发生"；"……发生起关键性作用；此外，个体在紧急的、急
德意志品质都对道德行……也会有不同的心理反应模式和道德行为发生模
需的或惯常的行为……行为自然也是其文中所述的组织成员个体的心理机
式。① 社会组织的……制和环境影响……物。李本书综合了唯物论、功利论和情感论，提出个体
道德行为的生……着利益、情感和快乐这三种因素所构成的"三角形铁
律"的制约……他指出利益更多的是指一个道德行为的价值；而情感则是
指伴随着行为主体并指向对象的爱与恨的心理动力；快乐，则是指主体自
身在行为中得到的心理上的满足感。② 赵汀阳认为合目的性和自足性不仅
确证了行为的道德性，而且是道德行为发生的基本保证。合目的性意味着
追求卓越的德性，而合乎规范只是社会的平常要求。规范至多体现了形式
上或者程序上的合理性，难以涉及行为本身的价值。强调行为的合乎规范
性或许只是行为者策略上的同意，难以确证行为的道德性。过于强调行为
的合乎规范性易导致道德行为的形式化。集体有可能会在遵守规范的形式
下而"集体堕落"。只有一种行为规范具有普遍合法性时，它才能为道德
行为的合目的性所证明。道德行为的自足性体现为行为的意义首先在于
"为自己而做"，或者说"做给自己看"。按照理想去做，做得使自己满意
高于自我监督及为博得他人的满意而做。道德行为的自足性保证了行为自
身的意义及行为为行为者带来的幸福感。③ 简言之，赵汀阳认为应从行为
的根本目的及行为对行为者本身的价值来激发道德行为的发生。而在现代
伦理学理论中，规范理由被赋予"立法者"地位，成为道德行为的激发
者及道德行为的判定者。这造成行为者内在的激发理由与外在强迫性规范
间的紧张，而且也使道德行为失去本身自觉、自愿、自主的道德价值。

社会组织道德行为生成逻辑的社会条件。社会组织道德行为的条件也
有着基于组织——尤其是社会组织——的特殊性。如弗伦奇认为，能够承

① 万宗节：《个体道德行为发生论》，硕士学位论文，安徽师范大学，2013 年。
② 李本书：《道德行为发生规律论》，《学术探索》2003 年第 12 期，第 52—54 页。
③ 赵汀阳：《论可能生活》，中国人民大学出版社 2010 年版，第 101—107 页。

担组织道德责任、发起道德行为的组织具有三个突出的特征：一是有一系列的组织机制。通过机制，组织就能根据组织理性选择步调一致的行动；二是有一套针对个人的强制性行为标准；三是"定义角色——个人借助它能行使某些权力——的构型"。具有这三个特征的组织都能做出目标明确、受到控制的行动，并能对其所造成的伤害承担道德责任。还有学者认为共同的利益或需要是组织道德行为的条件。这种解释有两个主导性假设：首先，某个组织，如果其成员有共同的利益或需要，组织成员就很团结，即组织成员对彼此的利益有强烈的兴趣；其次，内部很团结的组织拥有组织意向，能够做出和组织责任相关的道德行动，因为尽管它是由个体的人组成的，但它们追求的是共同的目标。

　　王珏教授认为组织具备发起道德行为的主观条件和客观条件。主观条件指组织有自觉自控的自由品格。组织虽然不像自然人一样，拥有丰富的内心世界，但组织也有"理性、能反思、能预见、有目标驱动，并能根据政策、法规、环境做出适时的调整和决策"①。组织发起道德行为的客观条件是指组织拥有较强的行为影响力。因组织结构性的独特优势，组织极大地超越了个体的有限及时空的限制，实现个人难以企及的目标，在高度分工的现代社会拥有整体较强的行为能力。这是组织成为道德行动主体的客观条件。组织作为"整个的个体"，作为独立的"法人"，而采取行动。因此，组织应同单个的"自然人"一样，成为主动承担责任的道德主体。

　　关于社会组织发起道德行为的条件，在自觉自控的伦理品性，且行为具有社会影响力等条件的基础上，笔者认为，还包括社会组织的统一性、动力机制、伦理能力及社会的伦理期待或者伦理要求。首先是社会组织的统一性性。这里的统一是建立在团结性基础上的，团结是自觉基础上的高度承诺，蕴含着深厚的道德情感。团结使社会组织道德行为获得了统一性，这是社会组织道德行为发生的前提。其次，动力机制是道德行为发生的基本条件。没有激发道德行为的动力及约束动力的有效机制，社会组织道德行为难以被触发。再次，伦理能力是社会组织道德行为发生、发展的内源性力量。缺乏伦理决策能力、伦理控制能力和伦理反思能力，社会

---

① 王珏：《组织伦理：现代性文明的道德哲学悖论及其转向》，中国社会科学出版社 2008 年版，第 141 页。

组织道德行为难以实现持久发展。最后，社会对社会组织的行为有较高的伦理要求和道德期待是道德行为发起的重要外部条件，同时也是对社会组织道德行为进行评价的重要依据。本书将在第四章、第五章和第六章分别对统一性、动力机制及伦理能力进行重点研究。

社会组织道德行为本身的复杂性给把握社会组织道德行为的生成逻辑带来一定的困难。类型学方法提供一种探究社会组织道德行为生成逻辑的简明路径，使社会组织道德行为生成逻辑的复杂内涵以更明晰的方式得以呈现。在由"低度不确定性"向"高度不确定性"，"低度复杂性"向"高度复杂性"转变的社会变迁中，社会组织面临更多不确定性、突发性的危机事件。这催生了人们对社会组织任务型道德行为与常规职能型道德行为的关注；按照社会组织道德行为的动力来源，可以把社会组织道德行为划分为社会动员型和成员自主型。如果说社会动员型道德行为的动力来自外部的道德感召，那么自主型道德行为的动力则来自组织内部成员的道德信念；根据行为方式的不同，可以把社会组织道德行为分为规范依循型和规范建构型。前者主要是依照既定的规范进行道德行为，而后者是在道德行为的过程中自主建构规范。不同类型的道德行为，其生成逻辑有一定的差异。在对差异性进行比较的基础上可以更准确地把握其共性所在，即社会组织道德行为生成的基本逻辑。因此，对社会组织道德行为的类型学分析为社会组织道德行为生成逻辑的总体建构提供了丰富的行为基础。

第二节　职能型及任务型道德行为的生成

社会组织的建构在思维取向上就是寻求特定社会问题的解决方案。现代社会正处在由"低度不确定性"向"高度不确定性"，"低度复杂性"向"高度复杂性"转变过程中，在这样的变迁中，社会组织面临更多突发的危机事件。社会组织在履行常规职能而从事道德行为的同时会遇到更多层出不穷的新问题和突发性事件。对理性主义、科学主义及在此基础上建构起来的社会组织的行为方式提出了挑战。社会组织在应对不确定性和复杂性方面的行动弱势，催生了人们对另类道德行为的关注，即任务型道德行为。与任务型道德行为相对应的是常规职能型道德行为。二者是按照社会组织道德行为的目标或者说任务性质划分的。任务型道德行为以突发性任务为导向，在资源的获取与整合，决策的选择与制定及行为主体责任感的强弱方面都与职能型道德行为有很大的不同。较之于职能型道德行为，任务型道德行为需要更具有针对性、灵活性和可操作性的行为实现机制。但是，目前任务型道德行为在大多数社会组织内还是沿用职能型道德行为的常规行为机制，还停留在经验应对阶段，缺乏理论上的合法性证明及合理性规范。

一　社会组织职能型道德行为的生成

作为工业文明最高成就的文化标志，理性的官僚制组织极大地加快了20 世纪的文明步伐，创造了超过以往人类所有历史阶段物质文明的总和，甚至从根本上改变了人类社会的性质。人类每一个领域中活动，都需要这种组织或者依靠这种组织机制的支持。社会生活领域中社会组织的运作当然也不例外。组织作为超越个体有限性的集群生活方式，早在古代文明中即已出现。"现代社会是一个组织化的社会"这一论断已得到委身于各种组织中的现代人的认可，组织已成为现代人最为主要的存在方式与发展形态。"社会已成为一个组织的社会。在这个社会里，不是全部也是大多数社会任务是在一个组织里和由一个组织来完成。"① 但每一个时代都有与这个时代相适应的组织形式。现代社会中的组织大多是采用工业时代的官僚制组织形式。工业化时代是牛顿力学深入人心的时代，是强调科学和理性，追求普遍性的时代。在这一时代特征及精神基础上建构出的官僚制组织"是'理性'性质的：规则、目的、手段和'求实的'非人格性控制着它的行为"②，它排除个人情感等非理性因素的干扰，符合"现代文化的特性，特别是它的技术的经济的基础，恰恰是要求效果这种'可预见性'。充分发展的官僚体制在某种特殊的意义上，也处于'不急不躁'的原则支配之下。它的特殊的、受资本主义欢迎的特性，使这种可预计性发展得更为充分，它越是脱离人性，发展就更充分"③。这种组织在"形式上可以用于一切任务，纯粹从技术上看可以达到最高的完善程度，在所有

---

① ［美］彼得·F. 德鲁克：《后资本主义社会》，张星岩译，上海译文出版社 1998 年版，第 52 页。

② ［德］马克斯·韦伯：《经济与社会》（下），商务印书馆 1997 年版，第 324 页。

③ 同上书，第 296—297 页。

这些意义上是实施统治形式上最合理的形式"①。科层制、专业化、规范化的运行机制对组织行为，尤其是道德行为的发生、发展具有重要的影响。

社会组织虽然具有非政府性、非营利性、志愿性等特征，但是社会组织内部的运作机制还是依赖于理性官僚制组织形式。因此，常规职能型道德行为指向社会组织的一般目标，通过稳定的结构和程序来逐步实现目标。道德行为的主体是按专业分工体系所赋予的职能角色行事。由于完成一般目标任务具有可复制性特征，常规职能型道德行为会根据既往经验生成的稳定的行为模式、程式及文化心理结构。因此，常规职能型道德行为具有高效率、执行力强等特征。但是，同时也会降低社会组织应对突发事件的能力。稳定的行为模式和心理氛围使得社会组织倾向于把突发性的、非常规任务纳入并分解为一般性的常规任务来应对，往往错失完成突发性任务的最佳时机，最终流于失败。贝尔滨将组织工作区分为"有结构的工作"和"无结构的工作"，并指出如果在组织中混淆两者，将无结构的工作当成有结构的工作去做，或者将有结构的工作当成无结构的工作去做，"最后的结果无一例外都是工作完成的效果不佳，有时甚至会酿成大祸"②。对常规职能型道德行为的评价主要看是否符合既定的组织规则、制度，从而抑制了道德行为主体的自主性和志愿性的发挥，不利于道德行为的持续发展及行为习惯的养成。一般而言，社会组织的成员是在志愿精神、道德热情加入社会组织的，其道德行为的生成也会直接取决于成员对其组织宗旨的理解水平、认同程度和践行意向。

二　社会组织任务型道德行为的生成

任务型道德行为以任务为导向，准确地说是以急迫性、重要性的任务为导向，如突发重大自然灾害急需救死扶伤等。通过成立临时性的任务型组织作为此类道德行为的主体。随着人类文明从现代性到后现代性、人类社会从工业社会向后工业社会的转型，建立在科学和理性基础上的对普遍性、整体性的迷恋转向对个性化、异质性、多元化的赞颂，社会的不确定

---

① ［德］马克斯·韦伯：《经济与社会》（下），商务印书馆1997年版，第248页。

② ［英］R. 梅雷迪思·贝尔滨：《未来的组织形式》，郑海涛、王瑾译，机械工业出版社2001年版，第66页。

性和复杂性与日俱增。建立于工业时代的组织形式已难以应对社会的多样性和复杂性。以现代组织形式为基本架构的社会组织在进行组织行为尤其是道德行为时也陷入组织现代性困境中。专业的分工体系导致公共利益的分裂和道德责任的消解，非人格化的规章、制度及集权化的决策模式使本该充满创造性和自主性的道德行为陷入僵化的模式。社会组织建立之初力图以结构的稳定性、确定性来应对环境的不确定性及任务的复杂性。结合现实问题，不难发现这一思维模式及建立在这一思维模式基础上的组织结构本身是有缺陷的。正如皮埃尔·卡蓝默所说，"我们逐渐陷入那种原本打算负责修理的一座建筑物，却发现是结构本身出了问题这样一种境地"①。当我们目前还难以建构一种新的组织结构来应对组织困境时，理应在现有组织形式的基础上积极寻求问题的解决。任务型道德行为及其任务型组织便是应对组织现代性困境的理论努力。如果说一般社会组织是以确定性应对不确定性，以简单化应对复杂性，那么，任务型组织就是以不确定性应对不确定性，以复杂性应对复杂性的组织形式。"不存在某一种唯一正确的组织形式，这一点在今天已经明白无误。而只存在具有不同长处、局限性和特定用途的组织形态。显然，组织不是一种绝对的东西，而是一种能使人们富有成效地组合在一起工作的手段。同样，某一特定的组织形式只能在某些条件下和某一时期内适合完成某些任务。"② 承担任务型道德行为的任务型组织不是一个全新的理论构想，在一些重大的现实问题中早已活跃着任务型组织的身影，如任务小组、专项治理等。

目标和任务是组织行为的基础，赋予组织行为的合法性基础。任务型道德行为以任务为导向，任务是重中之重，为了任务的完成，社会组织挑选具有较强道德责任意识和志愿精神的成员组成任务型组织。因此，任务型道德行为的社会目标、组织目标及个人目标具有一致性和合理性，可以更好地聚合成员，激发集体道德行为能力。这就避免了常规职能型道德行为中存在"目标冲突"、"目标置换"等问题。由于任务的紧迫和重要，任务型道德行为不会按照既定的、僵化的规章行事，而是充分发挥行为主

① ［法］皮埃尔·卡蓝默：《破碎的民主——试论治理的革命》，庄晨燕译，生活·读书·新知三联书店2005年版，第91页。

② ［美］彼得·F. 德鲁克：《组织的管理》，王伯言、沈国华译，上海财经大学出版2003年版。

体的志愿性、主动性，自主根据变化中的情势选择、修正行为方案。组织成员是以"完整的人"而参与到任务型道德行为中，而不是作为职位的附属物，以碎片化的角色嵌入道德行为过程中的。因此，任务型道德行为突出了成员人生意义、价值的实现，从而激发成员的公共责任感及道德行为的志愿性、主动性，这无疑是社会组织完成伦理使命最为可靠的保证。合适的人员配置及组合对行为目标的实现具有决定作用。社会组织常规职能型道德行为更多依赖于组织既定的规章及结构效力。而任务型道德行为充分发挥成员的自主性和合作精神，注重营造信任与合作的伦理氛围，使成员在开放性、动态性、灵活性及扁平性的结构中实现道德行为社会价值的最大化。

第三节　社会动员型与成员自主型道德行为的生成

按照社会组织道德行为的动力来源，可以把社会组织道德行为划分为社会动员型和成员自主型。社会动员型道德行为的动力主要来自外部的道德感召，而自主型道德行为的动力则主要来自组织成员自身的道德信念。

一　社会组织社会动员型道德行为的生成

动员最初是个军事用语，随着时代的发展，现在广泛用于非军事领域。作为一种工作方法，动员一般是指为了实现特定的目标而进行的号召、宣传、发动和组织工作。社会动员是指社会运用社会力量通过各种形式的宣传、号召、发动、组织等工作，形成或改变社会成员的态度、价值观及思想，有目的地引导社会成员参与重大社会活动，从而产生持续性的参与行为或其他预期行为。社会动员是带有导向性的社会过程，是一种经常的、持久的社会影响，促使社会成员的价值观、思想发生改变，激发社会成员自觉、自主地参与到社会活动中。社会发展所需要的社会凝聚力、社会认同、社会团结等基本要素可以通过社会动员得到部分实现。因此，社会动员本质上是通过改变人的思维方式和行为习惯来实现社会现代化的过程。社会组织的道德行为，从本质上看，是需要动员的行为结果。这既与社会组织的自发性、自主性、公益性有关，也与社会组织道德行为主体和对象间的关系有关。一方面，社会组织是由各个社会阶层的公民自发成立的，具有非政府性、非营利性和志愿公益性或互益性特征的各种组织形式及其网络形态。社会组织既不受制于强制性的政治控制，也不追逐于利润的最大化。社会组织的行为，尤其是道德行为，更多是出于道德信念的自主性、志愿性行为。社会通过对弱势群体悲惨生活现状的报道，可以激发社会组织成员强烈的社会责任感及道德同情感，从而号召、发动社会组织更为迅速地开展道德行为；另一方面，社会组织道德行为一般指向陌生人，行为主体和行为对象之间是素未谋面的陌生人。如何让社会组织成员自愿、自觉、积极地为另一个陌生人奉献爱心？显然，社会动员在此可以发挥更为显著的"媒介—号召—发动"作用。

社会动员型道德行为可以减少社会组织间的离心因素，增加社会转型期社会成员间持续有效的社会合作，对重大难题造成有益的社会压力，增强解决的力度，充分释放社会及社会组织潜能，形成社会和谐发展的巨大道德推动力。在传统社会动员的方式主要是领导动员、组织动员和层层动员。这种动员方式产生于革命战争对集中统一的需要，也适应计划经济体制纵向性、行政性的特征。随着经济体制和社会结构的转型，传统的社会动员方式还有着重要作用，但对现代社会组织道德行为的动员影响力有所减弱。建立在科技信息基础上的大众传媒动员和建立在经济开放基础上的竞争动员及政治民主基础上的参与动员是更适宜于社会组织道德行为的社会动员方式。

大众传媒动员是指大众传播媒体对人思想和行为的影响。随着科学技术的发展，大众传播媒体迅速向社会各个领域蔓延，以至于形成现代社会一种特殊的环境，即媒介环境，现代人无不身处其中。大众传媒动员主要是以信息的方式影响人。大众传媒向社会组织提供专业性、地方性及综合性信息，给社会组织道德行为以信息导引，并促进组织间形成有效的沟通合作。大众传播媒体所传播的信息具有即时性，打破了既定的时空界限，消除了社会组织在行事道德行为时间与空间上的阻隔。同时，大众传媒以艺术化的方式把抽象的道理、原则蕴含在形象的、具体的信息中，如对道德榜样的宣传，对弱势群体生活境况的报道等。这些艺术化、形象化的信息直接冲击社会组织成员的观念和思想，通过感染激发成员的道德行为的冲动，并于潜移默化中强化社会组织道德行为意志。竞争动员已成为经常的、持久的社会影响方式，促使人的行为朝制度化、规范化方向发展，因此，竞争动员实质是规范性动员。竞争是商品经济发展的结果，已从经济领域蔓延到社会生活的各个方面。只要有差异，就会有竞争。为消除差异，提高自身的实力、提升社会形象，社会组织会积极开展道德活动，充分发挥社会组织的道德潜能。竞争动员具有扩展性，表现为竞争范围和竞争标准不断提高，促使社会组织在竞争压力下不断提高道德行为目标及标准，激励社会组织朝向更高伦理使命的方向努力。

二　社会组织成员自主型道德行为的生成

如果说社会动员型道德行为的动力来自外部的道德感召，那么自主型道德行为的动力则来自组织内部成员的道德信念。社会组织自主型道德行为是指基于组织成员内在的道德信念、道德责任感而由一个或几个成员自主发起的道德行为。这类道德行为是成员自发、自愿、自觉、自由、自律的道德选择和道德实践，最能体现社会组织的道德性质及伦理使命。社会组织自主型道德行为经由组织成员自由的道德选择意识、自发的道德需要、自控的道德直觉至自律的道德实践得以实现。

传统社会中"被动服从式"道德行为模式已难以适应多元性现代社会的需要。传统社会是一元式的权威社会，经济上实行统一的计划经济体制及单一的公有制模式，政治上高度中央集权，文化上封闭控制。道德上，社会早已为个体"预设"了一套不容置疑的道德律令。本应作为道德行为主体的人被推置于绝对的客体，只有被动地服从。唯有如此，才称得上是"有道德的人"或"良民"。在这样政治、经济、社会合一的"总体性社会"中，各类社会组织依附于国家，成为行政系统的一部分，没有独立自主的道德自由空间，只是循规蹈矩地对既定的道德律令听之、信之、行之。

始于20世纪80年代的改革开放使整个社会进入全面的转型期。经济上实行市场体制及多种所有制共存模式，政治上实行民主协商向服务型政府转变，文化上古今碰撞、东西交融。传统的单位制社会结构解体，利益群体、社会阶层日益多元化，导致社会的差异化、异质化、碎片化及利益主体和价值取向的多元化。政府改革让渡了社会组织更大的空间。在这样多元化的社会，身处歧路丛生的道德迷宫，如果缺乏自主自律的道德行为，现代性社会赋予社会组织的自由只会把社会组织带入道德陷阱中。正如波普所说，道德的根基和权威应是康德自律理论。道德选择、道德行为的依据是内在的良心或者说自由意志，不在人之外。道德的根基是人的自律、自主。只有根植于成员心灵深处的道德信念，出于成员自由选择、自律实践的自主道德行为才能使社会组织不会迷失于价值取向多元化的道德迷宫中，才能真正实现道德行为的实践价值，增强社会组织的道德感召力。

社会组织的自主型道德行为主要包含以下环节：组织成员自由的道德选择意识、自发的道德需要、自控的道德直觉及自律的道德实践。

第一，意识是以态度、情感的方式体现出的带倾向性的内心状态，是个体行为的内部调节和控制力量，使个体的行为具有目的性。自由的道德选择意识是组织成员道德自主的觉醒状态，成员依据内在的道德信念进行自由的道德选择，清楚地知道道德选择的权利及所应承担的责任，并积极创造条件实践道德选择。社会组织成员的自由道德选择意识具有原发性和实践性，是激发组织道德行为动力的源头活水。

第二，自发的道德需要。需要是个体感到某种欠缺而力求满足的内心状态。组织成员在道德生活中因感到道德信念、道德能力等方面的不足，会产生强大的内心动力，积极开展道德行为，以实现道德需要的满足。在外界压力下也会产生道德需要，但是个体会对这种需要的满足持消极态度，致使道德行为的内在动力不足。因此，社会组织要发掘组织成员自发的道德需要，最大限度地激发这种需要，使社会组织道德行为获得持久的动力保障。

第三，道德直觉是社会组织成员在知识记忆和经验积累基础上，对道德本质的突发性把握，明辨行为善恶的一种特殊认知能力。自为的道德直觉有别于一般的道德判断、道德推理等道德活动，是一种直接洞察，迅速对组织道德问题做出本质性的实践把握，并对直觉的结果持坚定的态度。因此，成员自为的道德直觉具有非分析性、理智性、快速性等特征。社会自主型道德行为有赖于成员自为道德直觉能力的培养。一方面，道德概念本身具有自明性，直觉主义伦理学家认为道德概念不能被定义和分析，只能靠直觉把握。他们的观点确有片面之处，但不能否认道德概念有可诉诸逻辑分析的一面，也有不可言传、只可意会的直觉性一面。另一方面，更为重要的是在价值取向多元化的现代社会，社会组织面对的道德情境更为复杂，常常处于危急的道德境遇中。这就需要社会组织依据成员良好的道德直觉迅速做出清晰的道德判断和合乎道德的行为选择。

第四，自由的道德选择意识、自发的道德需要及自为的道德直觉只有在自律的道德实践中才能得到考验和磨炼，从而升华为稳定的道德行为，实现主观善与客观善的统一。正如黑格尔所说，"良心如果仅仅是形式的主观性，那简直就是处于转向作恶的待发点上的东西"①。成员在自律的道德实践中，不断完善已有的价值观念，并在道德实践的社会影响中改变自我、超越自我，实现自我价值，进而发起更高层面的道德行为，对社会组织未来提出更高的道德要求。

第四节　规范依循型与规范建构型道德行为的生成

根据行为方式的不同，可以把社会组织道德行为分为规范依循型和规范建构型。前者主要是依照既定的规范进行道德行为，而后者是在道德行为的过程中自主建构规范。由于规范会直接对人的行为动机产生促动作用和压力反应，规范依循型道德行为和规范建构型道德行为在生成机理上也有明显差异。

一　社会组织规范依循型道德行为的生成

在组织行为学中，规范是群体成员共同接受的行为标准，指导成员在特定情境下做出行为选择。规范具有前置目标和后置评价的指导权能。霍桑研究表明一旦规范被成员认可，就会对成员的行为产生重大影响。道德规范是社会组织规则体系的一部分，是组织伦理使命的具体呈现。社会组织的伦理目的通过具体的道德规范得以体现。社会组织规范依循型道德行为就是指社会组织依照既定的道德规范进行道德行为，并把道德规范作为评价行为后果的主要依据。因此，规范依循型道德行为发生、发展的关键就在于道德规范是否具有普遍有效性及能否得到成员认同。

社会组织道德规范内容的客观普遍性和制定程序的客观普遍性决定了它对组织道德行为具有相应的普遍效力。社会组织道德规范是反映社会组织本质要求，调节成员与成员、成员与组织、组织与组织、组织与社会之间的关系的"应然"性规则体系，它载负着社会组织伦理信念具体化的使命。它以组织传统和经验习惯积淀而成的社会组织良知为规范精神，以成员的自主意志和理性认同为实现方式，以行为对象的境遇改善和社会整

---

① ［德］黑格尔：《法哲学原理》，范扬、张企泰等译，商务印书馆1961年版，第143页。

体利益的增进为目标。社会组织道德规范内容的客观普遍性决定了它对组织行为的约束力和有效性，某种程度上还具有相应的感召力。在社会组织道德行为过程中，行为主体与行为对象往往处在一种不平等的关系中，选择哪一类弱势群体为施助对象，以什么样的方式提供什么样的施助等由社会组织来决定。在这种"父权文化"的传统行为模式下，行为主体依据组织行为规范的"道德行为"对受助对象来说也许是"不道德的"。因此，社会组织道德规范的制定在保证使人的特殊性存在与普遍物本质相统一的前提下，要实现从自我视角到他者视角，从行为主体到行为对象，从主体利益诉求到客体利益诉求的转变。社会组织伦理不能以建立完整但却是异化的道德规范体系为能事，而应该寻求建立合乎人性的、能赋予生命价值和意义、能体现人道情怀、能引导人和帮助人实现自我完善的道德规范。

社会组织道德规范的约束力来自行为主体的自主意志和理性认同。道德规范给予成员一定的行为自由空间，是从普遍性的立场对成员行为的管理，这种管理方式是柔和的、宽松的，主要以成员的自主意志和理性认同为基础的。道德规范是一种可能的世界，要诉诸成员自主意志的决断。组织道德规范只有得到成员理性的认知、认证、认可、认同，才能获得价值合理性及相应的普遍效力。道德的基础应是人类精神的自主、自律，道德规范不是勉强之物，不是强制性的限制，而是人自觉、自愿地遵守。如果道德规范是强人所难，是刚硬的限制，那人们只需制定完备的法律条文，而没必要再建构道德规范。对道德规范的遵守需要理性认同，人们必须是自愿地、乐意地遵守道德规范。道德应排除勉强，它要求行为主体能体悟到道德行为自身的优和美，能感到遵循道德规范、履行相应义务是善的。从字面上来看，规是规定范围，范是铁范、范式。规范就是对人的行为划定范围并按一定的范式来规定，使之按照范式而行动。因此，道德规范不仅是约束，更重要的是道德品质的成型和道德人生的成全。德性是德行，德行是德性的外显。化规范为德性，尊德性为福祉。成员对组织道德规范自主、自愿地践行就会在潜移默化中转变成成员稳定的心理定式和心灵倾向，即德性的生成。

二 社会组织规范建构型道德行为的生成

社会组织规范型道德行为是指组织在与环境的互动中不断生成、建构道德规范，规范是建构的、生成的，是价值导引下的自主建构，而非自发建构。结构主义强调组织内部结构，而建构更强调组织在应对环境过程中的自主选择。社会组织道德规范既不是直接来自组织本身，也不是来自外部社会环境，而是在组织在与环境的互动中在反复的道德活动中不断建构的。皮亚杰改善了康德的认识起源思想，认为认识就是在主客体相互作用中双重建构的。道德规范就是对道德的一种认识。"认识既不能看作是在主体内部结构中预先决定了的，——它们起因于有效的不断的建构；也不能看作是在客体的预先存在着的特性中预先决定了的，因为客体只有通过这些内部结构的中介作用才被认识的。"①

由于人类理性的有限性及社会的日益复杂化，导致道德规范的不完备性。因此，社会组织在道德行为过程中，要在社会价值的导引下自主建构与现有复杂道德情境相适宜的道德规范，使社会组织道德规范体系日趋完善。道德规范的不完备性势必导致规范间的冲突，成员在面对相冲突的道德规范时，不能任由冲突的僵持而损害规范的有效性。成员应根据具体道德情境，自主选择具有较大有效性的规范或建构新的规范。规范建构型道德行为强调成员的主体性和选择性。

在组织与环境的互动中，社会组织道德规范趋向连续建构和无限发展。一方面，社会组织依靠选择功能，自主建构道德规范；另一方面，当组织道德规范与环境不相适宜时，社会组织发挥自我调节功能，主动适应变动的环境，自主建构新的道德规范。正是在社会组织与环境互动中，道德规范得以无限发展。道德规范本身就是被建构的，由于人类理性的有限性，道德规范具有永远不能达到完善的极限性质。道德规范就是不断被建构的无限过程。

按照麦凯的观点，伦理学中并不存在先验之物，而是由经验主体不断发明、加工和阐释的。伦理学中的道德规范同样如此，是行为者不断建构的。道德规范自身存在这样一种悖论，即道德规范一旦被外在体系化，就会异化为绝对的衡量者，由于苛刻性和刻板性而磨平个体的丰富性，成为与道德感情无涉的存在。因此，有些恶行会在合乎规范的名义下做出。道德规范应该从纯粹外在的、依赖权威的、他律的、刻板的走向内在的、自

---

① ［瑞士］皮亚杰：《发生认识论原理》，王宪钿译，商务印书馆 1985 年版，第 24 页。

主的、自律的、不断建构中的。建构中的道德规范才能表达出人对善价值的期许。规范建构型道德行为才能实现行为者的理性自主和自由意志，彰显出道德行为的价值。道德规范有维持组织发展和成就个体德性的功能。道德规范的现象学结构应该保持着向主体、社会、他者敞开，在不断地建构中超越自身。

第三章

社会组织道德行为的理论困难与现实困境

对社会组织的道德行为困境的分析应放在中国社会发展演进的历史过程中，也即置于当代中国社会转型这一现实语境中。中国社会组织正站在一个十字路口，这对社会组织的发展构成了挑战，也是重要的机遇。社会组织道德行为所遭遇的困境表现为理论和现实两方面。理论困境主要缘于现代性伦理危机。现代性伦理危机，一方面是生活世界中道德被败坏的危机；另一方面是现代性伦理资源欠缺、伦理理论合法性危机。资本逻辑、权力逻辑在瓦解了财富的社会性和权力的公共性后又主导了生活世界。金钱、权力挤压、玷污了伦理、道德空间，导致生活世界中的道德面临被败坏的危机，伦理作为社会价值批判者这一文化角色的退隐。现代伦理却缺乏对现代社会的价值批判力。现代性伦理知识系统的合法性危机具体表现为现代性道德目的论的合法性危机、低限度规范伦理的碎片化。社会组织所遭遇的"伦理的实体—不道德的个体"之悖论便是社会组织道德行为问题所遭遇的理论困境的具体呈现。现代性伦理危机在中国表现为如经济冲动力所带来的物质主义、个人主义及公共权力私有化所带来的贪污腐败等。在现代性伦理危机及社会转型期道德动荡的双重裹挟下，当前中国社会组织道德行为的问题的确令人担忧。社会组织道德行为陷入自主性困境、多元取向困境及"志愿失灵"等现实困境中。但是，问题的提出同时也意味着解决问题的时机的成熟。从这个意义上说，对当代中国组织道德行为问题的研究，是以否定的形式表达了肯定的内容，是对传统伦理理论的拓展。只要深入社会组织化的现实中，准确把握社会组织病理现象背后的问题实质，就能建构一个新的更具现实生命力的社会组织道德行为的意义系统及规范世界。

第一节　社会组织发展对现代性伦理的挑战

作为一门价值科学，伦理学不仅为纷繁复杂的现实设定价值标准，更重要的是对现实进行价值判断，对道德危机进行价值批判，从而达到对现实社会的积极建构。但是，现代伦理却既缺乏对现代社会的批判力，也缺乏建构力，并开始遭遇许多自身无法消解的道德难题，成为一种交织着紧张与冲突的存在。现代性伦理危机，一方面是生活世界中道德被败坏的危机；另一方面是现代性伦理资源欠缺、伦理理论合法性危机。处于这一现代性境遇下的社会组织所遭遇的"伦理的实体—不道德的个体"之悖论，便是社会组织发展对现代性伦理挑战的现实呈现。

一　现代性生活世界的道德危机及其"中国样态"

现代性社会在发展过程中，经济和政治这两个系统从生活世界中剥离开来，这两个系统一经形成便因其强大的整合力量反过来影响生活世界。金钱和权力与作为环境的生活世界形成畸形的交换。资本逻辑、权力逻辑在瓦解了财富的社会性和权力的公共性后又主导了生活世界。金钱、资本、权力、理性置换了伦理、道德的形上地位，成为现代性生活价值的支配性标准，这既是生活世界的道德危机的表现形式，也是其道德危机的根源之一。

现代性是对时间维度上"现代"的性质的把握。现代指始于文艺复兴，经启蒙运动，即西方资本主义从产生、发展到现代化的历史过程。如果说现代化是实证问题，那么现代性就是在价值层面对现代生活世界商品化、市场化、理性化、城市化及官僚机构化的性质把握。"现代性"像是幽灵游荡在生活世界各个角落，它以与传统社会或前现代社会的断裂式飞跃来昭示它所表征的时代精神。现代社会的"碎片化"宏观上表现为，社会生活领域的裂化，即自然客观世界与生活世界的分离。由于现代技术研究的需要及社会主导精神的缺乏，自然客观世界与生活世界中它所附的价值剥离开来，最终导致精神与物质的分离，价值与事实的分离。进步启蒙、科学理性、市场经济、民主政治、自由价值等成为现代性的关键词和日常用语。鲍曼认为，我们可以把现代性当作一个时期，在这一时期，人们反思世界的秩序，人类的生存秩序，人类自身的秩序，以及前面三方面的关联之秩序；现代性是一桩思的事情，是关切的事情，是意识到自身的实践，是一个逐渐自觉的实践意识。因形式上的"宏大叙事"及内容上价值纷呈，使现代性却无法言明自身。"人们很难给出一个确定无疑的'现代性'概念，因为它所指或能指的都不只是一种时间性向度，而且更重要的还是一种极其复杂、充满内在矛盾的文明或文化过程，一种悖论式的实践价值取向，一种交织着内在紧张和冲突的存在结构，一种看似透明却又诸多暧昧的生活样式，以及一种夹杂着乐观主义想象与悲观主义情结、确信与困顿的人类精神状态。"①

　　现代性道德如同现代性本身一样，成为一种不成功的谋划。利奥塔在《后现代道德》中指出："当今，生活快速变化，生活使所有的道德化为乌有。"快节奏的变化使人们难以静思道德意义这类形上问题，"所有道德之道德，都将是'审美的'快感"②。生活世界中道德被败坏的危机主要表现为金钱和权力及二者之间的畸形交换对生活世界的入侵或殖民化。哈贝马斯认为生活世界是人们共同经历、共同生活、共同言说和共同行动所依赖的世界，它是人们日常交往的产物和领域，其主要运作媒介是语言。通过平等的对话、协商形成公共理性，达到理解和共识。因此，生活世界是公民自由和自律的领域。社会的经济系统和国家管理系统原本属于生活世界。由于现代性在推进现代社会形成的过程中，使经济和社会管理活动日趋复杂，因而从生活世界中分离，并形成自身的运行规则。这两个系统一经形成便因其强大的整合力量反过来影响生活世界。金钱和权力与作为环境的生活世界形成畸形的交换。金钱和权力在瓦解了财富的社会性和权力的公共性后又主导了生活世界。金钱、资本、权力、理性置换了价值意义的形上地位，成为现代性生活价值的支配性标准，从而导致了生活世界的道德危机或病态。斯宾诺莎在论述社会缺陷问题时曾说："许多人为同样的感情牢固地控制着。他的一切感受受制于一个对象的强烈影响，以至他坚信有这种东西，即使这种东西压根就不存在。如果这个人神志清醒时还是如此，人们就会把他看作是神经错乱……但是，如果贪婪的人只想钱财和占有，有野心的人只想名位，就不会有人认为他们是神经错乱，而只是讨厌他们。"③斯宾诺莎在几百年前说的话仍适用于今天。对金钱和权力的追求成为一部分人共同的人生目标。

　　现代性生活世界的道德危机的"中国形态"表现为金钱和权力对伦

---

　　① 万俊人：《现代性的伦理话语》，黑龙江人民出版社2002年版，第133页。

　　② ［法］让－弗朗索瓦·利奥塔：《后现代道德》，莫伟民等译，学林出版社2000年版，引言。

　　③ ［荷兰］斯宾诺莎：《伦理学》，贺麟译，商务印书馆1983年版。

理道德的冲击，如市场经济所带来的物质主义、个人主义，行政机制官僚体制权力私有化所带来的贪污腐败等。生存世界的污染及精神世界的焦虑导致存在感危机、幸福感危机、道德危机及希望危机。现代性文化把金钱和权力提升至生活世界支配性规则的地位。人们对金钱和权力不再讨厌或蔑视，而是渴盼和仰视。坑蒙拐骗、诚信缺失、信贷诈骗、权力腐败、权钱交易、权色交易、权力寻租、非法经营、偷税漏税、制作假账、生产销售假冒伪劣产品、虚假宣传、欺诈合作者、盗版侵权、违背合同及行业规范等不正当竞争、乱排乱放、生态危机等可以说都是金钱和权力对生活世界入侵的结果。

为了财富的增加、物欲的满足、权力的私有，人们不惧法律的惩罚，不惜舍弃自由和自主，而道德是人们在追求金钱和权力时第一个被舍弃的负担。物质主义在效率或成本原则下把伦理、道义当作一文不值的东西。诚实、正直、忠诚、善良等美德被虚伪、邪恶、背叛等所嘲弄，造成从终极目标到实现手段上的种种不道德与荒谬。"以金钱补偿替代一切良心顾虑和补偿，并在所谓的人性、人之本能和自然性以及人性解放和自由旗帜下，把人类传统上的恶当作善事，当作能耐，当作英雄壮举，当作开先河的创新来追逐，使得地下活动、黑社会的东西公开化、市场化。"① 在这样一种扭曲的非常态的文化氛围中，市场价值和经济利益成为组织行为的最强的驱动力。组织在对物的追求中使自身异化为工具性的单一存在。"经济人"的人性假设蔓延到各类组织领域，为行政组织、志愿组织的逐利行为及其他不道德行为提供了宽容的氛围。伦理道德在组织中成为可有可无的或者只是装饰性的存在。马克思所谓的"商品拜物教"。

金钱和权力对生活世界的入侵造成的另一个更为严重的道德后果就是"钱权交易"所带来的党政官员的伪善、贪污腐败等道德危机，这不仅严重地败坏了社会风气，造成道德冷漠、道德权威弱化，甚至摧毁了人们的道德信念。在中国向现代社会转型过程中，由于摆脱贫穷和落后的愿望过于急迫，使经济系统最先获得发展动力，经济冲动力成为推动社会发展最强的动力。经济系统的市场—资本逻辑不仅侵犯了生活世界，还入侵了国家行政管理系统。由于我国的行政管理系统本身缺乏完善法律防范和监督

---

① 谭伟东：《经济伦理学——超现代视角》，北京大学出版社 2009 年版，第 7 页。

机制，在两个系统的缝隙处就形成了金钱与权力的畸形交易。权力的公共性被瓦解，并异化为少数人谋取私利的工具。

"钱权交易"严重扭曲了生活世界的道德信念。党政官员作为人民的公仆，被社会大众寄予较高的道德期望和道德要求。党政官员是社会核心价值体系的倡导者，是道德信念的践行者和道德权威的维护者。党政官员所起到的道德表率效应远远高于普通大众。但是，正是这些被寄予更多道德期待的党政官员却在"钱权交易"的网络中沉沦于纸醉金迷、腐化堕落的生活。党政官员在公共场合表现出的道德风范与其腐化堕落的丑恶行为形成鲜明对比，这种自上而下的"伪善"严重败坏了社会道德风气，造成大众的道德冷漠，更为破坏性的后果是它动摇甚至摧毁了人民大众所信奉的最基本的道德信念。社会转型期，新旧道德规范体系并存，人们的道德行为及社会道德秩序难免会出现一时的混乱。但只要人们的道德信念没有动摇，建构新的道德体系就是可期待的事情。而一旦人们的道德信念被摧毁，道德约束在个体行为和社会秩序的建构中就失去应有的权威，其结果必然是道德自律的式微。"道德的基础是人类精神的自律"①，道德自律的弱化无疑是道德根基的消逝。

现代社会的伦理基础应是权力的公共性和财富的社会性。官员腐败使权力成为少数人谋利的工具，从而使其丧失公共性；分配不公，贫富差距加大消解了财富的普遍性和社会性。权力公共性和财富社会性的消解使社会陷入道德信任危机。现代社会不得不把经济效率和法律制度作为运行的目的和保障，由此而建构起来的社会只具有形式上的普遍性，缺乏伦理上的普遍性，即共同精神家园的消逝。没有了归属感的人类成了漂泊的存在者。在中国传统文化的视角下，社会的本义应是"结社而相会"，但是，现代性的社会却是为实现个人目的的互利合作体系。在这一体系中，人与人之间基于类生命的亲密情感日益淡漠，个体之间只剩下外在性的利益关涉。社会不再是安放心灵、具有共同体意义的"社群"。乡土社会的碎片化拉远了人与人之间的距离，瓦解了依靠传统道德规范建立起来的道德秩序，不仅使我们失去了共同的道德规范和伦理信仰，更让我们失去了亲密和谐的社会空间。当传统的道德权威日薄西山时，现代伦理理论的创新就

---

① 《马克思恩格斯全集》第1卷，人民出版社1956年版，第15页。

更显得神圣而急迫。

二　现代性伦理知识系统的合法性危机

伦理学知识状况取决于它所反映的道德现实状况，和它对道德现实做出理论反应。简言之，伦理学知识体系的合法性危机根源于生活世界的道德危机。金钱和权力对生活世界的入侵导致现代性伦理知识系统与经济理性及政治权力共谋，使伦理作为社会价值批判者这一文化角色的退隐。现代性伦理知识系统的合法性危机具体表现为现代性道德目的论的合法性危机、低限度规范伦理的碎片化及应用伦理的歧义。

第一，现代性道德目的论的合法性危机。

现代性道德理论的宰制形态无疑是道德目的论，更准确地说是个人目的论或自我中心论道德。现代性的道德目的论是个体化的权利话语。个体权利理念的形成标志着现代性道德真正脱出传统美德伦理。当洛克高呼"个人权利神圣不可侵犯"时，实际上是在宣告现代性个人主义道德的产生。后现代主义的代表人物大卫·雷·格里芬曾在《后现代精神》一书中指出，"几乎所有现代性的解释者都强调个人主义的中心地位"[①]。现代人失落了美德却并不想失去自我，甚至比任何时候都更加凸显个人的自我。查尔斯·泰勒称为"单子式的道德"，从单子式的道德理念出发形成了现代性道德的主导价值取向，即个人主义道德价值观和人类中心主义道德价值观。从生存世界的生态危机到精神内心的迷惘焦虑，凸显了现代性道德目的论的合法性危机。

文艺复兴对人性的发现和解放、启蒙运动对宗教的批判，导致了神秘的宗教世界图景的瓦解。现代性"脱圣还俗"的世俗化运动使人的个性、价值从宗教神权的束缚中解脱出来。马克斯·韦伯将现代性的"世俗化"过程称为世界的"祛魅"。人的价值和尊严在世界"祛魅"的过程中得以肯定。"独立、自由、平等"的个人，摒弃上帝的权威，以人的价值的实现为标准，并基于人的"理性"进行现代性伦理谋划，重新确证道德权威。个人目的论的道德既缺乏对人格内外统一的体认，又缺乏对"他者"的伦理关注；既缺乏对群体的伦理认同，又缺乏对自然生态的生命认同，

---

①　［美］大卫·雷·格里芬：《后现代精神》，王成兵译，中央编译出版社1997年版，第4页。

人成为一切的中心，社会异化为"个人利益的战场"，自然只是提供资源的工具。因此，可以说个人目的论道德加剧了人的物欲追求与心性美德的紧张，人与他人、与自然生态的对峙，最终走向享乐主义、道德虚无主义、相对主义、工具理性主义。虽然不能完全肯定地说现代性道德目的论就是现代性道德危机的罪魁祸首，但面对自然环境的污染及精神心灵的纷扰忧虑，现代性道德目的论难辞其咎。对于生活世界的现代性道德危机，道德目的论不仅没有发挥应有的道德价值批判功能，反而充当起价值辩护律师的角色。这一荒谬的角色定位是现代性道德目的论合法性危机的现实表现。

第二，低限度规范伦理的碎片化。

追求"最低限度的普遍化"的规范伦理不仅缺乏行为规导功能，而且会弱化人们履行道德义务的责任感和践行道德的崇高感。现代市场经济的扩张力量催生了一种日益强大的价值观念，那就是与"经济利益最大化"相匹配的功利主义和普遍规范伦理。经济利益追求最大化，而伦理规范只要求"最低限度的普遍化"。这种低向度的规范伦理是着眼于现代社会的道德实际，而选择的一种现实可行的求证理路。这种最低限度的规范伦理有效地规避了现代社会多元性差异间的矛盾。但追求"最低限度的普遍化"规范伦理论虽具有理论建构上的优势，却缺乏实质的价值理念构造及道德批判的功能。伦理是以实践理性对生存世界的把握。伦理学作为一门价值科学，具有"理想预设性"以设定超现实的价值标准，向社会提供主流价值体系。同时，作为反思性科学，伦理学具有"价值后设力量"，以其知识之镜穿透生活世界，对道德现实进行价值判断，对道德危机进行价值批判。但追求"最低限度的普遍化"的规范伦理以不突破道德底线为行为基准，就很难对现代社会中诸多道德危机进行有力的价值批判。同时，"最低限度的普遍化"使伦理学丧失了超越现实的理想价值预设性。"'现代性'道德的普遍主义规范诉求被自我限定在某种基本的制度层面，它放弃了任何形式的道德理想主义。"[1] 现代性道德的痼疾就是对普遍规范的迷恋。追求"最低限度的普遍化"的规范伦理缺乏行为规导功能。尽管规范伦理以最低限度的普遍规范作为行为要求，但现实

---

① 万俊人：《现代性的伦理话语》，黑龙江人民出版社 2002 年版，第 138 页。

中"突破道德底线"的不道德行为还是频频发生。最低限度的普遍规范可以被制定，也容易被遵守。但在最低规范之上应该有更高道德要求的行为却无规可循。"道德底线"本身就是一个含糊的概念，没有也难以明确界定哪些是道德底线规范，哪些是非道德底线规范。道德底线规范还会产生一个更为破坏性的后果，就是降低履行道德义务的责任感和崇高性。制定道德底线规范等于默认有些道德失范是要受到惩罚和谴责的，而有些道德失范却是可以理解和容忍的。也就是说有些道德规范是必须遵守的，而有些规范却并非要遵守，这势必会弱化人们履行道德义务的责任感和践行道德的崇高感。

义务伦理学把义务或责任作为伦理学的核心概念，一个行为的道德性是由是否"为义务而为"决定的。虽然康德强调出自善良意志的行为才具有道德价值。但这里的意志仍然是"为义务而为"的意志。其实，无论是义务论还是目的论，都是强调道德义务、道德原则，而没有明确地分析道德动机及其对伦理生活的限制。当代伦理学要求行为主体的行为要符合某些道德规范，但这些道德规范可能和行为主体的价值观无关甚至相冲突。这就是史达克提出的"道德上的精神分裂症"道德规范不是道德本质。身处现代社会中的人们常常被抛入一个没有道德规范可适用的情境中。透过道德规范去把握的伦理生活是支离破碎的。而培养习惯性的道德行为倾向，道德气质、道德情感和道德动机才是道德行为发生发展的逻辑必然。

三　社会组织的"伦理—道德"悖论

长期以来，伦理学对个体保持着高度的伦理审视和道德照看，但对集体、组织等实体却鲜有理论关切。随着组织道德危机的频发，伦理学已对经济组织、政府组织展开系统的伦理反思和道德批判。但是，顶着伦理光环的社会组织不仅处于道德批判之外，甚至还享受着伦理的溺爱，被宣扬为善的使者而立于伦理批判的彼岸。社会组织的道德使者形象是虚幻的，并没有理论和现实基础。作为伦理实体，社会组织并不具有先验的道德性。社会组织的道德合法性必须通过行为的道德合理性来体现。作为伦理实体的社会组织与作为个体行为者的社会组织之间不具有先天的、稳定的统一性，这便是社会组织的"伦理实体与不道德个体"的悖论。尤其在互益类的社会组织中，如行业协会、民办非企业单位中，"伦理—道德"

悖论更为突出。在社会组织内部符合伦理的行为，对于社会和其他组织来说，有可能是不道德的。因此，现代伦理理论要对社会组织的道德性保持警惕，而不只是对关注个体诈捐者或社会组织某一领导。社会组织的不道德行为会严重败坏社会道德风尚。建立针对社会组织的伦理理论体系，对社会组织进行伦理审视和道德批判，把社会组织不道德行为扼杀在萌芽状态。

在《论人的使命》中，俄罗斯伦理学家别尔嘉耶夫提出道德生活的悲剧性和善的悖论性。道德悲剧表现为一种善与另一种善的冲突；善的悖论体现为，在正义的秩序中，道德便成为多余。"要使善可能，恶就应该是可能的。"① 揭示道德悲剧是一种哲学洞见，但是善的悖论却是一个虚假命题。别尔嘉耶夫只把目光聚焦在道德内部，却忽略了伦理与道德的关系。善的伦理实体，在某种情况下可能是一个恶的道德个体。作为实体是伦理的；但作为整个个体，却是不道德的，这便是所谓的"伦理的实体与不道德的个体"的悖论。伦理是单一物与普遍物相统一的善，道德是个体作为实体性存在的善。伦理实体同时也应该是道德的个体。如果伦理的实体逃逸或推卸它作为个体的道德责任，或者在善恶价值上只是保持中立，那么这个伦理实体的道德意识是缺场的，道德角色是模糊的，伦理实体同时也成为道德上恶的个体，或者是具有向恶倾向的个体。纵观人类文明史，最严重的道德悲剧的肇事者不是个体，恰恰是国家、民族、社会、组织等伦理实体。作为伦理实体，社会组织频频爆发不道德行为。社会组织这一令人忧虑的道德现状对现代伦理理论的实践指导力提出挑战。因此，当代伦理学必须对这种在概念和现实中实存的伦理—道德悖论给予充分的重视。为此，伦理理论要扩展研究视域，将批判的触角不仅指向个体道德及个体与实体相统一的伦理，还应当指向伦理实体与道德个体的同一。"将长期逃逸于道德归责和道德批评之外、被当作预定的和当然的善的伦理性的实体重新召唤到自己的视野之内和怀抱之中。"② 只有在概念中超越伦理—道德悖论，才可能建立起健全的伦理理论体系；只有在实践中超越伦理—道德悖论，才能真正摆脱严峻的文明危机，向人类至善迈出

---

① ［俄］别尔嘉耶夫：《论人的使命》，张百春译，学林出版社 2000 年版，第 213 页。

② 樊浩：《道德形而上学体系的精神哲学基础》，中国社会科学出版社 2006 年版，第 315 页。

具有决定性意义的步伐。

社会组织在成立之初具有内在的伦理性，并透过志愿精神将个体统一为整体，伦理和伦理精神概念地预定在社会组织之中，使之成为伦理实体。但是，伦理性只是凝聚个体、把个体统一为实体的必要条件，这并不意味着社会组织天生就是道德的，或者先验地具备道德合法性。社会组织的道德合法性必须通过道德行为来体现。当社会组织做出不道德行为时，它的道德合法性也随之丧失，这时社会组织虽然是伦理实体但却是不道德个体。也就是说，作为实体，社会组织是伦理的；但作为"整个个体"，它却是不道德的。社会组织这一"伦理实体与不道德个体"的悖论从另一个侧面提醒我们，社会组织不具有先验的道德性，不是任何符合伦理的行为都是道德的，作为个体，它也有作恶的可能。社会组织的道德合法性必须通过行为的道德合理性来确证。关于实体的"伦理—道德"悖论，尼布尔对爱国主义的分析是一个很好的佐证。他认为："爱国主义有一个伦理悖论，这个悖论只有通过最明智和最成熟的分析才能得以解释。这个悖论是：爱国主义将个人的无私转化为民族的利己主义。"① 个人的无私是实体内部的伦理，而民族利己主义是实体外部的不道德的，实体内部的伦理就是这样被巧妙地转换为实体外部的不道德。这一分析逻辑同样适合于社会组织，尤其是互益类社会组织。个体基于无私奉献的志愿精神参与到社会组织的活动中，或成为社会组织的成员，尽力维护组织运行；或作为志愿者而无偿提供服务；或积极捐款捐物。而社会组织为了维护组织的存续和特殊群体的利益，在志愿精神和道德责任的遮掩下，同样巧妙地将以上个体的无私转化为组织的利己主义。社会组织这一"伦理实体—不道德个体"悖论不仅极大地影响了社会组织的公信力，而且严重破坏了社会的信任体系及社会道德风尚。在概念上对伦理—道德悖论的超越，需要诉诸伦理理论体系的革新，如扩展理论视野、加强对社会组织的现实关切等。在实践中对伦理—道德悖论的超越，需要社会组织自身提高"伦理—道德"的整体性觉悟，将组织内部的伦理与外部的道德同一起来，消除和超越组织实体与组织行为中的矛盾对立。

① ［美］莱茵霍尔德·尼布尔：《道德的人与不道德的社会》，蒋庆等译，贵州人民出版社1998 年版，第 73 页。

第二节　当代中国社会组织的道德行为问题

阿拉伯谚语有云："人之像其时代，胜于像其父亲。"时代对于社会组织的影响也是如此。社会组织的一般定义界定了社会组织不同于行政组织、营利组织的基本属性，即非政府性、非营利性及志愿性、公益性或互益性。但要探讨中国社会组织的道德问题及应对策略，必须在中国社会组织发生学视角下，追踪中国社会组织的发展历程，进而析离出中国社会组织的独特性。这一独特性中蕴含着中国社会组织的道德失范问题的原因及解决方案。

一　中国社会组织的历史变迁与当代发展

社会组织原本就与社会同源，有人类社会存在的地方就有社会组织的相承相伴。陈宝良考证"社"和"会"尽管在《辞源》上有很大差别，但都可归结为"结社"[1]。中国历史上涌现出形形色色的社会组织，总体上表现为"民间形成的各种有稳定互动关系的社会共同体"[2]。先秦时代就有"会党"，春秋战国时期在学术教育领域的民间结社颇为流行，如儒家学派、墨家学派等。秦汉时期出现很多以"弹"命名的乡村民社。东汉时期朋党的形成标志着政治性团体的兴起。魏晋之后出现的文人结社标志着学术性社团的兴起。隋唐宋时期文学性社团如诗文社数量大增，讲学会崛起，近现代学术性社会组织的原型可追溯至此。这个时期最有代表性的经济互助组织——合会也出现了，形成了当代商会、行业协会的雏形。"明清时期是传统民间社会组织成熟的时代，在城乡的物质与精神生活中，人们习惯建立各种为自己服务的组织，在农村既有松散的地域性的乡社，也有影响极大的家族组织；在城市既有公共服务性的组织，也有职业行帮组织；同时，在城乡还存在着各种各样的民间信仰组织。"[3] 秘密教会和帮派虽然充满黑暗和争斗，但其中的"仗义""施善"精神也构成了区别于封建政府一统天下的民间社会。

---

① 陈宝良：《中国的社与会》，浙江人民出版社1996年版。

② 钟敬文：《民俗学概论》，上海文艺出版社1998年版，第99页。

③ 萧放等：《中国民俗史》（明清卷），人民出版社2008年版，第186页。

辛亥革命前除文学社团和农村经济互助组织外，最为活跃的社会组织便是会党。他们不仅坚持反清的立场，还积极投身于中华民族反侵略战争和资产阶级民主革命中。孙中山成立兴中会后即着手联络会党，以会党为骨干，吸收广大农民参加起义。辛亥革命后至新中国成立前，民国初期会党或转化为合法的社会团体，或转化为江湖流派。由于中国资本主义经济的发展，同业工会取代了传统的行会。五四运动和新文化运动前后，随着西方思潮的涌入，产生一批学社、研究会、学会等。南京国民政府成立后，无论是在国统区还是解放区，均活跃着一批文艺性社会组织和慈善性社会组织。1932 年 10 月，国民党政府公布的《修正民众团体组织方案》是中国历史上第一个关于社会组织的专门法规。新中国成立后至 20 世纪 60 年代中期是社会组织的迅速发展时期。中国共产党根据社会主义原则对社会组织进行了彻底的清理整顿，对中国社会组织的发展产生重大影响。一方面，一部分社会组织的政治化。政治化倾向明显的社会组织被定义为民主党派，转化为政党组织，如九三学社、中国民主同盟等。商会解体后陆续建立的工商业者联合会起着与民主党派类似的作用。另一方面，一部分封建、反动社团被取缔。非政治性开始成为中国社会组织的一个重要特征。1966 年开始的"文化大革命"中断了社会组织在民主和法制基础上的健康发展。

新中国成立至改革开放前，我国在计划经济体制下，建构起"国家—单位—个人"的传统社会控制模式。社会空间被国家权力侵占，社会成为国家的附庸。社会组织在这个时期没有发挥它应有的社会功能。改革开放之后，由于自身能力及外在，国家开始改变社会管理模式。因此，我国的社会组织不仅是市场失灵、政府失灵的补充，还是国家简政放权的产物。这是我国社会组织缺乏独立性、依赖政府、行政色彩浓厚的重要原因之一。

在"文化大革命"中被中断的社会组织伴随改革开放的进程而得到迅猛发展，经历了一个恢复重建、曲折发展、成长壮大的历史过程。大致分为三个阶段：

改革开放之初到 20 世纪 90 年代初期，社会组织经历了一个从无到有的原始生长期，可谓全面兴起。改革开放释放出的巨大能量加上缺乏相应的制度约束，使社会组织在数量上实现爆炸式增长。登记注册的社会团体从 1978 年的不到 500 家迅速增长至 1992 年年底的 15.45 万家。十几万几乎是喷涌而出的社会组织实现了改革开放之初对现代社会结构建设的需求，但这种近乎毫无约束的原始生长造成中国社会组织在制度化、规范性和专业性上的先天不足。改革开放推动了市场经济的发展，造成利益格局的分化及不同社会阶层的形成。计划经济时代的互惠关系被市场经济时代私人利益的等价交换关系所取代。在这一社会经济背景下恢复发展起来的社会组织对利益尤其是经济利益有着天然的依赖、保护和争取的本性。这个时期社会组织的发展以各种研究会和学会为主，协会稳步增长，基金会则是从无到有。各种研究会和学会的蓬勃发展可以说是"文化大革命"期间中国知识分子思想和行动被压抑后的冲动发泄。在这种社会文化背景下恢复重建的社会组织缺乏行动理性。

从 20 世纪 90 年代初起，我国社会组织走上了制度规范的发展道路，也可以说是对前一阶段社会组织原始生长期的矫正。1988 年国务院指定新成立的民政部社会团体管理司是社会组织的统一登记管理机关。在1989 年政治波动的背景下，国家分别于 1990 年和 1997 年对社会组织进行了两次清理整顿，加强了对社会组织的政治管制和行政干预。1998 年颁布的《社会团体登记管理条例》和《民办非企业单位登记管理暂行条例》明确了对社会组织的双重管理体制，即由登记管理机关和业务主管部门共同负责对社会组织的监督管理。这种基于政治考量和行政管制的双重管理体制使中国社会组织走出了混沌的初始状态，对社会组织的制度化和规范化发展起到积极作用。但同时也在一定程度上削弱了社会组织的自主性，助长了社会组织的行政化。自主性悖论和行政化倾向成为中国社会组织道德危机的诱因。

从 20 世纪 90 年代末起，我国社会组织在改革开放逐步深入、市场经济逐渐成熟和社会转型全面展开的历史进程中从曲折发展逐步走向新的繁荣。其中社会经济类组织增长最为迅速，各种工商协会和新兴的商会发展迅速，由各类企业及企业家所构成的结社主体更加清晰化。一大批致力于社会公益事业的草根组织在境外在华资助机构的援助下迅速破土而生。基金会以具体项目的运作来扩大社会动员力和公信力。民办非企业单位被纳入统一登记管理，各种新型社会组织层出不穷。双重管理体制的弊端在这个时期呈现出来。社会组织不仅存在自主性丧失的危机，甚至开始突破自主性底线，成为商人逃税避税的工具和官僚的次殖民地。

社会转型期中国社会组织的独特性。回顾社会组织发展的历史基础和当代变迁，可以从中发现经济转轨、政府改革、社会转型相互渗透，共同促进了社会组织的发展。市场化取向的经济改革和服务取向的政府职能的转变为社会组织发展提供了社会空间；多种经济成分共同发展和对外开放，为社会组织发展提供了大量物质资源；社会阶层的分化和利益群体的增多，弱势群体的加大和政府职能的有限为社会组织发展提供了社会必然性。虽然中国社会组织无论是在规模上还是在数量上都达到了一定高度，但是尚不完全具备西方意义上的非政府、非营利组织、公益性、志愿性组织的特征。社会转型期中国社会组织的特征，从非政府性的程度来看，社会组织的收入严重依赖政府的财政拨款和补贴，具有强烈的官办色彩；从组织性来看，登记门槛过高，我国人均拥有的社会组织的数量严重不足，除官方背景的社会组织外，其余的以草根性和地方性为主；从非营利性和公益性来看，学术交流类、业务管理类、文体联谊类和利益代表类社会组织比例过高，而公益性社会组织只占很小的比例。且在现有的社会组织中，为优势群体和中间群体服务的社会组织远远多于为弱势群体服务的社会组织。优势群体可以满足过高的登记准入门槛。从社会组织的志愿性来看，社会组织运行所必需的自愿捐赠和志愿者的数量都严重不足。社会组织管理制度和法规中缺乏激励自愿捐赠和志愿服务的相关法规。中国社会组织的这些特征根源于其"双重性"的特质。康晓光和孙炳耀[1]分别提出中国社会组织"双重性"和"官民二重性"的观点。笔者也认为"双重性"最能从总体上界定中国社会组织的独特性质。中国社会组织的"双重性"主要表现在社会组织的构成具有"半官半民"的"二元结构"；社会组织的行为受到"行政机制"和"自治机制"的"双重支配"；社会组织往往要同时依赖"体制内"和"体制外"的"两种资源"，相应地社会组织也常常通过"官方"和"民间"的"双重渠道"去获取资源；社会组织还必须同时满足"社会"和"政府"的"双重需求"，因而社会组织的活动领域也只能是"社会"和"政府"共同认可的"交叉地带"。[2] 在探究社会组织道德行为的生成逻辑时，考虑并结合中国社会组织的"官民双重性"可以使建立在生成逻辑基础上社会组织道德行为发生机制更具有实践力。

---

① 孙炳耀：《中国社会团体官民二重性》，《中国社会科学季刊》（香港）1994 年第 6 期。

② 康晓光：《转型期的中国社团》，《中国社会科学季刊》（香港）1999 年第 28 期。

二　"社会组织之恶"的现象及其后果

社会组织之恶，即社会组织的道德危机，是一个经验命题。这一命题是对社会组织现实状况的道德观察而归纳出来的。既然是属于基于经验归纳的结论，就必然包含了对归纳过程的不完全性及对归纳结论的非必然性承诺。社会组织之恶主要表现为公益性社会组织侵吞善款、互益性社会组织牟取私利及社会组织整体的商业化、行政化等"社会组织病理现象"。在社会组织蓬勃发展，同时又存在先天不足及缺乏有效监管的社会背景下，社会组织难免频发道德丑闻。社会组织不是和睦共处、齐心协力的天堂的缩影。有些是为了社会信念在奋斗，有些不过是为了追求狭隘私利的事务团体。对社会组织中不道德现象的关注应如对企业组织唯利是图的道德审视和对政府组织贪污腐败的道德监管一样，始终保持警醒的观察。当代中国社会组织之恶的现象描述只能直接陈述社会组织处于道德行为失范的危机状态，除此之外，并不能揭示更多的内容。但道德行为失范的现象本身是社会组织道德状况的显现，通过对现象的归纳、后果分析进而揭示出社会组织道德行为失范所赖以产生的诱因，那么社会组织之恶的现象描述便有了实质意义。

20世纪80年代以来，"问责"潮流在全球风起云涌。政府和企业是主要的问责对象。社会组织以"德性完美"的身份作为问责主体出现在对政府和企业的问责活动中。随着社会组织道德危机的频发，社会把问责的目光转向了社会组织。中国社会组织存在着先天"发育不良"的道德隐疾，加之物质主义、功利主义等的冲击，社会组织从"德性完美"的神话王国坠入道德失范的深渊。社会组织频发的道德危机不仅辜负了社会大众的道德期待，降低了应有的社会公信力，而且对社会最基本的信任机制造成致命的打击。无论是在经济发达地区的社会组织，还是在偏远落后地区的社会组织中；无论是在公益性社会组织中，还是在互益性社会团体中，都存在道德行为失范的现象，有的甚至突破了社会道德底线，达到了让人触目惊心的地步。

本书所说的社会组织主要是指自中国改革开放以来，由各个社会阶层的公民自发成立的，具有非政府性、非营利性和志愿公益性或互益性特征的各种组织形式及其网络形态，简单地说指除政府和企业之外的各种组织，具体包括社会团体、基金会、民办非企业单位、工商注册的非营利性组织和社区基层组织等。社会组织的类型不同，道德行为失范的现象形态也不同。从社会组织类型学的视角描述各异的道德危机现象，可以更好地把握社会组织道德病理现象的本质。

社会团体是改革开放后最早发展的一类组织，突出特点是以会员为组织基础，辐射到社会生活的方方面面，满足了人们表达利益和结为共同体的需求。按照组织的宗旨，社会团体可分为公益性社团和互益性社团。行业协会是互益性社团的主体，具有市场性、非营利性、行业性、会员性，是基于相互间利益承认而达成的一定的共同体。行业协会为了争取自身及会员利益而做出种种不道德行为。从生成的途径来看，政府推动型行业协会，是伴随政府机构改革和职能转变而形成的，以政府让权而获得行政合法性为基础，具有浓厚的官办色彩。这类协会依附于业务主管部门，行政化倾向严重，组织宗旨、组织目标模糊，不仅难以代表行业的利益诉求，甚至还存在牟取行政级别和待遇、贪污腐败等不道德行为。从非营利的社团异化为业务主管部门营利的工具，丧失社会合法性及合理性。市场内生型行业协会具有较高的自主性和独立性，但为了维护行业内部利益而不惜损害社会大众的利益。如中国保健品行业协会因"乱排序、乱评比、乱收费"的谋利倾向而成为第一个被注销的全国性行业协会。2007年世界方便面协会中国分会与企业串通，哄抬物价、操纵市场价格，严重损害了消费者利益。

基金会是以自然人、法人和其他组织捐赠的财产为基础而得以存续，具有明确的公益宗旨和公益目的，并得到法律认可具有民事权利的法人组织，本质上是社会公益组织。基金会可以提供更为灵活的慈善捐助方式、具有长效的慈善运行机制及显著的弘扬示范效应。因此，基金会促进了社会财富更为合理的流动和再分配，有效地整合了社会大众的慈善之心，为公众持续参与公益事业提供了合法的组织化空间，是实现社会和谐的重要力量。基金会总是与善款、爱心、仁慈联系在一起，这是基金会能够存在并获得公众认同的原因所在。但近年来，尤其是在中国红十字基金会"郭美美事件"发生后，以公益慈善为宗旨的基金会陷入腐败、挪用善款、财务黑洞、以公益之名敛财等丑闻中。如河南宋庆龄基金会下设各种公司、挪用善款经商、放贷。中国红基会仁爱基金向老干部局、陕西大型国企等非弱势群体主动捐赠上万辆自行车，并号称每辆价值700多元，实际价值不足140元。基金会尤其是公募基金会涉及大量的捐赠人，一旦善款被挪用、侵占、贪污，将产生大范围的社会震荡，不仅影响基金会的公信力，也会破坏整个社会的信任体系。

民办非企业单位是实体性的社会组织，通过向社会提供公共服务，而直接影响着人们的生活。因此，民办非企业单位在构建和谐社会的过程中具有独特的价值。邓国胜认为，民办非企业单位将是社会组织中最具有发展潜力的组织类型。非营利性是对民办非企业单位的最基本的要求，也是其社会性、伦理性的重要体现。但是，由于资本逻辑对社会组织领域的入侵，一些民办非企业单位存在着明显的营利行为和营利倾向，在获得投资利润的同时还享受着公益事业的税收和其他方面的优惠。这对于企业来说，尤其是民营企业来说，是极大的不公平。社会组织也是一个有机体，为了自身的生存、发展，也会面临利益冲突。作为行为主体，社会组织在行为活动中，由于社会使命感不清晰、道德信念不坚定、组织伦理能力缺乏等原因，在某些情况下，社会组织也会偏向自利的方向。社会组织会在满足自身发展的同时，对其他利益相关者造成一定的损害。而且营利行为和营利倾向会导致民办非企业单位的异化，丧失社会组织的特质。通过工商注册的社会组织、社区基层组织和草根社会组织由于专业化和规范化程度不高而难以实现善款善用，甚至挪用、侵占善款。有些甚至打着"公益"的幌子，沽名钓誉，骗取捐赠。

社会组织的不道德行为打破了笼罩在社会组织之上的"三大神话"，即"完美的概念神话"、"志愿主义神话"和"德行完美的神话"。"三大神话"的破灭不仅降低了社会组织的公信力，而且改变了社会组织的基本属性，如非政府性、非营利性及公益性、志愿性等，玷污了社会组织的角色使命，导致社会组织陷入行政化、商业化和去志愿化的怪圈中。社会组织不道德行为在自毁形象的同时，还破坏了社会的信任体系，阻碍了志愿精神的弘扬和社会道德风尚的淳华。所有这些不良后果把社会组织拖入"志愿失灵"的困境中。不良行为所导致的"志愿失灵"这一道德后果动摇了社会组织的社会基础，这对社会组织的发展来说，无疑是灭顶之灾。

社会组织的行政化，一方面使社会组织的自主性、非政府性受到严重影响，另一方面也削弱了社会组织作为"社会公正平衡器"和"民主的天平"的作用，从而难以承担起公共责任。沃尔希用"影子国家"来描述社会组织自主性、志愿性和公共性已名存实亡的现实情形。社会组织为得到政府的资金支持，而按照政府要求采取行动，成为政府机构和功能的延伸。社会组织原有的运行规范和逻辑被淡化或搁置，社会组织从政府的监督者变为政府的代理机构，自然被整合进入政治体系中，而失去自主独立性。由于社会组织提供产品和服务的公共性，及弱势群体消费者或纯粹受惠者的不平等地位，使社会组织缺乏硬性约束机制，考评制度、监督机制也难以发挥作用。而道德自律机制在金钱和权力的侵略下表现出极度的不稳定。沽名钓誉、贪污腐败等开始污染社会组织这方道德净土。社会组织的行政化，如对政府财政拨款和税收减免的过度依赖，导致其逐渐偏离价值中立的立场，丧失自主性，从而偏离社会公益目标。当社会组织异化为政府的附庸，就难以代表、表达、捍卫社会大众的利益，难以为依据、交流提供良好的环境支持，更难以起到监督、制衡政府，为大众参与公共决策提供平台。

社会组织的商业化，一方面使社会组织的公益性、非营利性受到严重影响，从而陷入合法性危机中；另一方面也污染了社会的道德风尚，破坏了社会的信任体系，阻碍了志愿精神的弘扬。社会组织的商业化指社会组织借助市场机制开辟财源，提供营利性产品和服务。这在某种程度上会使社会组织充满活力，促进公共服务机制从单一化走向多元化。但是，商业化趋势必然会影响社会组织的非营利性特征。当社会组织像经济组织一样追求利润时，如何保持非营利性、公益性、公共性就成为有关社会组织合法性的严重的问题。萨拉蒙就曾指出："近年来，发达国家很多非营利性组织为了拓展资金来源的多元化和减少组织的依赖性，开展了越来越多的经营活动，但同时也面临着日益增长的危险，即逐渐变得像企业。"[①] 我国的社会组织从政府和企业中得到的资金支持有限，加之社会组织运行监督机制的不健全，我国社会组织的商业化倾向也日益明显。传统的慈善公益和互益互助的价值导向与市场经济的利润导向之间，显然是矛盾对立的。社会组织的商业化不可避免地会影响组织传统价值使命的履行。社会组织是以业余的志愿者为主体。为了追逐商业利润，提高组织运营效率，社会组织会聘请一些专业人员，增加领取薪水的成员，这样势必会影响社会组织的志愿性。对商业利润的追求会使那些最需要得到帮助的却没有支付能力的弱势群体被排挤出社会组织的服务对象。社会组织商业化倾向会

---

① 转引自邓国胜《非营利组织评估》，社会科学文献出版社 2001 年版，第 43 页。

助长组织及其成员，尤其是领导层的自利行为。商业化倾向使社会组织俨然成为市场经济中的一个利益主体，社会组织的初始目标发生改变，组织领导与成员在对利润的追求中可能会淡忘组织的使命，而以组织利益和个人利益的实现为主要目标，甚至发生腐败行为。社会组织的商业化在影响了社会组织的自主性、志愿性和公益性的同时，对其自身也是一种破坏。社会组织的制度结构、目标导向、人员构成甚至价值意识形态使社会组织在与其他经济组织争取商业利益的过程中处于不利地位，面临经营失败的风险。

社会组织的"去志愿化"，指社会组织远离或淡化了志愿性、民间性、公益性、公共性等传统特征。"去志愿化"倾向扭曲了社会组织的目标及形象，动摇了社会组织的社会基础，使社会组织的发展面临"釜底抽薪"的险境。中国文化是伦理型文化，"去志愿化"的不道德行为会影响大众对社会组织的道德判断及文化上信赖。较之于非政府性和非营利性，志愿性、公益性更好地体现出了社会组织的特质和价值使命。因此，"去志愿化"倾向对社会组织发展来说，无疑是灭顶之灾。笔者将在后文中对这一问题进行详细的论述。

三　社会组织道德行为问题的伦理追问

尽管有学者认为社会组织"是一个具有鲜明伦理特征和深刻的伦理蕴含的社会组织"，其"公益性"、"志愿性"、"民主性"和"非营利性"就是其道德属性的显著体现，[①] 但这种观点在很大程度上忽视了对内互利性、对外自利性的社会组织的存在，实际上，这类组织由于并非天然地具有合道德性，其道德行为的发生过程与宗旨、目标具有直接利他性的民间组织往往也会有很大差异。

社会组织虽然拥有深厚的伦理根基，但是社会组织道德行为的合理性不在于其成立之初的伦理基础，而必须在其行为的实践过程才能澄清。社会组织道德行为的合理性不是来源于社会组织形成之初的伦理性，或者说社会组织的先验道德性本身就是一个需要被批判的结论。无论是基于个人与类统一的伦理需要，基于个人同情心的道德奉献的需要，还是基于社会

---

① 李茂平：《民间的道德力量》，中国社会科学出版社 2011 年版，第 61—70 页。需要特别说明的是，李茂平在书中所用的术语是"民间组织"，其所指称的正是本书的"社会组织"。

良序运行的伦理需要，社会组织形成之初具有内在的伦理性。伦理精神、道德信念、道德使命逻辑地预定在社会组织之中，使之成为伦理的实体。但是，形成之初的伦理性并不意味着社会组织先验地具有道德合法性。社会组织的道德合法性必须通过社会组织合乎道德的并出于道德的行为来体现。同样，社会组织道德行为的合理性必须在社会组织长期的道德践行中才能得以确证。

社会组织在成立之初对道德使命的宣示及人们对社会组织的道德期待使社会组织道德行为的合理性成为不容置疑的事实。但是，由于财富的社会性和权力公共性的瓦解，中国社会也出现了现代性的道德危机。当社会组织在现代性道德危机下迷失了道德信念，或者没有抵挡住金钱和权力对其的侵犯，社会组织作为"整个个体"在与环境的互动中就有做出不道德行为的可能。基金会利用善款经商牟私利、慈善组织骗捐、为诈捐企业开具免税发票、做假账隐瞒善款及其去向等不道德行为的频频发生，表明社会组织及其道德行为的合理性不是不言而喻的事实。后天不道德行为会使社会组织丧失形成之初的伦理合理性或者道德合法性。作为实体，社会组织在本性上应是伦理的；但作为"整个个体"，社会组织却是不道德的。这就是社会组织正在遭遇的"伦理实体与不道德个体"的悖论。以尼布尔关于爱国主义的分析为例。"爱国主义有一个伦理悖论，这个悖论只有通过最明智和最成熟的分析才能得以解释。这个悖论是：爱国主义将个人的无私转化为民族的利己主义。"① 个人的无私是实体内部个体道德的伦理要求，民族的利己主义是实体外部道德或者说是实体道德。实体借助外在的伦理目标的实现把个体的道德转化为实体的不道德，或者说把实体内部的道德转化为实体外部的不道德。在爱国主义中，个人的无私就是这样被转化为民族的自私。因此，社会组织对内是伦理的行为，对其他组织来说就未必是道德的。发现社会组织"伦理—道德"悖论的意义就在于揭露并批判社会组织"隐匿"的不道德行为。同时，借助社会组织"伦理—道德"悖论来分析社会组织是如何把个人的无私转化为组织的利己主义及组织的不道德，从而寻求破解这一悖论的建设新途径，复归社会组织的伦理本性。

① ［美］莱茵霍尔德·尼布尔：《道德的人与不道德的社会》，蒋庆等译，贵州人民出版社1998年版，第73页。

社会组织以实体的"大善"为"小恶"寻找正当的理由，甚至把"小恶"转变为某种意义上的"善"。它巧妙地用社会组织内部的"伦理性"来为外部的不道德做价值辩护。社会组织成立之初的伦理使命排除了人们对伦理道德的关注。组织的不道德行巧妙地藏匿于技术理性的羽翼之下，使人们在现实中意识不到伦理道德的存在，当然也没法有选择地衡量善的大小。斯坦福监狱实验显示，科学技术理性及其催生出的专业主义的权威挤压个人的道德信念与伦理原则，甚至导致技术理性专业主义的道德虚空。技术上完善但道德上贫困的专业主义更容易受到道德错位的影响，从而造出或推动组织之恶。符合专业标准不一定符合伦理标准。在个人主义盛行的美国文化中，个体也没能冲破由"科学家"的技术权威与职业角色所构成的组织控制环境。

第三节　社会组织道德行为生成问题上的三重困境

在当代中国，社会组织虽然得到了一定程度的发展，并以其积极的道德行为较广泛地服务于公众，尤其是社会的特殊人群，对社会风尚也产生了较好的影响，但是，在道德行为的动力、方向上仍然存在明显的局限或缺陷。在这个意义上，可以说，当前中国社会组织在道德行为方面仍然身处困境之中。其所遭遇的困境主要体现在以下三个方面。

一　社会压力情境中社会组织道德行为的自主性之困境

社会压力情境下自主性的缺失或者说自主底线的突破成为中国社会组织面临的重大困境之一。如何克服社会组织自主性悖论，就成为中国社会组织发展的关键要素。注重经济效率的不均衡发展方式使各种发展要素面临涸泽而渔的险境。日益拉大的贫富差距加剧了社会冲突。社会组织的发展程度彰显了一个社会公平正义的水平，及化解社会冲突、保持社会稳定的水平。发展社会组织是和谐社会最基本的伦理诉求。社会组织若想坚守成立时的初衷，履行社会使命，增进社会整体利益，促进经济公平、社会正义，就必须具备自主性。自主性是社会组织的履行社会使命的重要保障。但是社会组织在数量和规模不断扩展的同时，其自主性却面临严峻挑战。失去自主性的社会组织必将难以坚守并践行成立之初的社会宗旨和使命。

自主性也称独立性，是社会组织的重要特性。自主性虽然尚未作为社会组织研究的结构性变量，但是由于其对社会组织履行社会使命的重要意义，已进入学界研究视野。国外学者一般把社会组织的自主性归结为管理上的自主。我国学者邓正来认为不受制于国家权力支配的自主性是社会组织的本质特征之一。王毅认为，社会组织的自主性是指与挂靠行政单位无人员交叉、经费自理，以实现自我价值为活动取向。陈健民和丘海雄把社会组织的自主性分化为社会组织领袖的选任、日常活动的自由、财政独立和对自主性的主观判断四个方面。国内外学者研究的视角大多集中在管理、财务、资源自主上，而忽略了事实、认知等方面的自主，没有勾画出社会组织整体的自主性，更没有把社会组织自主性的式微作为重要的现象加以研究。在全球范围内，影响社会组织自主性的主要因素是财务依赖。而中国政治、经济结构所造成的社会压力使中国社会组织在成立、发展模式及运行方式上都缺乏自主性，整体呈现出"半官半民"的特征。

社会组织的财务结构：一是私人捐款，包括个人、企业和基金会。这是社会组织独特的收入来源，使之与营利组织和行政组织区分开来；二是政府财政补贴；三是会费、服务费和商业收入；四是来自境外的捐款。

在任何一个国家，私人捐款都不是社会组织的主导性财务来源。私人捐款的比率低于26%，平均比率只有10.5%。因此，社会组织的资金来源一般有以下三种模式：收费主导型、政府主导型和境外资助主导型。收费主导型模式指来自会费、服务费及提供公共物品的商业收入构成社会组织总收入的最大一部分。政府主导型指社会组织最主要的收入来源是政府的财政补贴和拨款。政府依赖社会组织提供服务，社会组织依赖政府的财政支持。在这种良好的合作关系中，机会主义者免费搭车的问题得到解决，而社会组织生产公共物品往往高于政府。在经济落后国家，社会组织主要靠境外援助维持生存发展。当社会组织主要依靠会费和商业收入时，社会组织与营利组织的行为界限将变得模糊。为了扩大收入，社会组织会聘请掌握营销和管理技巧并以金钱为导向却并不具有社会道德责任感的人作为管理者，社会组织就改变传统支付酬金的比例。这就违背了社会组织"非分配约束"，而且社会组织为扩大收入，会涉足一些与组织宗旨不相关但可以获得丰厚利润的市场领域，社会组织便不可避免地遭遇与营利组织的竞争。社会组织会越来越趋向于营利组织的运行逻辑，即追求利润最大化。这样，人们就会像对营利组织一样对社会组织怀有同样的不信任。

对利润的追求使社会组织倾向于为有支付能力的人提供产品和服务。而社会中肯定存在一些难以按市场价格购买服务的穷人。一旦社会组织按市场逻辑运行时，他们便失去了社会组织存在的社会功能和社会价值。因此，商业化对社会组织解决资金短缺的问题会有一定的帮助，在某种程度上会促进社会组织的自主性，但商业化会使社会组织遭遇"身份危机"。

当社会组织依赖政府的财政支持，政府依赖社会组织提供服务，二者之间可能是双方均受益的合作关系，但也可能是赞助商和客户的关系。当社会组织主要依赖政府的财政补贴时，政府决定如何分配资金、支持哪一个组织、与之签订什么样的合约等，政府还会依据自己的规划和目的，诱使社会参与到与之组织宗旨不吻合的领域。这样社会组织就不再是政府的"合作伙伴"，而异化为"代理人"，社会组织就很难捍卫它的独立自主性。对于境外援助型社会组织，外国捐款者会根据偏好而选择赞助的组织。这些组织可能并不符合当地的实际需求，而是一些人为的造物，甚至会退化为外国政府的代理人。而且外国资金的波动对于社会组织来说，也是致命的打击。对比分析，个人积极地捐献服务和金钱是对社会组织最好的支持来源。既保证组织的收入来源，又不会威胁社会组织的独立自主性。但是，在任何一个国家，个人捐款都不是社会组织的主要来源。几乎所有国家的社会组织都是依靠政府赞助或商业收益或外国援助。因此，社会组织面临着进退维谷的两难境地：依靠私人捐款可以维持独立自主性但会面临资金短缺的危机；依靠依靠政府赞助或商业收益或外国援助可以保证收入的稳定，但却面临着自主性威胁，甚至社会组织的"身份危机"。可以得出这样的结论，在财务上，没有一个国家的社会组织具备完全的独立自主性。只有建立个人捐献的殷实基础才可能保证社会组织的完全的独立自主性。但在目前还不具有现实性。因此，现阶段解决社会组织自主性困境的可行之道便是不过分依赖于任何一种收入来源。只有完全理解社会组织的局限性，才能更好地发挥社会组织的作用。①

除财务依赖外，我国政治、经济结构所造成的社会压力是使社会组织陷入自主性困境的另一重要因素。我国社会组织的产生、发展与我国特殊的历史和现实有关。20 世纪 50 年代，为了维护新生政权，国家把社会组

---

① 王绍光：《金钱与自主：市民社会面临的两难困境》，《开放时代》2002 年第 3 期。

织视为"异己力量"，对其进行整顿，致使社会组织遭遇重创。直至改革开放，社会组织才得以"重生"并呈现出"爆发式增长"。虽然社会组织在数量和规模上得到迅速发展，但多数社会组织是政府机关发起或推动成立，总体上还是受到党政机关的严格控制，缺乏应有的自主性和民间性。与其说是公民自治组织，不如说是政府控制公民的工具，是政府管理功能的延伸。党政机关主要通过以下方式影响社会组织的自主性：制定对社会组织具有很大的约束力的政策法规，并对政策法规保留随意的解释权；社会组织登记管理上双重许可制度，登记注册门槛高，手续繁杂，找"婆家"即业务主管部门提高了准入成本；业务主管部门通过任命、推荐或派遣领导，出席社会组织会议，参加活动、审查年度工作报告和财务报告等方式影响社会组织的自主性；党和政府还通过在社会组织中建立党组等方式参与甚至主导社会组织的决策；人事任免权是业务主管部门控制社会组织的主要手段，造成社会组织领导追求行政级别和待遇，追求行政管理权等行政化倾向。由于自主性的缺乏，社会组织很难集中、表达、捍卫群众利益，因此也得不到社会的广泛认同和支持，也失去了参与公共决策、与政府进行商谈的能力。

二　多元文化背景下社会组织道德行为的价值取向之困境

现代文化就是包含着多元价值取向的矛盾图景。对文化价值的追求是人类社会同动物世界的本质区别。从价值形态上讲，道德意义上的善无疑是一种积极的价值。以善为目标，社会组织的道德行为体现了对公益价值的追求。社会组织道德行为的价值取向应内含着善的伦理关怀。从逻辑上看，行为的发生总是以价值的确认为前提。社会组织首先是根据价值取向来确定行为进路和评价标准。社会组织的存在应当指向社会和谐的增进、组织成员及组织自身的道德完善，而这一存在意义的实现是以社会组织道德行为的价值取向为基础的。因此，社会组织道德行为的价值取向显得尤为重要。

社会组织道德行为的价值取向是指社会组织依据一定的价值判断来进行道德行为时所表现出来的一种稳定的价值倾向。社会组织的价值取向犹如一只无形的手，对社会组织道德行为起着重要的导向和规范的作用。价值取向不仅影响着社会组织道德行为，而且是判断社会组织道德行为合理性和实践价值的准则。价值取向促使社会组织向着一定的目标，充分发挥组织主体的能动性，创造出具有特定价值的社会组织模式。由于社会组织主体的多样性及客体的差异性，社会组织的价值取向也呈现出多形性和冲突性。新中国成立后，我国社会组织的发展走了不少弯路，这与价值取向的模糊和错位密切相关。

社会组织道德行为的价值取向具有多元性与主导性。一方面，社会组织道德行为主体和客体的多样性及社会公益需求的多层次，决定社会组织道德行为取向的多元化。例如政治民主和经济公平的不同取向，服务特定群体和社会大众的不同取向，科学价值与人文价值、工具价值与理性价值等不同取向。社会组织价值取向具有理论性和经验性。在理论上，价值取向是道德行为主体权衡利弊后的理性选择，而在实践中，社会组织道德行为的价值取向又带有主体的经验积累。社会组织道德行为的价值取向既受到传统公益文化观念的影响，具有一定的继承性；同时又随着时代的变迁而变化，具有发展性。社会组织道德行为的价值取向不可能整齐划一，在现实性上，往往存在冲突。尤其是在社会转型时期，价值取向间的冲突会更加尖锐。尽管社会组织道德行为价值取向具有多元性特征，但在一定历史时期总有占主导地位的价值取向，即社会组织道德行为的中轴价值取向或核心价值取向。在更深层次上，围绕着核心价值取向，这些不同的价值取向之间存在相互补充、相互依存的关系。因此，在社会组织道德实践中，要准确把握核心价值取向，追求不同价值取向间的内在统一。

在可选择性的现代社会，文化就是包含着不同价值取向的矛盾图景。多元文化、自主选择是现代社会的一大特征。处于自主性悖论中的社会组织迷失在多元价值取向的矛盾图景中。在社会文化领域，多元利益主体的存在表现为多元文化，在精神领域就表现为多元价值观。宗教神话的破灭、理性谋划的失败，使主体从单一理性抽象走向了多样化的具体。社会组织也因"目的性"、"地域性"和"情境性"出现了多层次、多样化的趋向。"主体本身的多元化意味着价值标准、价值观念也必然是多元的。"① 对"自由"的追求加剧了多元价值之间的冲突。多元化的现实环境使普遍适用的伦理规范成为一种毫无意义的教条。而当代中国大多数社会组织对伦理的关注还只是停留在制定伦理规范的形式化阶段。面对一个

---

① 李顺德：《普遍价值及其客观基础》，《中国社会科学》1998 年第 6 期。

"怎样都行"又或"怎样都不行"的世界，缺乏伦理能力的社会组织在多元的价值取向中陷入不知所措的困境中。多元化的社会现实，充斥着相互冲突的道德标准，没有一种伦理规范可以达到对时时、事事的普遍有效。因此社会组织必须增强对多重道德标准价值选择能力，在具体的情景中，坚守符合自身行为特质的价值取向和道德标准，从而摆脱社会"非标准"所带来的不确定性。

从单一的公有制到以公有制为主体、多种所有制的共同发展促进了伦理价值取向的多元化。不同伦理价值取向的共存引发了道德相对主义和道德虚无主义，这无疑会增加社会组织在多元价值取向中做出正确选择的难度。"多元伦理价值观是指在法律底线的基础上允许各种不同的价值观存在，并力图通过协商达成共识，达到矛盾的统一。"[①] 一元价值观向多元价值观的转向注意到了道德的层次性，对不同的行为者制定不同的道德规范。改变了一元伦理价值观下把所有人都塑造成圣人的道德要求。多元伦理价值观允许民众在不违反基本法律的基础上选择不同的价值取向。既可以把合法的物质利益作为追求的目标，也可以把精神境界作为人生的追求。在宽容的文化氛围中，道德的普遍性、权威性难免遭到质疑。因此，一元价值观向多元价值观的转向会导致道德相对主义和道德虚无主义。道德相对主义和道德虚无主义可以说是社会转型期伦理思想的一种现实。道德相对主义否定道德的客观性和普遍性。道德虚无主义否定道德的存在。道德相对主义和虚无主义会导致道德权威的崩溃、道德信仰的缺失，这会严重阻碍社会组织道德共识的形成，不利于组织道德共同体的维系，当面对不同的价值取向时，社会组织显得无所适从。

市场体制取代中央计划体制，推进了中国经济的快速发展，带来了物质的极大繁荣。功利主义代替道义论成为市场经济发展的基本原则。功利主义的片面发展刺激了物质主义、消费主义的产生。而以道义论为行为价值取向的社会组织在面对功利主义的冲击时，有的直接改变原有的价值取向，有的在不同的价值取向间徘徊，也有少部分社会组织直接把功利主义作为其发展的目标。改革开放前中国主流的价值观是道义论，其突出的特点是重义轻利，把正当性放在首位。但正当性的重要性被片面放大，在某

---

① 张传友、刘科：《改革开放与中国社会伦理价值观的转向》，《哲学动态》2008 年第8 期。

种程度上阻碍了社会的全面发展。中国社会变革在经济上的表现就是市场体制取代中央计划体制，随之而来，功利主义取代道义论成为市场经济发展的基本原则。与道义论的"正当优先于善"理念相比，功利主义确立"善优先于正当"的伦理价值观。较之于程序的正当性，功利主义更注重实践活动的实际效果，这给中国经济的快速发展注入了强大的经济冲动力。但功利主义在繁荣经济的同时，造成了对公平正义的忽视，催生了物质主义、消费主义，冲击了传统的社会文化心理。物质主义在效率或成本的比照下把伦理、道义当作是一文不值的东西。诚实、正直、忠诚、善良等美德被虚伪、邪恶、背叛、恶毒等恶劣品质所嘲弄，造成从终极目标到实现手段上的种种不道德与荒谬。"以金钱补偿替代一切良心顾虑和补偿，并在所谓的人性、人之本能和自然性以及人性解放和自由旗帜下，把人类传统上的恶当作善事，当作能耐，当作英雄壮举，当作开先河的创新来追逐，使地下活动、黑社会的东西公开化、市场化。"[1] 在这样一种扭曲的非常态的文化氛围中，市场价值和经济利益成为组织行为的最强的驱动力。社会组织在自身的财务压力及社会文化背景下商业化倾向严重，在对经济利益的追求中使自身异化为工具性的单一存在。"经济人"的人性假设蔓延到各类组织领域，为社会组织的逐利行为及其他不道德行为提供了宽容的氛围。社会公益、道德使命在社会组织中成为可有可无的或者只是装饰性的存在。

三　社会组织道德行为的"志愿失灵"之困境

"志愿失灵"这一概念是萨拉蒙针对欧美国家社会组织的危机而提出的。它指的是社会组织无法通过志愿原则有效地吸取、配置慈善志愿及开展道德行为，偏离公益性、志愿性宗旨，导致社会组织在满足社会公益需求方面的缺陷和低效。继"市场失灵"、"政府失灵"后，社会组织被寄予厚望，希望其能弥补市场和政府的失灵，满足人们对公共产品和服务的多样化需求，使社会发展趋向完善。如同市场和政府失灵一样，社会组织自身也存功能上及结构上的缺陷，加之"志愿主义神话"的破灭，"志愿失灵"成为现代社会组织逃脱不了的命运困境。虽然我国社会组织与欧

---

① 谭伟东：《经济伦理学——超现代视角》，北京大学出版社 2009 年版，第 7 页。

美国家社会组织的发展环境存在本质的差别，但是我国社会组织的确也出现了"志愿失灵"现象，致使社会组织道德行为难以顺利实现。因此，借用萨拉蒙的"志愿失灵"概念来分析我国社会组织的道德行为困境，既具有理论意义，也具有现实价值。

萨拉蒙认为"志愿失灵"具体表现为四个方面：第一，社会组织能力欠缺，捐款不足。社会组织无法通过志愿原则获得充分的资源以开展活动来满足社会公益需求。第二，社会组织的特殊性。社会组织及捐助对象往往集中在特定的群体，不仅留下缺口，也造成资源浪费。第三，社会组织的家长式作风。捐助者及社会组织往往根据自己的偏好来选择受助对象。弱势群体和纯粹的受助者难以对慈善资源的配置及服务质量提出建议。第四，社会组织的业余性。社会组织主要靠未受过专业训练的义工、志愿者来提供服务，且给职工提供的薪资不具有竞争力，难以吸引专业人员，影响社会组织的运作效率。萨拉蒙认为慈善捐款不足及信息不对称是"志愿失灵"的主要原因。① 由于公共物品具有"无竞争消费"（一个人消费了这物品不会减少其他人消费这物品的机会）和"无排他性"（一旦提供了这物品，生产者无法防止任何人消费该物品）特征，就不可避免地存在机会主义者免费搭车行为。即使是具有较高道德素养的人也会出于对免费搭车行为的担忧而不愿积极捐款。慈善捐款不足是社会组织先天性的弱点。在财务上，社会组织很难成为"独立部门"。这是"志愿失灵"的一个原因。"志愿失灵"的另一个原因是潜在捐款人与社会组织之间的信息不对称。社会组织大部分不愿公布基本的账目和项目信息，捐款人很难知道自己捐款的具体用途，或者不关注捐款的最终用途。这便给社会组织负责人或理事成员提供了滥用职权、用公共捐款谋求私人利益的可乘之机。信息不对称导致大众对社会组织的不信任削弱了社会组织获取捐赠的能力。即使没有人倾向于免费搭车，人们也完全信任社会组织，但只要有经济波动，哪怕是乐善好施的人可能也无力提供帮助。慈善捐款不足，"志愿失灵"就会继续存在。

我国社会组织的"志愿失灵"既具有萨拉蒙所提出的以上四个方面的内容，也有一些中国式的表现方式和原因。近年来，社会组织的种种不

---

① ［美］莱斯特·M. 萨拉蒙等：《全球公民社会：非营利部门国际指数》，北京大学出版社2007年版。

道德行为是导致"志愿失灵"的重要原因之一。频发的道德危机不仅撕破了社会组织的道德外衣，降低了社会公信力，而且使社会组织的形象发生扭曲，动摇了社会组织发展的社会基础。志愿原则不再是社会组织的运行逻辑。社会组织从"志愿主义的神话"跌入"志愿失灵"的困境中。除社会组织自身的道德失范之外，捐款、志愿者等资源的匮乏、登记注册及内部管理的不规范加剧了"志愿失灵"，导致社会组织道德行为的开展既缺乏动力也缺乏保障。志愿原则不再是社会组织日常运行及开展活动的伦理逻辑。

中国式的"志愿失灵"首先表现在社会组织无法通过志愿原则获取充足的发展资源及开展道德行为。资源是社会组织开展志愿服务的前提，及组织生存和发展的保障。我国大多数社会组织，尤其是民间社会组织，都面临资金、专业人员及志愿者不足的问题。政府财政支持有限、社会资金募集不足、社会组织运作低效等都是导致社会组织资金不足的原因，而社会资金募集不足既是社会组织"志愿失灵"的重要表现，也是其"志愿失灵"的主要原因。政府对社会组织的财政支持主要通过财政拨款和补贴、购买社会组织的产品和服务及税收优惠政策等方式来实现。政府的财政支持一般局限于有官方背景的社会组织及政府支持的公益项目，且资助金额很有限。而对于民间的社会组织来说，即便是有限的政府财政支持都无缘享受。传统看法认为，基金会拨款、企业馈赠和个人捐款可以使社会组织在丰厚的资金资源基础上实现"自给自足"。人们对社会组织可以"自给自足"这一观念认识其实没有可靠的事实基础。约翰—霍普金斯非营利部门比较研究计划的统计数据表明，在任何一个国家，私人、慈善团体的捐款都不是社会组织的主导性财务来源。因此，社会组织不得不依靠会费和商业收入来维持生存。组织生存取代社会公益，成为社会组织的首要任务。为了在竞争激烈的市场中谋取收益，社会组织不得不做出调整，以市场逻辑取代志愿性的伦理逻辑。由于员工薪酬低，加之职业前景发展不明确，难以吸引优秀专业人才。资金资源的匮乏使社会组织培训不够，信息流通渠道不畅，缺乏行动策略，导致社会组织成员知识水平和整体素质低。公益文化传统及对社会组织认同的缺失，导致社会公众志愿参与不足。社会组织道德行为的开展缺乏善款、志愿者及专业人员等资源保障，也缺乏志愿机制的支持。

社会组织从登记注册的不合理到开展志愿活动及内部管理的不规范

性，都是中国式"志愿失灵"的典型表现。登记注册上双重许可制度、监管上的双重负责制度、请示报告制度、年度检查制度等影响了社会组织的志愿性、自主性。1989 年的政治事件使政府认识到了社会团体发展的影响及改革社团管理体制的重要性。随后，国务院颁布《社会团体登记管理条例》，建立"双重分层管理"体制。所谓"双重管理"，是指社会组织同时要受"登记管理机关"和"业务主管部门"的管理。所谓"分层管理"是指社会组织的登记管理机关和业务主管单位的管辖范围必须与社会组织的活动范围相一致。双重认可制度造成登记注册门槛高，手续繁杂，找"婆家"即业务主管部门提高了准入成本，导致大量社会组织不愿登记注册，而游离于法律监管之外，面临合法性困境。"双重分层管理"导致社会组织出现行政化倾向，陷入角色定位困境中。"双重性"具有丰富的内涵，意味着社会组织的结构具有"半官半民"的"二元性"；社会组织的运行要受到"行政机制"和"自治机制"的双重支配；社会组织的发展要依赖"体制内"与"体制外"两种资源。与之相应，社会组织必须通过"官方"和"民间"双重渠道获取资源，并要同时满足"政府"和"社会"的双重需求。而在监管上，双重监管浪费了管理资源，双方责任共担为相互推诿提供了条件，双重负责很容易演变为无人负责。登记困境、管理困境、运行困境、公信力困境、参与困境、监管困境等是中国式"志愿失灵"的外在呈现，加剧了社会组织道德行为发生、发展的难度。

第四章

社会组织道德行为的统一性

社会组织遵循统一的行为规则，并不一定意味着成员具有共同的道德准则，甚至连道德价值取向也不一定具有一致性。成员的共同特性可能仅限于与社会组织的宗旨和目标相关的那一个方面，其行为规则也往往以实现其宗旨和目标的基本保障为限度。正因为此，其道德行为的发生既无法像行政组织那样直接依赖行政权力的推动，也不能像企业组织那样通过共同利益和愿景的个别化去实现对成员的激励，必须使组织本身成为一个伦理共同体——至少在临时性或道德行为情境意义上应当如此。换言之，行政组织依靠权力获得一致性并触发、推动其行为的发生，企业组织依靠基于利益和忠诚心获得一致性并触发、推动其行为的发生，社会组织则只有依赖成员间基于理解、沟通和归属感的团结性以及由此形成的忠诚、自律，才能获得行动的一致性，触发并推动其行为的发生，在利他性（或公益性）和互利性的道德行为中还会有各异的表现。毋庸置疑，追求团结作为"社会组织如何可能"的基本保障，应该成为现代社会组织的伦理行动。

社会组织不同于政府、企业的特殊运行机制，决定其道德行为的生成不是依赖于政治权力、经济权力的运行，而是依赖于组织在行为动力、行为方向上的一致性，即建立在团结基础上的道德行为统一性。社会组织的团结与道德行为的统一性如何可能？这是社会组织道德行为得以发生、发展所面临的首要难题。较之于个体道德行为，社会组织对行为统一性有着更高的要求。社会组织道德行为的具体表现形式或者说发展过程是多样的，但社会组织作为多样道德行为的道德主体，必须具有团结性和统一性的品质。社会组织道德行为统一性既得益于社会组织的团结，反过来又进一步促进社会组织团结。社会组织的团结和道德行为的统一性兼具理论价值和实践意义。社会组织是由持不同价值取向的个体组成的。社会道德行为的过程展开表现为意志选择、情感认同、理性反省之间的相互作用。因此，道德认识的统一构成了道德行为之所以实现的前提。社会组织道德行为的统一性应建立在社会组织团结性的基础上。社会组织的团结存在于成员主体间的相互承认、相互交往中，通过倾听、沟通、对话、协商等途径，以具有公共性的价值共识为精神基础，建构组织团结。社会组织团结首先需要对个体进行主体动员，并保持在个体道德自我基础上的去个体化，既要动员个体积极参与，又要防止个体与组织不统一的偏向，实现道德取向的普遍化；其次，社会组织的团结需要组织成员对社会组织实现从身份认同到精神归属，树立组织荣辱感、道德责任感和组织忠诚，促使成员与组织自觉地结成道德命运共同体，使社会组织团结性获得内生性力量；最后，社会组织内部通过组织传播、道德学习等方式提升组织凝聚力，使社会组织团结性获得发展性力量。

第一节　个体主体动员与道德取向的普遍化

从哲学的角度来看，现代社会区别于传统社会是以"个人主体性"的生成为标志的。黑格尔在《法哲学原理》中指出"现代世界是以主体性的自由为其原则的"[①]。主体性原则取代至善理念及宗教神权的绝对性权威，成为现代人的价值基准。这一原则带来了人性的极大解放，同时，也蕴含着深刻的危机。主体性原则把个体性的我视为拥有绝对实在性的主体，而把除我之外的他者都视为客体。在"主客二元对立"的对象化逻辑中，他人只是"我"实现目的的手段，人与人的关系日益工具化、碎片化，导致社会共同体的分裂和伦理总体性的瓦解。[②] 从这样的社会关系出发难以建立涂尔干所说的现代社会的"有机团结"。社会组织与社会同源，是社会体系的组织化形态。因此，建构社会组织的团结，一方面要规避形而上学普遍性原理的独断性和专制性；另一方面要在吸取个人主体性的前提下，超越个体的原子性和孤立性，在成员主体间的相互承认、相互交往中寻找社会组织的团结。通过倾听、沟通、对话、协商等途径，以具有公共性的价值共识为精神基础，建构组织团结。社会组织团结首先需要对个体进行主体动员，并保持在个体道德自我基础上的去个体化，既要动

---

① ［德］黑格尔：《法哲学原理》，范扬、张企泰译，商务印书馆1961年版，第291页。

② 贺来：《社会团结与社会统一的哲学论证：对当代哲学的一个重大问题的考察》，《天津社会科学》2007年第5期。

员个体积极参与，又要防止个体与组织不统一的偏向，实现道德取向的普遍化。

一　社会组织成员的角色结构与主体间互认

社会组织的团结存在于成员主体间的相互承认、相互交往中，而成员间承认、交往、互动与协调是以明确的分工、合理的角色结构方式为基础的。规范是所有组织成员都必须遵守的，而角色是对组织中处于特定位置成员的行为的期待。角色对于不同位置、不同情境下成员的道德行为的发生具有强大的威力。明确的角色分工、合理的角色结构方式有利于成员间的协调互动，促进道德取向的普遍化。但是角色威力潜在的危害是使个体过于专注角色而丧失人格特性、身份认同及道德感。不合理的角色结构方式会造成成员地位的分化、僵化，阻碍社会组织道德取向的普遍化。

根据涂尔干的社会团结理论，分工所产生的相互需要和彼此协调是社会团结的基础。但分工不会自然地导致团结。高度分工可能造成个人的孤立，破坏维系团结的整体性力量。因此，应按照角色分工的基础，融合组织角色期待与成员角色扮演间的统一性，把个人整合到社会组织的架构中，建构合理的角色结构方式，使每个成员各有其位、各守其位、各安其分，从而相互承认、相互协调，在良性互动中促进组织团结。合理的角色间的结构方式取决于角色间的结构是以什么为主导形成的。在行政化倾向明显的社会组织中，行政化力量，如权力，是角色间结构方式形成的主要力量。建立在权力基础上的角色分工体系会造成组织内部的等级分化，同时，又反过来加重社会组织的行政化。而在商业化倾向明显的社会组织中，经济效率是角色分工体系形成的主导型力量。很显然，无论是建立在行政权力还是建立在经济效率基础上的角色结构方式都不具有合理性，不仅会破坏社会组织的团结，而且会改变社会组织的社会性质。在出现道德危机的社会组织中，其组织内部的角色结构方式一般是以行政权力和经济效率为核心的。笔者通过实践观察和理论分析，发现了角色结构方式和社会组织团结及社会组织发展间的紧密相关性。但是，至于社会组织内部成员间的角色结构方式应以什么因素为核心，还是一个需要深入探讨的问题。

社会角色已成为现代心理学中一个十分流行的概念。借助于角色可以很好地解释个体的社会行为模式。社会角色概念弥合了以个体和以群体两种研究路径间的缝隙。尽管对角色的定义、功能还存在分歧。但是综合学者们的论述，角色这一概念主要包含：作为主体的个人的主观表演，权利和义务相结合的社会地位或身份社会及社会对特定社会地位占有者的行为倾向的客观期待。组织成员的角色就是指处于一定组织地位的个体，依据组织的客观期望，借助自己的主观能力适应组织环境所表现出的行为模式。成员的行为是由组织环境、组织对成员角色的期待与规范、成员对角色的理解及他人的角色表现等因素决定的。角色具有互动、规范和自我表现的功能。米德引入角色概念，正是为了更好地解释人们之间的互动。组织成员角色的形成和扮演是在互动中发生的。角色间良好的互动是组织行为的基础。角色的本质就是由组织地位决定的组织期待与成员的角色扮演之间的统一。根据角色的组织期待可以把握并预测成员的行为，保证组织道德行为取向的统一性。角色的规范功能是通过组织对一定角色的期望指导成员的角色行为来实现的。当成员偏离组织期望，角色规范功能会及时对偏离行为进行控制和纠正。成员通过积极扮演角色来表现自己。这就是扮演同一角色却表现出各自不同特征的原因。角色通过互动来表现自己，为使他人能理解行为的含义，按照角色规范来表现自己。角色功能的整体性是角色扮演的基础，也是组织道德行为统一性的保证。

角色功能的整体性发挥可以造就组织内部"各守其位、各安其分"的行为模式，但是角色结构方式潜在的危害是个体过于专注角色而丧失人格特性、身份认同及道德感。若不按角色行事会付出代价。因此，不合理的角色结构方式会造成成员地位的分化、僵化，阻碍社会组织道德取向的普遍化。社会组织道德行为的发生需要动员个体积极参与，但是当个体过于专注于角色会面临丧失独特的人格及道德责任感的危险。一些经过集体决策而发生的组织不道德行为就是在这种情况下发生的。角色的规范功能会使不按角色行事的个体受到一定的惩罚或为其违背角色的行为付出一定的代价。在由组织角色期望而造成的组织压力情境下，成员丧失了作为行为主体应有的道德判断，安于固定的位置，机械地行使角色职能。这种僵化的角色地位分化会把社会组织带入道德悲剧的旋涡。如何既发挥成员的主体能动性，又使角色的整体性功能得到有效发挥，保证社会组织自相一致的道德行为倾向？结构角色论者认为，"个体的行为是由其在社会结构中的地位及与此地位相关的社会期望规定好的，他承担角色的过程不过是这种被结构化的行为的释放过程"①。而过程角色论者认为，个体的角色行为不是被动地受制于情境和结构，而是主动地界定情境，并与之产生互动，对社会结构发生影响。角色行为不单纯是在行使角色职能，而是角色扮演或者说角色创造。人们改变的不仅是外在的行为模式，内在的价值观也在发生重构。社会组织成员能否产生积极的道德行为和行为效果不取决于某一因素，而取决于整个行为系统的运行状态及系统道德取向的倾向性。结构角色论者和过程角色论者都只看到了组织行为系统某几个要素间的互动，而忽略了其他要素间的相互影响和相互适应。社会组织成员角色结构方式与地位分化间矛盾的破解，既需要对个体进行主体性动员，促进个体的角色创造，同时也要强调组织角色期望、角色规范对个体行为的定向、协调作用，将组织因素和个体因素结合到组织整体道德行为分析系统中。

二　组织的去个体化与组织成员的道德自我

在保持成员道德自我基础上的去个体化，即是指在吸取个人主体性的前提下利用组织去个体化的力量超越个体的原子性和差异性，寻求社会组织团结和行为统一性的精神基础。在保持成员道德自我与组织去个体化相统一基础上的社会团结才符合涂尔干所说的"有机团结"的要旨。较之于经济组织和行政组织，社会组织被赋予更高的道德期待。社会组织的成员是带着强烈的道德使命感和同情心而加入社会组织中。组织本身具有去个体化的结构性力量。如果在成员丧失道德自我的基础上去个体化，会泯灭成员的道德激情，不利于社会组织社会使命的履行；如果任由成员发挥道德自我的力量，则会危害社会组织的团结性。因此，实现社会组织的团结性与道德行为的统一性需要在保持成员道德自我基础上的一定限度的去个体化。

去个体化（de – individuation）是指个体性的丧失或缺失。个体性是个体区别于他人而实现自我人格的发展。组织去个体化是指组织为了自身的发展去除成员的个体性，减少差异、避免冲突，从而保留统一。去个体化的过程类似于个体自我身份认同的丧失。一些社会学者把去个体化归因

---

①　周晓虹：《现代社会心理学：多维视野中的社会行为研究》，上海人民出版社1997年版。

于大规模群体、责任分散、匿名。但是在社会组织中，组织情境、组织氛围、组织结构、组织的角色分工体系等会降低个体的自我意识，阻碍个体自我觉知的发展。去个体化会促进成员对组织规范的顺从，在一定程度上增进组织团结，加强组织道德行为统一性。但是完全没有自我觉知，或者说丧失了成员道德自我基础上的去个体化反而会破坏组织团结。完全没有自我觉知的个体不再坚守曾经的道德立场和行为规范，也不再监控自己的行为及反思行为结果，而更容易受到组织氛围的影响，行使组织所赋予的角色职能，导致道德标准和道德责任的松懈。"去个体化的人们在群体中失去了他们的自我觉知和个人认同或身份……这妨碍了他们对自身的关注……他们对当下的刺激和情绪的反映更强，而对规范和行为的长远影响表现出麻木。"① 去个体化减少了个体被单独受罚的可能性，导致组织成员道德责任感下降。去个体化在促进组织成员顺从组织规范的同时，而忽略其他社会规范，甚至是在组织中迷失自己。

如何保证社会组织的去个体化不至于走向"组织个体化"的极端？答案就是保持成员道德自我的去个体化，或者说是组织去个体化与成员道德自我的有机统一。涂尔干在《社会分工论》第一版序言中说"我们研究的起点是个人人格和社会团结的关系问题"②，只有基于个人人格才能建构现代社会的"有机团结"。道德自我是统摄道德心理、道德行为、道德品质的综合范畴。从认识论上来看，自我是道德认知、道德反思的主体。从本体论上看，自我是道德实践的主体。社会组织伦理使命的履行、道德行为的发生需要挺立的道德自我。在传统社会，道德自我是个体的生命意向和社会价值导向。但在现代社会，个体以科学、理性、自由、权利来确证自我的存在价值。自我认同的焦虑、幸福感的丢失、道德虚无主义的泛滥等自我认同危机悄然弥漫在现代社会。道德自我的迷失是现代道德危机的症结之一。把边缘化的道德自我重新置于个体价值的中心是解决现代性自我认同危机的良策之一。

成员在社会组织中身份认同和组织认同的完成需要挺立的道德自我，

① ［澳］迈克尔·A. 豪格、［英］多米尼克·阿布拉姆斯：《社会认同过程》，高明华译，中国人民大学出版社2011年版，第178页。
② ［法］涂尔干：《社会分工论》，渠敬东译，生活·读书·新知三联书店2000年版，第11页。

建立在成员道德自我基础上的去个体化使社会组织的团结性和统一性获得更坚实的道德支撑。自我概念是指个体对自我的有组织的系统知觉，这种知觉为个体提供自我认同感，赋予个体存在的意义和价值。决定个体品性及其对于环境的行为反应的是自我概念，而非真实的自我。道德自我是自我系统的价值核心，调节个体内在的生命秩序，是现实自我的精神依托，因此，道德自我是自我成熟的标志。"道德自我不仅应当是健全自我的有机构成，而且由于道德是作为人与动物相区分的重要表征，因而又是这个完整结构中的标志性构成。"① 道德自我是个体对自我的道德意识、道德情感、道德意志、道德行为的系统知觉。道德自我是自我系统的核心，赋予自我以道德主体性。个体坚定的道德信念、强烈的道德责任感、出于道德责任感的行为，更多是道德自我的引发，道德自我控制道德信念、道德行为及自我道德定位。因此，道德自我对个体的生命秩序和社会伦理秩序的和谐具有重要意义。在社会组织中，道德自我对成员的道德实现和组织道德行为的完成同样具有重要的意义。在充斥着物欲、多元文化、碎片化思维的现代社会，道德自我迷失在现代性道德迷宫之中。市场经济开启了世俗化的生活方式，冲击了传统文化对人性本善的价值认同，从而改变了人的价值坐标体系及存在意义的标尺，道德自我沉溺在物欲的海洋中，而金钱自我、权利自我则驰骋于犹如战场的现代社会。在社会组织内部，组织凭借结构、规范的整体性权威，为了保证组织行为、组织目标的统一性，而以去个体化的力量压缩成员道德自我建构的空间，淹没成员的道德自我。没有成员道德自我的参与，社会组织的道德行为会异化为"集体个体化"的非道德行为甚至不道德行为。

社会组织去个体化与成员道德自我相统一的基础是压缩组织结构性强制力量的空间，培育成员的道德自我。一个结构完备的社会组织作为一个单位从事道德行为时，要使每一个成员都能获得为集体、为组织、为社会工作的自我感及自豪感。"集体工作的意义就在这里发现：大家全都朝着一个共同目标工作，每个人都有一种共同的目标观念。"② 同时，成员道德自我的发展应配合社会组织的使命。社会组织成员应树立这样的认识：

---

① 樊浩：《伦理精神的价值生态》，中国社会科学出版社 2001 年版，第 183 页。

② ［美］乔治·H. 米德：《心灵、自我与社会》，赵月瑟译，上海译文出版社 2008 年版，第 216 页。

自己对于所信仰的社会组织的目标来说是至关重要的，但不是唯一重要的。如果成员道德自我的发展与组织的发展目标不一致，应及时进行协调。在社会组织去个体化的统一性要求中，成员道德自我的挺立使其在参与组织道德行为过程中，能够主动、自觉承担道德责任，并对自我的行为结果进行反思，对组织的行为后果进行评价、监督。社会组织的去个体化与成员的道德自我达到有机统一。社会组织发挥结构性力量使成员道德自我的合力最大化，切实履行社会组织的社会使命，并朝向"德性完美"的境界努力。同时，组织成员超越自在存在，进入自我制约、自我完善的价值追求阶段。

三　共意动员与价值共识

个体主体性原则使每个成员都把自身视为最高的价值主宰者。具有普遍性和公共性的价值共识陷入危机中，动摇了社会组织团结的精神基础。"它和其他人类所共有的东西，是团结的基础。"① 社会组织需要通过共意动员使公益价值以组织化的方式得以传播，从而达成一定的价值共识，实现道德取向的普遍化，促进社会组织的团结及道德行为的统一性。

社会组织寻求公共利益、开展道德行为是一个动态过程，必须依赖于在成员相互协调基础上的齐心协力。社会组织通过共意动员，建构组织认同，达成齐心协力，以超越个体性所造成的分离及差异性所造成的冲突，为社会组织的团结和行为的统一性提供牢固的精神基础。社会组织成员是普遍自我与特殊自我的统一体，既有献身于社会使命、维护组织共同利益的价值追求，又有维护自我利益，追求个体至善的现实需求。较之于以规范或利益为核心、追求效率的科层制组织（如经济组织、政府组织），社会组织内部没有严格的层级划分，主要依靠在共享价值观基础上的协调与合作来实现组织目标。同时，社会组织的发展也依赖于社会的捐赠支持。因此，社会组织需要通过共意动员使公益价值以组织化的方式得以传播，从而达成一定的价值共识，实现道德取向的普遍化，促进社会组织的团结。

社会组织的共意动员必须从组织总体出发，对成员双重身份中普遍自

① ［美］理查德·罗蒂：《偶然、反讽和团结》，徐文瑞译，商务印书馆2003年版，第230—231页。

我的道德意愿进行整合，确保共意的正当性和公共性。社会组织成员是普遍自我与特殊自我的统一体，具有双重身份：一方面，是作为组织成员而存在，由此而产生的道德意愿为共意，是基于社会组织的共同利益，追求社会组织的至善；另一方面，是作为自然人而存在，追求个体的发展和实现，具有自我特定的利益需求和道德意愿。社会组织成员都是认同组织的使命而自愿加入组织，因此，基于组织共同善的共意是一致的。而作为自然人，他们之间是有差异的，他们的道德意识可能是相互冲突的。按照卢梭的观点，私意的总和是众意，众意中私意正负相互抵消的剩余部分就是共意，众意包含着共意。成员自我的道德意愿在大多数情况下是与社会组织的共意一致的，但是也有相背离的时候。在正常的社会组织中，共意一定存在大多数成员的道德意愿中。共意所代表的共同利益与成员私人利益不相冲突，而是诸多私人利益中的共同部分。因此，共意必须从社会组织整体出发，才能被所有成员拥护。如果共意倾向于某一个人的判断、某种特定的目标时，共意就会失去天然的公正性，进而也就丧失了对成员进行共意动员的号召力。为了保证共意的正当性和公共性，需要做的不是利用大多数人的道德暴政压制少数，而是促进多种意见的提出，以达成最终的"和而不同"。

社会组织通过共意动员使公益价值以组织化的方式得以传播，从而达成一定的价值共识。克兰德尔曼斯认为共意动员是社会行动者有意识地在总体人群中某一个特定人群中创造共意的努力。可以说是以劝说沟通的方式建构社会意义。社会组织的团结应该把每一个成员都容纳进来，通过每个成员的充分参与完成道德行为。在社会组织的公益行为中，社会组织需要积极地创造共意，促进组织成员、志愿者、捐助者及受助者对行为公益价值的认同，从而共同参与到行为中。社会组织的共意动员实质上就是以组织化方式传播公益价值，达成价值共识，建构社会组织认同，促进社会组织道德行为的统一性及社会组织的团结性。社会组织的共意动员主要包含两个方面：一是结合行为目标的公益价值进行动员，使行为的目标指向和行为者的道德取向相一致；二是结合行为本身对组织成员、志愿者及捐助者进行自愿参与动员，在参与组织道德行为的过程中加深对组织的认同，建构价值共识。传统组织理论认为，异质、分散的成员间的互动、沟通需要更高的成本。

第二节　社会组织成员的伦理实体情结与道德自律

社会组织成员的伦理实体情结所要探究的是成员归属社会组织的心理基础，就是试图找寻从"我是谁"到"我们是谁"及"我们如何在一起"的伦理桥梁。从身份认同到精神归属使社会组织具备了成长为伦理实体的精神条件。社会组织荣辱感和道德责任感促使成员与组织结成"一荣俱荣，一辱俱辱"的道德命运共同体，保证了社会组织道德行为的统一性。自律是社会组织的内在伦理义涵，是实现社会组织道德行为、提升社会组织公信力的内在根据。社会组织只有回归"道德人"的行为逻辑，依靠道德自律才能更好地吸取、配置道德资源以实现公益行为，发挥社会功能。社会组织道德自律不仅包括成员的道德自律，组织对成员的道德约束，而且更为重要的是组织对自身的整体行为进行的自律。成员对社会组织的忠诚和社会组织整体的道德自律赋予社会组织道德行为自愿的特点、自觉的维度和自然的形态。

一　从身份认同到精神归属

从身份认同到精神归属，所要探究的是个人归属某一社会组织的心理基础，就是试图建构从"我是谁"到"我们是谁"及"我们如何在一起"的情感桥梁。身份认同是凝聚成员的联结纽带，精神归属是使组织作为伦理实体的道德意志成为可能。建立在自我身份认同和成员间朋友角色身份认同基础上的"社会组织成员身份认同"是实现从身份认同到精神归属的关键要素。

美国学者霍林格认为团结问题逐渐成为21世纪的一个重要问题。但这一问题随着"认同"术语的流行而变得模糊。与他人共享一种认同就是与他们一起感受团结。托克维尔曾指出，个人主义容易使人丧失团结他人的意识，把自己"封闭在心灵的荒芜之地"而处于永久的孤独中。虽然托克维尔并没有使用"认同"一词，但这正是对现代人所遭受的"认同危机"的最早诊断。"我是谁""我归属于哪里"成了无根基的、孤独的现代人最迫切想要找寻的答案。认同就是质朴的归属过程。认同是20世纪50年代才开始流行的社会科学术语，作为"我们时代最有吸引力的道德术语"，认同一词所达到的混淆程度和它所达到的普遍程度一样令人匪夷所思。心理学家倾向于把认同界定为个人"内在的一致性和持续性",而社会学家则认为认同是人与社会互动的产物,是人对社会角色要求的内化。自我不再是稳定的实体,而是在与社会的互动中不断创造和再创造的过程。①

较之于心理学家,社会学家对认同的界定可以更好地解释个人与社会的关系问题,这可以说是摆在每个人面前的永恒的问题。因此,包括个体身份、群体身份和社会身份间的一致性问题成为现代人的"身份认同"难题。在前现代社会,基于宗教、种族、家族或阶级来确定的政治身份是人主要的身份。由于确定基础的稳固性和社会文化的同质性,个体不存在"身份认同"危机问题。但是,在自由主义、个人主义、多元文化的冲击下,现代社会中的个体很难在"公民政治身份"中完全实现自我内在的一致性及外在发展的持续性。以罗尔斯为代表的自由主义理论强调以具有普遍性的"公民身份"来表达个体间的共通性,以"机会均等"、公平分配等经济角度来建构社会正义的基础。罗尔斯"无知之幕"之后抽象的公民概念导致了与康德式的抽象理性人假设一样的后果,使个体丧失了现实的人性根基。② 公民身份概念对不同文化中个体自我价值差异性追求的忽视,对社群价值的忽视,使现代人陷入没家园、没根基、没归属的身份认同危机中。

作为志同道合者沟通、交流的伦理场域,社会组织可以给伦理价值追求者明确的身份认同及强烈的群体归属感。反过来,成员的身份认同和精神归属又促进了社会组织的团结。身份认同和精神归属感对于社会组织来说始终是强有力的黏合剂。罗尔斯普遍的公民身份概念并没有在实践上带来异质文化下个体身份认同的改善。关于"我是谁"的概念,在很大程度上是自我描述构成的,但这种描述往往与个体所属的群体特质联系在一起。从现象学的角度看,成员对社会组织的心理上的认同和归属是客观存在的,并且对自我评价、自我发展产生重要影响。在群体归属感里个体可以更好地发现自我、实现自我。关于"我们是谁"的问题,无论是对于

① [美] 菲利普格里森:《界定 identity:语义史的考察》,李义天主编《共同体与政治团结》,社会科学文献出版社 2011 年版。

② 宋建丽:《文化差异群体的身份认同与社会正义:多元主义对自由主义的挑战》,《哲学动态》2009 年第 8 期。

成员的组织认同还是对于社会组织的存续都极其重要。只有知道了"我们是谁"，才可能知道"我们为何在一起"、"我们如何在一起"、"我们该做什么、怎么做"等有关社会组织的社会使命、道德行为发生的重要问题。从个体身份认同到组织身份认同，组织成员的身份不再是外在于个体之上，而成为个体人格的一部分。成员从社会组织那里获得了积极的自我认同，对社会组织产生情感上的依赖。正如豪格和阿布拉姆斯所认为的，社会认同使"个体知晓他归属于特定的群体，而且他获得的群体资格会赋予其某种情感和价值意义"①。社会组织不以经济绩效或政治业绩来获取个体的好感，吸引其加入。因此，成员因对自我价值的追求而认同组织的伦理使命，也就是说个体的自我身份认同与社会组织身份认同达成一致，对于社会组织凝聚力和社会组织团结来说，成员的情感依赖和精神归属无疑是最强有力的黏合剂。

如何实现从身份认同到精神归属？也就是说社会组织身份认同的嬗变机制的关键要素是什么？笔者认为建立在自我身份认同和成员间朋友角色身份认同基础上的社会组织成员身份认同是社会组织身份认同机制的核心变量。个体加入社会组织本身就带着积极追求组织成员身份认同的基本道德情感诉求。这种道德情感诉求犹如经济组织中利益和政府组织中的权力一样，作为一种强烈的行为动机，激发个体的志愿热情，协调、指引社会组织整体的道德行为。"情感在所有层面上，从面对面的人际交往到构成现代社会的大规模的组织系统，都是推动社会现实的关键力量。"②温特在《国际政治的社会理论》中论述了集体身份认同问题，这对于社会组织身份认同具有借鉴意义。借助符号互动理论，温特认为集体身份认同形成机制的核心变量是朋友角色身份认同，在行为体之间的合作、互动进程中形成朋友角色认同，进而促进集体身份认同。温特试图通过个体微观层面上的互动来建构宏观层面上的群体认同。这种分析视角强调微观基础，但是忽视了群体宏观结构的作用和变化。因此，社会组织身份认同不能单纯地还原为成员间朋友角色身份关系的建立。

---

① ［澳］迈克尔·A. 豪格、［英］多米尼克·阿布拉姆斯：《社会认同过程》，高明华译，中国人民大学出版社2011年版，第7页。

② ［美］乔纳森·特纳简·斯戴兹：《情感社会学》，孙俊才、文军译，上海人民出版社2007年版，第2页。

自我身份认同及成员间朋友角色身份认同具有首要性或者说基础性，但社会组织身份认同不仅是二者的衍生，应该是对自我身份认同和朋友间角色身份认同的发展和超越。社会组织的凝聚力和影响力不完全是来自成员间的协调合作。个体把社会组织作为整体和伦理实体来认同，把自我和他人知觉为社会组织成员而不是独特的个体和个体间的关系。社会组织成员身份认同意味着个体与组织中的其他成员以同样方式认同自我，对"我们是谁"、"我们如何在一起"、"我们与他们的区别"、"我们该做什么、怎么做"都有了相同的系统感知，因此，正是这社会组织成员身份认同把个体自我身份认同和社会组织身份认同联结为持续的统一体，促进了"独特性"自我向"群体性"、"组织性"自我的转变。可以说，社会组织成员身份认同是实现从身份认同到精神归属，也就是说社会组织身份认同的嬗变机制的核心变量。

二　社会组织荣辱感与道德责任感

罗蒂在《偶然、反讽和团结》一书中指出，对耻感的共同感受的承认，是我们走向团结的唯一社会纽带。这一结论虽然显得有些武断，但却鲜明地指出了荣辱感对于团结的意义。社会组织荣辱感促使成员与组织结成"一荣俱荣，一辱俱辱"的道德命运共同体，成员便会自觉树立对社会组织的道德责任感。社会组织荣辱感和道德责任感保证了社会组织道德行为的统一性，并使成员自觉地紧密地团结在一起。社会组织荣辱感和道德责任感是社会组织道德化工程的精神支撑。

社会组织荣辱感指组织成员基于社会组织价值标准而产生的"知耻尚荣"的自觉意识和心理感受，将社会组织的善恶准则、价值追求融入个体的道德心理机制中，内化为成员个体"好善恶恶"的道德信念。荣辱感是个体主观的情感体验，具有差异性，但成员之间形成的关于组织的共同的荣辱感就成为一种客观状态，这便是社会组织荣辱感。作为一种高级的道德情感，社会组织荣辱感一经形成便会影响甚至支配成员的道德认识和道德行为，使成员与社会组织结成"一荣俱荣，一辱俱辱"的道德命运共同体，成员便会自觉树立对社会组织的道德责任感。贝尔也曾指出："社会必须拥有一种羞耻感，以免使社会自身丧失对道德规范的一切感觉。"① 因组织成员身份而产生的荣辱感和责任感保证了社会组织道德行为的统一性，并使成员自觉地紧密地团结在一起。社会组织荣辱感和道德责任感是社会组织道德化工程的精神支撑。

作为社会性的高级情感，社会组织荣辱感是成员与组织所结成的价值的认知性反映，即以何为荣、以何为耻，并把组织的荣辱内化为个体"好善恶恶"的情感体验，从而自然地依据组织的伦理使命和道德规范来指导自己的行为，产生尚荣避耻和完善人格的道德需求，实现从道德他律到道德自律的提升。"如果说，理性的评判赋予行为以自觉的品格，意志的选择赋予行为以自愿的品格，那么，情感的认同赋予行为以自然的品格。"② 作为一种道德情感，社会组织荣辱感提升了成员道德认知能力，把社会组织的善恶准则内化个体的道德需要，把对社会组织的荣辱感纳入个体的道德体系中。成员"尚荣避耻"的行为不是源于外在的压力，不是对社会组织道德规范的一般遵守，而是成员内在的道德需求。这种需求是社会组织荣辱感所激起的强烈的道德情感。休谟认为理性没有主动力，只有情感才能驱动行为，理性也要通过情感才能对人的行为产生影响。休谟虽然夸大了情感的作用，但认识到了道德情感对于道德行为的重要意义。对于社会组织的道德行为来说，共同的荣辱感不仅可以使成员个体产生情感认同，还可以唤起成员间的情感共鸣，奠定了道德行为统一性的心理基础，是促使道德认知向道德实践转化的"最好力量"。

社会组织荣辱感能提升成员的道德责任感。责任感是对客观职责和义务的自觉意识。道德责任感就是把外在的道德义务内化为自觉的道德信念。"责任感是道德行为的强大精神推动力，它把冷冰冰的强制性的职责和任务转化为活生生的充满激情的使命感。在责任感中，客观的要求变成主观的自觉，外在的他律变成内在的自律。"③ 社会组织荣辱感使成员与组织结成"道德命运共同体"，成员自觉树立以维护、增进组织的荣誉为荣，以破坏、减损组织的荣誉为耻的道德责任感。社会组织所规定的客观

---

① ［美］丹尼尔·贝尔：《资本主义文化矛盾》，赵一凡等译，生活·读书·新知三联书店1989 年版，第 339 页。

② 杨国荣：《心学之思——王阳明哲学的阐释》，生活·读书·新知三联书店 1997 年版，第 139 页。

③ 曹凤月：《解读道德责任》，《道德与文明》2007 年第 2 期。

道德职责或道德义务内化为成员主体自觉的道德实践要求。如果我不按组织的道德规范去做，如果我不能增进组织的荣誉，我就会感到羞耻。社会组织荣辱感提升成员的道德责任意识，从而自觉遵守组织道德规范，履行道德职责，并养成良好的道德行为习惯，自然而然地选择能增进组织荣誉的行为方式。

　　社会组织荣辱感产生的心理机制是什么？如何培育社会组织荣辱感？这一问题还没有引起学界的重视。不过，可以借鉴个体荣辱感培育机制的研究成果。在我国伦理思想史上有关于个体荣辱感的丰富资源。知耻是对荣誉的追求，尚荣是对羞耻的拒绝。荣辱之分，在于义。在中国几千年的历史中，无数前贤以义为荣，言传身教，形成了绵延不绝的传统美德。尤其是儒家的道德传统，成为维系社会道德风尚的思想资源。在儒家的道德规范中，仁、义、礼、智、信这"五常"最为根本，是处理人与社会、人与人、人与自然之间关系的根本规范。儒家伦理观还强调，应当以"恻隐之心"、"羞恶之心"、"辞让之心"、"是非之心"作为践行以"五常"为核心的道德规范的心理机制，而荣辱感在其中则起着至关重要的作用。在孔子那里，"巧言令色"之类的行为被视为违背社会道义的可耻行为；孟子则明确指出，"仁则荣，不仁则辱"①，认为爱人、亲民、施仁是最大的荣誉，反之就是耻辱；荀子所著《荣辱》篇将义利观作为划分荣与辱的重要标准，提出"先义后利者荣，先利后义者辱"是"荣辱之大分也"，在正论篇中，荀子进一步把荣划分为"义荣"、"势荣"，把辱划分为"义辱"、"势辱"。在荀子看来，势荣不是真正的荣，势辱也不是真正的辱。② 以后的儒家大多继承了这一思想传统。如宋代的理学家朱熹认为：人只有"耻于不善"，才能"至于善"③。到了近代，著名思想家顾炎武指出："四者之中，耻为尤要"④。儒家的"五常"伦理观尽管带有当时的社会印记和封建糟粕，但更重要的是它包含着许多合理的道德内容，是中华民族的精神财富。除了儒家之外，其他各派的思想家也把荣辱作为理想人格的判断标准。比如管子认为：国有四维，"一曰礼，二曰

---

① 《孟子·公孙丑上》。

② 《荀子·荣辱》。

③ 《朱子语类·卷二十三》。

④ 《日知录·廉耻》。

义，三曰廉，四曰耻"①，并把礼义廉耻作为治理国家的四大伦纲。

社会组织荣辱感的培育要以体现社会公义的道德使命为核心，以耻感的养成和充分发挥作用为重点，以强有力的道德舆论和奖罚机制为保障，注重生活实践中的修养。作为一种道德心理机制，社会组织荣辱感强调，要通过各种途径使社会组织的公益使命得到成员的情感认同，把组织对个人的荣辱要求转变为个人的荣辱心理体验，使个体具有荣誉感、耻辱心。对于荣辱感的侧重点在于"荣"还是在于"耻"，学者们的看法不尽一致。有学者认为，荣誉感在个人与组织道德发展上具有更为重要的价值和意义；不过，更多的人则认为，基于中国的耻感文化传统，荣辱感的重点在于"知耻"，懂得羞耻感，才能明白做人的底线。"耻辱是从我们感觉羞耻的行为中产生的一种痛苦。害羞是畏惧或害怕耻辱的情绪。"② 用朱贻庭先生的话说，"善与恶是对立的统一，相应地，荣与耻也是对立的统一。如果说荣是对善的肯定性把握，那么，耻以对善的把握为前提，则是对善的否定性把握；有耻感即表明对善的认同和追求"③。要想有效地促进成员树立社会组织荣辱感，必须唤醒成员的羞耻感。一般来说，成员的想法和行为有时并非完全符合道德规范，当成员进行自我道德审视或对其他成员进行评价时，有时会发现其所思所想、所作所为逆情悖理，违反了社会组织伦理道德规范，在这种情况下，耻感意识一方面引领着成员进行道德自省，另一方面又促进成员对其他成员的恶行进行伦理批评。正是在这个意义上，有学者指出，"耻辱感是人的存在方式，是人摆脱动物趋于圣（人格完善的理想极致）的动力机制"④。因此，耻感是个体在道德自律和道德完善方面不可或缺的要素。在培育社会组织荣辱感时，应当以耻感的养成和充分发挥作用为重点。

就社会组织荣辱感的培育来说，其外部环境中影响最大的莫过于道德舆论和奖罚机制。社会组织道德舆论依据社会组织的价值目标对高尚的道德行为和良好的道德现象予以赞扬、歌颂，对不道德行为予以谴责、鞭挞，促使社会组织荣辱感对象化，从而对成员的言行起着实实在在的引导

---

①　《管子·牧民》。

②　［荷兰］斯宾诺莎：《伦理学》，贺麟译，商务印书馆1983年版，第160页。

③　朱贻庭：《荣辱观与知耻向善》，《文汇报》2006年6月19日。

④　钱焕琦：《走向自觉——道德心理论》，人民出版社2003年版，第94页。

作用。奖罚机制也会对成员的道德行为进行强化激励，这种强化激励是通过对人的行为的肯定或否定，从而实现扬善抑恶。社会组织奖罚机制对道德的发生发展和理想道德的塑造具有重要的调空作用。"赏善罚恶"，"赏罚分明"，便意味着道德权威的力量，舆论导向的明确，道德氛围的纯正。因此，把社会组织道德准则作为道德评价的标准，荣意味着赏，即肯定和提倡；辱意味着罚，即否定和贬斥。这一荣一耻、一赏一罚明确地向成员昭示应当确立的行为方式和生活态度。道德是一种"实践精神"，这意味着，对于组织成员来说，社会组织荣辱感绝不能仅仅停留在道德认识阶段，而必须在反复的生活实践过程中形成并不断巩固。

三　社会组织成员的忠诚与道德自律

忠诚是一种不可或缺的美德，在这样一个变动不居的现代社会，我们比任何时候都更需要忠诚。成员对社会组织的忠诚是社会组织存续的必要条件，是维护社会组织团结性的坚韧力量，并奠定了社会组织道德自律的微观基础。自律是社会组织的内在伦理义涵，是实现社会组织道德行为、提升社会组织公信力的内在根据。社会组织只有回归"道德人"的行为逻辑，依靠道德自律才能更好地吸取、配置道德资源以实现公益行为，发挥社会功能。社会组织道德自律不仅包括成员的道德自律，组织对成员的道德约束，而且更为重要的是组织对自身的整体行为进行的自律。成员对社会组织的忠诚和社会组织整体的道德自律赋予社会组织道德行为自愿的特点、自觉的维度和自然的形态。

社会组织忠诚是指成员对社会组织的心理认同和情感依附，建立与社会组织同甘共苦、荣辱与共的亲密关系，把对社会组织的付出作为自己应尽的义务，愿意为社会组织牺牲个人利益。成员对社会组织的忠诚构成社会组织存续的条件，并彰显了社会组织作为伦理实体对成员的道德吸引。成员对社会组织的忠诚促使成员自觉、自愿地积极参与社会组织道德行为，奠定了社会组织道德自律的微观基础。在崇尚个体自由、强调个性解放、个体主体性的现代社会，再谈"忠诚"问题，似乎显得有些不合时宜，甚至有过时之嫌。这从一个侧面表明，作为一种传统美德，忠诚正在日渐衰落。有人宣称，在现代社会，忠诚作为一种品质已经消亡，成为一种关于传统美德的记忆留存在我们的回忆中。在这样一个无根的年代，人与人之间是一种互惠利益交换的关系，个人与组织之间是一种相互索取的关系，个人与社会是一种相互需要的关系，忠诚得以生长的空间日益被挤压。在这样一个变动不居，缺乏忠诚，充满警惕，跳槽和解雇频繁发生的现代社会，我们比任何时候都更需要忠诚。因此，我们应该重申忠诚，培育忠诚的品质，让忠诚在现代社会中占有它应有的一席之地。忠诚构成了个体、组织及社会的存在价值。没有忠诚，就没有家庭的温馨和谐；没有忠诚就没有持久的友谊；没有忠诚，就没有组织的良序运行；没有忠诚，就没有国家的蓬勃发展。没有了上述的这些，人类社会也就不复存在。正如哈伯德所说，人类社会文明"就是孜孜不倦地寻找这种人才的一段长久过程"①（哈伯德所说的这种人才就是指拥有忠诚品质的人），忠诚是一种不可或缺的美德。

对于社会组织来说，忠诚是其存续的基础。忠诚的成员对社会组织的发展来说是必不可少的条件。社会组织忠诚是成员主动维系个人与组织关系的重要力量，对组织凝聚力、组织团结和组织运行具有重要意义。在西方，组织忠诚一直是组织行为学较为关注的课题。他们强调组织忠诚是组织承诺和组织公民行为的统一，即在态度上表现为组织承诺，在行为上表现为积极承担角色外责任的组织公民行为。这一概念内涵带有西方文化的痕迹，是基于契约思想、个人价值认同的契约承诺式忠诚。忠诚在我国具有悠久的历史，关于忠诚的论述广泛存在与经典古籍、人物传记及民间传说中。"早在春秋战国时代，孔孟儒学思想家就已将'忠''孝'作为维系社会稳定、规范人们行为的基本道德准则加以教化与传播。到了汉代，儒家的这一思想得到强化，并逐渐上升为一种政治伦理，成为臣民必须遵循的道德标准和应尽义务。"② 经过漫长的文明演进，忠诚已渗透到政治、经济和社会生活的方方面面。

随着改革开放的日益深入，带有西方文化特征的契约意识、个人权益等观念被越来越多的人接受，中国社会的价值观趋于多元化。中国文化的忠诚意识与西方文化的忠诚理念交互影响，形成了现代中国人复杂的忠诚内涵和结构。在吸收西方文化中契约、承诺、平等等理念的基础上，忠诚

---

① ［美］阿尔伯特·哈伯德：《致加西亚的信》，艾柯译，九州出版社 2013 年版，第180 页。

② 皇甫刚、姜定宇、张岗英：《从组织承诺到组织忠诚：华人组织忠诚的概念内涵与结构》，《心理科学进展》2013 年第 4 期。

在中国文化中还具有独特的价值内涵。简单地说，中国传统文化中的忠诚更强调积极尽义务和个人牺牲，宣扬集体的利益优于个人。在尊重个人利益及价值的现代社会，强调以组织为公牺牲自我的忠诚可能缺少些许现代意义上的契约精神，但是对于社会组织的发展来说具有更积极的实践意义。

社会组织肩负着公益性社会使命，其发展需要成员为组织自觉、志愿奉献自我的精神和行为。社会组织忠诚是态度和行为的统一，具体表现为在情感上成员对社会组织的深度认同和精神归属，对社会组织怀有深厚的感情，把社会组织看作心灵的家园，建立与社会组织同甘共苦、共同发展的紧密关系，对社会组织怀有热情、责任心和使命感；在行为上成员竭尽所能将对组织的感情化为行动，在没有任何外在监督的情况下自觉恪守承诺，并竭尽全力将承诺付诸行动。除了尽职尽责的角色内行为，还积极承担角色外行为，愿意为组织目标的实现付出额外的努力，甚至牺牲个人利益。成员对社会组织的忠诚不是忠诚于某个人，更不是忠诚于领导，而是忠诚于社会组织本身，忠诚于所在的职位，所履行的"业"。

忠诚是以自我否定为基础，荣誉是以自我的扩张为基础。二者看似矛盾，实则和谐地共存于组织成员中。因为它们都是社会组织道德系统中一部分，促进社会组织团结。忠诚是成员从内在挖掘对社会组织的价值，荣誉感是成员向外部寻求社会组织形象的提升。成员对社会组织的忠诚使社会组织公共意志的人格化得以实现。忠诚是一种永恒的推动力，忠诚的成员会主动自觉地"把信交给加西亚"①。在现代这样人与人之间充满警惕、防备，跳槽与解雇的频繁发生，人际关系岌岌可危的时代，虽然人们因遭遇背叛而心生绝望，但是依然要赞美忠诚，更需要践行忠诚。只有忠诚，才能避免背叛，从而远离毁灭性的分裂结局。忠诚这一美德也有自身的缺陷，高度的组织忠诚可能会抑制建设性突破，导致组织极化、敌视其他组织等，从而降低组织整体效能。相互冲突的忠诚会带来相互冲突的要求。当忠诚为社会组织罪恶开脱、助纣为虐时，便是忠诚的堕落。忠诚可能会带来以上困扰，但依然是弥足珍贵的美德。我们这个时代，忠诚不是太多，而是太贫瘠。无论处于什么样的时代，处于何种境况下，人们都要坚

---

① 美西战争爆发时，罗文孤身一人把一封具有重要军事价值的信送给加西亚将军。罗文敬业、忠诚的精神激励了一代又一代人。"把信送给加西亚"就成为恪守承诺、忠于职守的象征。

定忠诚的信念，保护忠诚的品质，因为忠诚是一种不可或缺的美德。

从道德实践过程来看，成员的忠诚和道德自律对社会组织的团结和道德行为的统一来说无疑是牢固的精神保障。对组织的忠诚构成了成员道德自律的前提。忠诚和自律使成员在参与社会组织道德行为时免受偶然意念、冲动等因素的影响，构成自觉的、内在的自我约束机制。在个体的道德实践过程中常遭遇意志软弱的问题，导致道德实践的"无疾而终"。社会组织道德行为同样遇到如此问题。成员对组织的忠诚及道德自律为克服组织道德行为的偏失提供了内在的根据。在行为前，忠诚和自律构成超越犹豫而做出道德决断的条件；在行为过程中，忠诚和自律则表现为排除困难险阻，尽力履行道德义务，勇于承担道德责任。忠诚和自律使社会组织道德行为不再是有意为之、勉强行善的过程，而同时获得了自然向善的形态，使道德行为成为社会组织自然而然的流露，彰显着社会组织的伦理自觉。这里所论述的自律主要是指社会组织成员的自律。成员道德自律不仅以社会组织道德自律为基础，同时最终指向社会组织道德自律。成员道德自律与社会组织自身的道德自律是辩证统一的，关于社会组织的道德自律，将在第六章做重点论述。

第三节　社会组织的凝聚力与团结性

社会组织凝聚力为社会组织的团结性和道德行为的统一性奠定了力量基础。社会组织凝聚力更深刻的基础是基于成员认同的高品质的社会组织内稳态。社会组织内稳态构成了社会组织凝聚力的基础，同时，社会组织凝聚力促进社会组织内稳态从低品质到高品质的跃迁。笔者耦合管理学中组织学习和伦理学中道德学习的理论，提出"社会组织道德学习"这一概念，旨在通过共同学习，树立共同信念，提升社会组织的凝聚力，促进社会组织团结。理性的道德从众、人际模仿便是道德学习的一种方式，或者说是系统的道德学习流程中的两个环节，分别对应于道德学习层次中的依从性道德学习和认同性道德学习。社会组织处在变动不居的环境中，只有不断地提高组织的道德学习能力，从依从性道德学习（道德从众）、认同性学习（人际模仿）达到信奉性学习，才能对变化了的道德环境和条件做出及时的反应，保持社会组织持续发展的道德生命力。

一　社会组织的内稳态与社会组织凝聚力

凝聚力又称内聚力，不仅是社会组织存续的基本条件之一，更是其伦理实体的表征。社会组织凝聚力表达了成员对组织的深刻认同和心理归属，同时，也确证了社会组织作为伦理实体所具有的道德号召力和道德行为力。社会组织凝聚力为社会组织的团结性和道德行为的统一性奠定了力量基础。社会组织凝聚力的来源是什么？笔者认为社会组织凝聚力不能直接套用社会学的研究成果，即认为群体凝聚力源于人际吸引、合作性互依等。社会组织凝聚力更深刻的基础是基于成员认同的高品质的社会组织内稳态。社会组织内稳态构成了社会组织内聚力的基础，反之，社会组织内聚力会促使社会组织实现从低品质的内稳态到高品质内稳态的跃迁。在这样一种良性循环中维护社会组织的团结，保证社会组织道德行为顺利地发生、发展。

社会组织凝聚力是连接成员与组织的重要纽带，是社会组织成为伦理实体的必要条件。社会组织凝聚力也称内聚力，是使成员齐心协力、荣辱与共、团结一致的内在聚合力量。社会组织凝聚力包含着成员对组织的向心力、成员间的人际吸引力及组织对成员的吸引力。凝聚力是社会组织最重要的变量，是社会组织正常运转必不可少的条件。社会组织凝聚力体现了成员对社会组织的承诺和认同，吸引成员坚守在社会组织之中，并为组织目标的实现而奉献力量。社会组织凝聚力中蕴含着安全感、联结感、归属感、成就感、团结感和一致感。对凝聚力的研究最早始于社会心理学领域。群体动力学派心理学家勒温于20世纪30年代开始关注群体凝聚力。勒温认为凝聚和运动是群体的两个主要过程。维特明确提出凝聚力这一概念，费斯廷格第一个正式对凝聚力展开系统研究，认为凝聚力是作用于成员使其留在群体中的各种因素的合力。我国社会心理学者一般认为凝聚力是使成员团结在一起，致力于群体目标活动的心理结合力。借鉴群体动力学对凝聚力的研究，组织管理学把关注的焦点放在组织结构、组织形象、组织战略等因素与组织凝聚力的关系上。组织凝聚力成为组织管理领域的一个重要概念。

所有的组织都面临两个最基本的问题，一是适应环境，以获得生存和发展；二是内部整合，以维持运转，提高适应环境的能力。内部整合的实质就是指组织凝聚力的强弱。组织凝聚力有着复杂的内涵，是一个多层次多维度结构，除了与成员在组织中所得到的安全感、归属感、成就感等因素相关，还与组织自身对成员的吸引力、组织目标的实现程度、组织所承受的外部压力等因素紧密相关。李海等人从个体、团体和组织三个层次界定组织凝聚力，具体包括六个维度，即"员工向心力、领导凝聚力、任务协作、人际和谐、利益共享、价值认同"。而影响凝聚力的主要因素就包括："领导胜任力、凝聚点员工、人际关系、团队导向、物质激励、情感关怀、组织发展与目标、体制变革、社会环境。"[1] 李海等人对组织凝聚力结构及影响因素的分析考虑到了东西方文化差异，把领导影响力、人际和谐、情感关怀等纳入组织凝聚力结构中，体现了中国传统文化集体主义及领导权威等特征。

社会组织凝聚力的影响因素是什么？笔者认为不能直接套用社会学、管理学的研究成果，即认为群体凝聚力源于人际吸引、合作性互依、领导胜任力、任务目标等。社会组织凝聚力是一个动态的过程，表现为社会组织在追求目标过程中齐心协力、团结一致，并保持统一性趋势。影响社会组织凝聚力的因素包括：（1）加入社会组织的难度。如果加入社会组织是经过严格的选拔，那么成员的同质性、一致性较高。加上荣誉感、归属感和共同的经历，会增强社会组织凝聚力。（2）社会组织的规模。规模越大，成员间接触、交流的机会少，沟通难度大，容易产生冲突，从而降低社会组织凝聚力。（3）领导方式。较之于专制型和放任型领导，民主型领导方式更能增加社会组织的凝聚力。（4）目标的一致性。成员目标与社会组织目标的一致性越高，凝聚力也就越大。（5）社会组织目标的实现程度。切实履行组织伦理使命，实现组织目标，产生积极社会效益，拥有良好形象的社会组织，其凝聚力会得到相应增强。（6）社会组织外部压力。当社会组织遇到外部压力时，成员会自觉减少分歧、一致对外，从而提升社会组织的凝聚力。无论是积极压力还是消极压力，都对社会组织凝聚力的提升具有一定的促进作用。（7）社会组织自身对成员的吸引力。（8）除了相似性外，有差异的成员间若能形成良好的互补协作关系，也会增强社会组织凝聚力。

以上对社会组织凝聚力影响因素的罗列，概括起来就是社会组织中的

---

[1] 李海、张勉、李博：《组织凝聚力结构与影响因素案例研究及理论建构》，《北京师范大学学报》（社会科学版）2009年第6期。

人际吸引凝聚力和目标任务凝聚力。探究社会组织道德行为的发生规律，凝聚力是绕不过去的基础性概念。借鉴社会心理学和组织管理学的研究成果，社会组织凝聚力来自社会组织中的人际吸引力，包括成员间的相互吸引和组织及领导对成员的吸引，同时也取决于社会组织在多大程度上促成了目标的实现。在早期，凝聚力主要是指成员间的相互吸引和喜爱，这是把成员拧在一起的黏合剂。没有成员间最低限度的相互吸引，社会组织根本就不可能存在。有人认为吸引的基础是成员间的相互依存，而有人则认为是成员间的相似性。勒温认为群体的本质是成员间的相互吸引。凝聚力与依存有共变关系。需求的满足是依存的动机，需求得到满足的程度越高，组织的凝聚力也就越强。而谢里夫学派认为合作性互依互动而达成需求的满足会促进成员间积极情感的培养，使组织成为有吸引力的组织。

凝聚力是社会组织作为伦理实体的特征体现。人际吸引是组织归属、组织凝聚力产生的心理动力。人际吸引是源于促进性互依实现过程中所带来的彼此需要的满足。因归属社会组织而体验到实现人生价值的回报，那么该社会组织的凝聚力就会得到加强。但是，笔者认为凝聚力是体现社会组织社会特质的重要因素，不能简单地把凝聚力归结为人际的相互吸引。社会组织与成员的关系不同于分子与原子，成员会在心理中将社会组织作为一个整体，对其产生身份认同、情感依赖和行为服从。而且人际吸引的解释只适合于小规模的社会组织，只有在小规模的组织中，成员间面对面的互动才得以可能。依据组织中人际吸引理论，规模大的社会组织会导致结构分化、成员间的互动减弱，从而凝聚力下降。但是，在现实中，一些规模大的社会组织对成员的影响也相应放大，增强了成员对组织规组织价值信念的遵守和认同，组织凝聚力也相应增强。目标任务凝聚力理论认为目标没有实现或者说失败的社会组织凝聚力会下降。但日常经验告诉我们，遭受挫败的组织，内部的凝聚力非但没有下降，反而会得到提升。历经失败打击或不受欢迎的社会组织，其成员会越发地团结一致，表现出强烈的内群偏好和更强的凝聚力。

社会组织的内稳态构成了社会组织凝聚力的稳固基础。鉴于以上正反两方面的分析，笔者认为社会组织凝聚力更深刻的基础应是基于成员认同的高品质的社会组织内稳态。社会组织内稳态的恒定性构成了社会组织凝聚力的稳固基础。社会组织的凝聚力主要来自成员对社会组织价值理念的深刻认同。基于成员认同而建立起的社会组织内稳态构成了社会组织凝聚力的稳固基础。社会组织内稳态是指社会组织内部维持的一种动态平衡，表现为社会组织内环境的稳定和功能的稳定。正如生命组织若偏离内环境的恒定值就会导致整体解体或死亡一样，内稳态也是社会组织存续的必要条件。社会组织内稳态的品质就是由内稳态抵抗外界干扰和内稳态所维持的功能水平所确定的。

　　社会组织内稳态是在组织发展过程中，在抵抗内外部干扰的适应过程中而获得的一种稳定的品质。最早发现生命组织内稳态共性的是法国生理学家贝纳德。19世纪末20世纪初，贝纳德发现生命组织的内环境，如温度、体液、淋巴等，在外界条件发生改变时，能够维持稳定不变。贝纳德提出"内环境的稳定性乃是自由和独立生命的条件"，这便是内稳态思想的萌芽。几十年后美国生理学家坎农认识到贝纳德这一发现的重要价值，并继续深化研究，从而提出了具有划时代意义的结论，即任何生命组织都必须有一种基本的性质：组织内部必须是稳态的。有机体无时无刻不处在内部及外部的干扰之中。但有机体"有惊人的能力来克服条件的多变性和内环境要求恒定之间的矛盾"，一旦发生偏离，有机体会迅速做出反应和纠正，使其重新回到恒定值。由于内稳态具有哲学意义上的普遍适用性，坎农指出，生命组织这种内稳态性质还适应于社会和一切组织系统。随后，坎农的助手罗森勃吕特和美国数学家维纳在内稳态的基础上提出了控制论和信息论，成为20世纪影响最大的理论之一。艾什比提出以整体方法研究一切组织系统的设想。艾什比把信息传递、效应器看作事物之间相互作用的方式，把耦合关联看作组织的内稳态及维持这种内稳态的负反馈调节机制的实质。这便是组织系统整体方法学说的兴起。"无论是自然界还是社会界，也无论是有生命组织还是无生命的组织系统，都能以目的性为线索，从整体方面把握组织系统各部分的要素与成分，既能更好地掌握部分的性质，又能有效地了解整体的功能。"[1] 稳定程度好的内稳态则是高品质的内稳态，可以提高社会组织对内部及外部不良干扰的抵抗力，从而增强社会组织道德行为能力及社会组织凝聚力；高品质的社会组织内稳态可以确保社会组织具有稳定道德系统，如良好的道德信念、坚定的社会使命感、有效的道德决策、道德反省机制等，这对社会组织凝聚力来说

---

　　① 蔡建文：《内稳态：科学的嬗变与哲学的回归》，《医学与哲学》1989年第10期。

无疑是最好的精神保障。

二　人际模仿、道德从众与组织成员的一致性

人际模仿和道德从众是有效的社会组织道德学习方式。人际模仿既包括道德行为，也包含道德认知，是身与心、知与行交互融合的整体性活动。道德从众是在外在压力的影响下而产生的与客体相一致的行为或态度。道德从众可以满足成员信息的需要、价值的需要、交往的需要和归属的需要，以及自我认同和组织认同的需要。人际模仿和道德从众的实质是通过社会组织力量来影响成员个体的行为，增强成员价值观念及行为的相似性和一致性，提高社会组织的团结性和凝聚力。

作为一种常见的人类社会互动形式，模仿是指个体在没有外在压力情况下，受他人影响，自愿产生与其相类似的行为方式。榜样是模仿的条件，自觉自愿是模仿的特征。经过思考有选择地模仿，如择其善者而从之，就是一种合理的人际模仿。社会组织中合理的人际模仿是成员道德学习的基础，是促进人际互动的有效机制，是成员个体行为与他人行为及社会组织行为相统一的中介。模仿弘扬了榜样的道德精神，使榜样的道德行为不断得以复制，促进社会组织行为规范的传播及完善。模仿不仅限于行为举止，也包括情感取向和思维方式等。合理的模仿使组织成员在价值取向、伦理信念、行为方式上趋向一致，从而促进社会组织团结，增强社会组织凝聚力。

模仿是人们相互影响的一种重要方式，其内涵的复杂性及实践价值的普适性，使其一直是心理学、教育学、社会学、哲学等学科的重要研究对象。亚里士多德认为，模仿是人的一种自然倾向。模仿本质上是人的存在方式。人通过模仿不断地完善自我，实现人的存在价值。塔德的"模仿论"影响深远，他认为模仿是一种先天倾向，模仿是人类社会存在和发展的基本原则。模仿使群体规范、价值得以产生。模仿是社会进步的根源。塔德的模仿论有可取之处，但夸大了模仿的作用，导致社会历史发展过程的庸俗化。英国学校德育家麦克菲尔指出无论处在什么样的道德水平，都需要在自然环境中模仿学习。我国学者周晓虹认为模仿是对某种刺激做出类似反应的行为方式。出于先天本能和后天习得的模仿是自发模仿，而有意识的模仿则是自觉模仿。模仿涉及趋同行为、自我表现行为、自我完善行为、表征行为、非感官相似性等，社会组织中的模仿强调一致

趋向及共同关系的有意识建构。

社会组织成员通过对榜样的模仿不断拓展、改善自我，将社会组织的社会使命、价值追求纳入自己的精神世界中，对社会组织的身份认同在内化中不断加深。因此，模仿会促进成员间人际关系的和谐及成员与组织一体化关系的有意识建构。成员通过模仿榜样体验组织道德信念，在对自我的感受中不断反省，以不断完善自我，更积极地参与到社会组织道德行为中。模仿包含着成员对榜样及社会组织的认同，成员自我的认同也在模仿过程中得以加深。

模仿是一种特殊的道德实践知识类型。与他人一致的行为习惯和视人如己的思维方式强化并稳固了成员间人际认同的和谐性与对等性，这对维护社会组织团结来说无疑是强大的伦理黏合力。模仿是成员个体行为与他人行为及组织行为统一的中介。成员通过模仿深化与其他成员及社会组织的关联，与此同时，强化组织认同和自我认同，并固化模仿而来的道德行为方式。模仿既包括道德行为，也包含道德认知。因此，伍尔夫认为模仿是人类最重要的学习认知方式。社会组织中的人际模仿是一种有效的道德学习方式，是身与心、知与行交互融合的整体性活动。成员自觉模仿学习而生成的道德知识是一种个体化的知识、实践的知识，这样道德知识带有成员个体的独特性，并体现了成员的道德价值追求。模仿学习强调自主性，突出自觉自愿特征。但是，模仿学习的自主性是与榜样的道德感召力和感染力紧密相关的。因此，榜样的塑造是合理、有效模仿的重中之重。模仿不是创新、建构的对立面。模仿过程中，结合已有的道德实践，就会创造或建构出新的道德行为经验，并成为新的模仿范本。

道德从众也是社会组织成员实现道德行为一致性的重要途径。道德从众的实质是通过社会组织力量来影响成员个体的行为，增强成员价值观念及行为的相似性和一致性，提高社会组织的团结性和凝聚力。无论是从社会组织功能的执行，还是从社会组织的发展角度来说，成员的价值观念和行为方式保持一致性都是重要而且必要的。道德模仿是在没有外界压力的情况下，成员自觉自愿地产生与他人相一致的观念或行为。而道德从众是指在外在压力下，主体因客体的影响而产生的与客体相一致的行为或态度。在社会组织中，道德从众的主体是成员个体，道德从众的客体就是社会组织或社会组织中的个体、群体及代表社会组织、个体、群体意愿的道德规章制度、价值取向等。按照从众的心理倾向和行为性质，可将从众划分为理性从众和非理性从众。建立在理性决断和道德自觉基础上的从众是有利于社会组织团结和运行，这就是理性从众，包括遵从、顺从和服从三种表现形态；非理性从众，又称盲从主要指受制于本能、直觉、情绪等支配的从众，这种不合理的感性活动会削弱成员的道德责任感及道德主体意识，导致社会组织趋于保守，甚至落后。本部分主要探讨理性从众对社会组织凝聚力及社会组织道德行为统一性的重要促进意义，而关于非理性从众将放在第六章中的"非理性因素对社会组织道德行为的影响"部分重点讨论。

从众是社会心理学中的重要概念，指个体在强大的群体压力下，在知觉、判断、信仰及行为上表现出与群体中大多数成员一致的现象。美国心理学家谢里夫在 1936 年利用"游动错觉"研究个人的反应如何受多数人的影响，从而表现出从众行为。这是最早对从众现象进行的科学研究。1951年，阿希做了著名的关于线段长短判断的实验，进一步证实从众是现实生活中普遍存在的社会心理现象。米尔格拉姆的现场实验和服从实验不仅再次证实从众的普遍性，同时还证实社会压力、权力对个体影响的不可抗拒性。在道德领域是否也存在着从众现象呢？有学者认为从众是非理性的感性活动，而道德是基于对善恶的价值判断而做出的理性自觉活动。因此，从众现象在道德领域存在，但是从众心理对个体道德活动的影响是微不足道的。这样一种看法是没有充分认识从众及道德活动的多面性。从众并不是纯粹的自发的、盲目的、非理性的感性活动。无论是在心理学家的实验中还是在日常生活经验中，从众往往是个体经过判断、选择、推理等理性思考活动后而做出与客体相一致的态度或行为。在道德领域，个体经过道德判断、道德选择、道德推理等理性思考后会做出与大多数人保持一致的道德观念或道德行为。从这个角度来说，在道德领域同样存在从众这一社会心理现象。在道德活动中与多数人保持一致的现象就是道德从众。

道德从众在社会组织中不仅存在，而且是普遍的。道德从众可以满足成员信息的需要、价值的需要、交往的需要和归属的需要，以及自我认同和组织认同的需要。从众是社会组织的道德要求向成员个体内化的重要形式。成员往往通过反馈组织整体的价值观念来调整制自己的价值取向，并与组织中大多数成员保持行为上的一致，从而规范了成员道德行为的相互协作，增强了成员间的人际和谐和组织的良性运行能力，与此同时，强化了社会组织对个体的认知压力。这种增强的社会组织压力又反过来强化个体的道德从众。在这样一种良性的循环中，社会组织的道德信念和道德规范在成员中得到普遍内化，社会组织道德行为统一性获得了良好的保障，成员与组织越发紧密地团结在一起。

　　道德从众是如何在社会组织中发生的？主要依靠内部心理归属机制和外部奖罚机制。心理归属机制是道德从众发生的内在原因。马斯洛把人的需要分为生理需要、安全需要、社交需要、尊重需要和自我实现的需要。其中社交需要就包含着人对归属的渴望。渴望归属于某一群体或组织是人的基本需要。在渴望归属和害怕被孤立的双重心理机制驱使下，社会组织成员在进行道德选择、道德行为时一般会以社会组织整体的道德价值标准为依据（大多数成员的价值标准在某种程度上就是社会组织价值取向的代表），即道德从众。奖罚机制是道德从众发生的外部原因。社会组织成员经过道德思考选择从众，从而得到一定奖励；反之，则受到处罚，那么必然会促进社会组织中合理的道德从众。从众，一方面可以提高道德选择的正确性；另一方面可以减轻或分散道德责任，从而降低个体所受到的惩罚或谴责的风险。心理归属机制和惩罚奖赏机制是社会组织中道德从众产生的主要原因。除此之外，社会组织的凝聚力、社会组织的规模、社会组织领导的人格魅力、成员个体的性格特征等都会对道德从众现象的发生起到一定的影响。

　　道德从众在社会组织道德行为中表现形式是多样的。从层次上来看，可将社会组织中的道德从众划分为三个层次：道德遵从、道德顺从和道德服从。道德遵从指成员以社会组织的道德价值观念和道德行为方式为判断标准，对社会组织的价值信念产生主观认同，因此，道德遵从显著的特点就是外在行为与内在认同具有一致性。道德顺从是指成员为迎合社会组织的期望而产生的与社会组织规范要求相一致的行为；道德顺从是成员为了迎合组织期待，在行为目的上是利他的，但在内在的情感体验上可能是消极的，缺乏真正的内在认同；道德服从是指成员为寻求奖励或免受惩罚而产生与社会组织要求相一致的行为或态度。道德服从也缺乏外在行为与内在情感认同的一致性。道德遵从、道德顺从和道德服从是社会组织中理性道德从众的三种不同表现形态。它们都是成员基于理性的道德判断、道德推理而做出与社会组织价值宗旨和道德规范要求相一致的行为或态度。这三种表现形态并不是孤立的，随着成员对社会组织认同的不断加深，这三种形态是相互转化的。了解这三种形态各自的特征及其共同之处可以更好地认识社会组织中的道德从众，并促进社会组织及代表社会组织意愿的领导、群体、规章制度等对成员产生积极有效的影响。

三 社会组织道德学习与社会组织的团结性

笔者结合管理学中组织学习和伦理学中道德学习的理论，提出社会组织道德学习，旨在通过共同学习，树立共同信念，提升社会组织的凝聚力，促进社会组织团结。前文中论述的理性的道德从众、人际模仿是道德学习的一种方式，或者说是系统的道德学习流程中的两个环节，分别对应于道德学习层次中的依从性学习和认同性学习。社会组织处在变动不居的环境中，只有不断地提高组织道德学习能力，从依从性学习、认同性学习达到信奉性学习，才能对变化了的道德环境和条件做出及时的反应，保持社会组织持续发展的道德生命力。

1893 年涂尔干在《社会分工论》中，第一次把团结放在了社会科学研究的显著位置。但团结一直被认为充满主观性和情感性，而没有在学术界引起相应的关注。个人主义的盛行，社会纽带的日益衰微，使人们开始以严肃的学术态度研究团结问题。团结具有普遍的含义，强调对他人的责任感和对群体的归属感。团结是一种有意的联合。较之于共享某种独有特征的共同体，团结需要更高程度的承诺，蕴含着拥有彼此的情感。心理分析学家弗洛姆认为人的"存在对立二分"驱使我们寻找和谐，个体只有在与同伴紧密相连并相互团结的条件下才能获得充分发展。在这个意义上，社会组织道德学习和社会组织团结是相辅相成的，都是在追求社会组织价值取向和行为取向的一致性。进行道德学习，追求团结应是社会组织明确的伦理运动。皮亚杰认为"所有道德都是一个规则体系，而且所有道德的实质都要在人所学会的那种对于规则的尊重中去求得"[①]，因此，成员对规则的倡导者，如社会组织、领导等的尊重是成员道德学习必不可少的条件。树立组织形象、建立领导权威、塑造道德榜样，在一种相互尊敬的氛围中，通过实践体悟，在积极的双向互动中建构成员道德自我，使道德行为的超功利性内化为成员的自觉的道德需求。成员与组织、成员与领导、成员与成员间相互尊敬、相互理解是社会组织道德学习的基础，也

---

① ［瑞士］让－皮亚杰：《儿童的道德判断》，傅统先等译，山东教育出版社 1984 年版。

是社会组织团结性的基础。

　　学习是个体日常生活中最常见的行为之一。认知科学对学习作了如下界定：学习就是通过实践改变原有的行为模式。桑代克认为学习由人的品格和行为的改变构成。品格的改变通过行为的改变表现出来。在管理学中，组织学习就是指组织努力改善自身以适应不断变化的环境的过程，这一行为过程的特点就是创新。20 世纪 50 年代管理学界提出组织学习概念，现在西方组织学习已形成了系统的理论体系，并广泛用于组织管理，取得了良好的实践效果。"任何一个组织要进行学习，都必须为自己设计学习的步骤与程序，使组织能够系统地收集、分析、储存、传播和使用与组织绩效及组织成员有关的信息。这就是组织学习过程。"① 于海波等人调研证实组织学习可以提高员工的情感承诺，满意度，降低离职率。

　　道德学习是我国学者对道德教育实效性偏低所做出的反思性批判思考的成果。道德学习重在培育学习主体的主动性、创造性、建构性。关于道德学习的内涵和本质，目前学界尚未形成统一的认识。蓝维强调"道德接受"，认为"道德学习是指个体对道德的接受，即个体把外在于主体的道德要求转化为主体内在需要的过程。就人类个体而言，社会道德是先于、外在于个体而存在的，又是围绕于、作用于个体全部社会生活时空的。道德对于个体社会生活顺利进行的意义使道德学习成为每一个个体社会学习和成长的重要内容和任务"②。王健敏注重"道德体验"，指出"道德学习作为人类社会经验系统的获得，区别于知识学习与技能学习，是一种以社会规范为对象的价值习得过程。其心理机制比知识学习与技能学习要复杂得多，它是以体验为核心的知情行整合学习，既有认知学习，也有行为学习，更有情感学习。道德学习本质上是一种体验式学习"③。戚万学从价值角度界定道德学习，认为"道德学习就是一种接受、内化社会规范，通过获得、体验、实践—建构等途径，形成并完善道德信念与

　　① 杨智、刘新燕、万后芬：《国外组织学习研究综述》，《外国经济与管理》2004 年第 12 期。

　　② 蓝维：《道德学习——道德研究和实践领域的时代命题》，《首都师范大学学报》（增刊）2002 年。

　　③ 王健敏：《道德学习的心理特点和基本方式》，《山东师范大学学报》2005 年第 2 期。

行为的价值性学习"①。而冉乃彦认为道德学习的本质是人满足道德需要的自主建构。谈心也认为道德学习是道德人格的自主建构过程。②

　　结合组织学习和道德学习研究成果，笔者提出社会组织道德学习，是指在成员个体道德学习基础上的整体性学习行为。社会组织道德学习是指社会组织为实现目标或适应环境变化，在成员、团体和组织层进行的不断产生和获取新道德知识（信息），改变原有的道德行为模式，并对新道德知识进行整合使之制度化的创新过程。学习型社会组织就是指有意识地建立合适的结构和策略以推动组织道德学习。社会组织道德学习过程包括道德知识（信息）的获得、分享、传播运用及社会组织道德记忆。其中成员层面的道德学习会引起成员道德心理、道德能力和道德行为倾向的持久变化。成员的道德学习一方面构成其参与组织行为的重要方面，另一方面道德学习的结果也从心理结构上影响他们的组织认同，不仅帮助成员确立道德自我，而且有利于培育成员对组织道德信念、道德规范的价值认同，增强社会组织自身的道德感召力。组织学习使成员对社会组织及个人的未来充满希望和信心，增强了社会组织对成员的吸引力，从而提升组织的凝聚力。团体和组织层面的道德学习使新的道德知识（信息）可以在组织各个部门传播，并付诸实践。组织道德记忆的形成使组织学习成果得以永久保存下来，制度化、规范化的道德积累不仅帮助社会组织应对环境的变化，以供未来之需，而且共同的记忆、共同的知识、共同的信念无疑是提升社会组织的凝聚力、促进社会组织团结最强有力的保障。

　　社会组织道德学习有两种基本思路，即倡导性道德学习和禁止性道德学习，这是基于社会组织的道德规范的倡导性、禁止性两种基本形态。倡导性道德规范体现了社会组织对"德性完美"的向往和追求，禁止性道德规范体现了社会组织对基本道德秩序的坚守。对于社会组织的发展来说，两者缺一不可。倡导性道德学习重在激发道德热情。社会组织道德行为主要是靠道德信念驱动来实现的。倡导性道德学习通过唤起精神力量，激发强烈的道德行为动因，促进社会组织道德行为的发生。禁止性道德学习重在训练道德意志。禁止性道德规范是社会组织道德要求的底线，除强制性的惩罚外，还依靠主体对不道德行为恶果的认识，以及由此认识产生

　　①　戚万学：《道德学习与道德教育》，山东教育出版社 2006 年版，第 13 页。

　　②　张典兵：《近十年我国道德学习研究的反思》，《道德与文明》2011 年第 1 期。

的自控能力和道德意志来遵守。社会组织道德意志的品质表现在能否抵制资本、权力的诱惑，能否克制不合理的欲求，能否在动机冲突中坚守社会组织的道德信念和社会使命。社会组织禁止性道德学习重在提高社会组织道德意志的品质，建构社会组织道德自律机制，杜绝不道德行为的发生。

借鉴伦理学理论中道德学习模式研究，社会组织道德学习模式主要包括体验式道德学习和实践—建构式道德学习。社会组织体验式道德学习模式重在成员的体验、感悟，可以借助王健敏对个体道德学习方式的预见成果。体验式道德学习模式强调"道德学习是以体验为核心的价值学习，体验产生发展的心理过程是构建道德学习课程模式的心理依据。体验式学习的基本心理过程是感受、体验、觉知、理解。这是一个直接学习的过程，个体从对事件的直观感知开始，积累最初的道德经验，它是情绪情感产生的客观基础。觉知是一种以直觉经验为基础的整体性把握或称为'体悟'或'顿悟'。这里既有情感的投入，也有思维的介入，情理交融才使感悟深刻丰富"。① 因此，社会组织体验式道德学习模式包含情境感受、活动体悟、价值辨析和道德反省四种基本方式。社会组织体验式道德学习既是学习主体发展的必然要求，也是道德学习的内在规律。实践—建构式道德学习认为社会组织道德学习应是动态的道德实践过程，强调在社会组织行为实践尤其是成员间的交往实践中完成道德学习。实践是社会组织道德学习的动力，建构是社会组织道德学习成果的体现。社会组织道德学习成效的标志就是社会组织能自觉地进行道德实践，并在实践中不断地建构新的道德观念，提升道德实践水平。

社会组织道德学习的过程基本包括道德知识（信息）获得、道德知识（信息）分享、道德知识（信息）运用和社会组织道德记忆四个阶段。其中道德知识（信息）分享是组织道德学习区别于个体道德学习的特征。社会组织只有将所获得的道德知识（信息）传播到社会组织各个部门，并得到所有成员的共同理解和内在认同，组织学习才能取得实践效果。组织道德记忆是社会组织道德学习的另一个重要阶段。社会组织通过组织结构和运行机制将学习成果保存下来，形成组织道德记忆，不仅可以帮助社会组织应对环境的变化，以供未来之需，而且共同的记忆、共同的知识、

① 王健敏：《道德学习的心理特点和基本方式》，《山东师范大学学报》2005 年第 2 期。

共同的信念增强社会组织的凝聚力，促进社会组织团结。

借鉴组织行为学中关于组织学习过程的划分——发现、发明、执行和推广——社会组织道德学习也包括这样四个阶段，每个阶段都有不同的学习任务：发现阶段包括发现社会组织发展过程中潜在的道德问题；发明阶段是寻找解决问题的道德方案；执行阶段就是把解决方案付诸实施；推广阶段就是把学习得来的成功的道德经验推广到组织各个部门，并制度化、规范化，使其成为组织的惯例、政策。还有学者从知识角度把握组织学习过程，认为组织学习是在组织内创造、获取和传播知识的过程，将组织学习划分为获取知识、分配知识、理解知识和组织记忆四个阶段，或者是信息获得、信息传播、共同理解和组织记忆。他们把知识分为隐性知识和显性知识。[①] 若从知识角度来看，社会组织道德学习就是从隐性道德知识到显性道德知识的外在化，再从显性道德知识到隐性道德知识的内在化的过程。隐性道德知识是成员个体的、私人的特殊道德知识。显性道德知识是明确的、规范的，可以在组织中系统传播的道德知识。社会组织道德学习是从成员间共享隐性道德知识开始的，隐性道德知识在组织共享后经整理后转化为外在的显性知识。社会组织将各种显性道德知识合并整理为新的显性道德知识。社会组织成员学习新的显性道德知识，并将其内化为私人的隐性道德知识，完成了道德知识在组织中的传播。拥有新的不同隐性道德知识的成员又相互影响，开始了新一轮社会组织道德学习循环。

从组织压力下的道德从众到自觉的人际模仿，实质是在追求社会组织的一致性。这两种道德学习方式处在道德学习的依从性学习和认同性学习阶段。社会组织道德学习需要达到信奉性道德学习的水平。依从性道德学习是一种他律性的道德行为，具有被动性、功利性和情境性特征。但依从性学习可以使成员获得执行道德规范行为的经验，为认同的产生奠定了基础。认同性学习是一种直觉接受的道德行为，具有主动性、自觉性和稳定性特征。认同性学习使组织宗旨、道德规范等一系列要求化为成员内在的情感认同，构成自觉遵从心理结构，为信奉性学习创造了条件。信奉是建立在认同基础上对社会组织价值信念的深信不疑及坚定履行。信奉性道德学习具有高度自觉性、主动性与坚定性特征。

***

① 陈国权、马萌：《组织学习：现状与展望》，《中国管理科学》2000 年第 1 期。

第五章

社会组织道德行为的动力机制

在道德行为如何发生的问题上，伦理学界并没有给予足够的重视。这既源自问题本身的复杂性，更与当前社会转型期所遭遇的价值环境有关。由于既有价值观面临变革，新的价值观念正在生成之中，伦理学自然更关注价值取向或道德标准问题，更关注具体道德关系"如何"的问题，而对一个道德的行为如何产生、如何触发和促进道德行为的产生等问题关注不够。即使触及或专题探讨这一问题，也多是停留在宏观层面。以最早对道德活动问题进行专题探讨的姚新中《道德活动论》为例：在其"道德活动的发生论考察"一节中，着力探讨了道德活动发生的前提（意识与自我意识、交往和协作以及复杂到一定程度的社会关系），道德活动赖以发生的更为深厚的社会基础（人类的劳动），道德活动发生的社会制约性，道德活动发生的内在推动力量（主体的需要）。[①] 及至讨论道德行为时，尽管在"道德行为的要素系统"问题上对动机、行动、结果给予了关注，将社会环境、道德认识、道德情感、道德意志以及道德需要等方面联系起来进行了考察，也谈到兴趣、意图、信念对道德行为动机的意义，但是，研究仍然是停留在宏观层面的、定性式把握[②]，既未在微观层面揭示道德主体的心理—行为过程的规律性，也未就特定道德行为的发生进行具体的描述性研究。比如作者对动机进行的分类：集体主义的动机和利己主义的动机（动机的社会价值视角），主导动机与次要动机（动机的功能视角，前者支配主体行为具有强烈和稳定性，后者比较微弱和不稳定因而对行为决定影响较小），独善其身的动机和兼善天下的动机（动机的性质

---

① 参见姚新中《道德活动论》，中国人民大学出版社 1990 年版，第 75—96 页。

② 比如作者对动机进行的分类：集体主义的动机和利己主义的动机（动机的社会价值视角），主导动机与次要动机（动机的功能视角，前者支配主体行为具有强烈和稳定性，后者比较微弱和不稳定因而对行为决定影响较小），独善其身的动机和兼善天下的动机（动机的性质视角）。参见《道德活动论》，中国人民大学出版社 1990 年版，第 219 页。

视角）。其他人关于道德行为的发生问题的后续研究，基本沿用了这一分析框架。在个体道德行为的发生问题上尚且如此，就更遑论组织道德行动的发生问题了。

需要特别说明的是，在一般意义上，道德行动如同道德行为那样有着积极、消极两种取向，但为简化研究对象，本书在使用"道德行为"概念时多在正面、积极的意义上使用，指合乎道德并出于道德的行为，意即，合乎社会的主导性道德价值取向、能够增进他人或公共利益的善的行为。[①] 不过，从行为的表现形式看，消极行为还表现为不作为，也即在具体情境中，"没有任何行为"本身往往就是一种经过选择的行为。比如诚信行为，以"不说谎"、"不欺骗"的不作为形式就可以实现，看似在动力上不需要明显的强度，但事实上这类行为的动力机制无论是在动力源、动力传递还是动力模式上也许都更为复杂。

第一节 组织认同：社会组织道德行为动力机制的主体基础

动力机制的核心问题就是，在一个社会组织中，由哪些主体会成为道德行为的推动力量，这种推动力量因何发生、如何起作用。这不能不涉及社会组织认同问题。关于组织认同，人们通常理解为"组织成员在心理与行为方面对组织所表现出来的一致性倾向"[②]。不过，这种观点仅仅注意了它的内部成员对组织本身的认同这一方面，而未能注意到组织本身作为一个独立的社会实体，同样存在社会认同问题。在社会组织的道德行为发生问题上，无论组织认同的个体还是组织层面都对道德行为动力的生成起着重要的作用。

---

① 笔者在此袭用了伦理学界的一种习惯性表述方式。作为一种最基本的道德活动现象，道德行为似也可类推为包括道德的（正向价值的）行为和不道德的（负向价值的）行为，但在讨论道德行为时一般取其正向价值的含义。参见《道德活动论》，中国人民大学出版社1990年版，第33页。

② 王彦斌：《中国组织认同》，社会科学文献出版社2012年版，第4页。

一　组织认同的二重结构

鉴于本书旨在讨论组织认同对组织的道德行为动力的意义，故此不拟复述学界关于组织认同如何达成方面的理论成果，只将它作为一个现实预设。换言之，下面的讨论是假定在组织那里已经确立了有效的组织认同。

在笔者看来，社会组织的有效认同应当包括两个层面：一是在外部环境中形成的"组织自我"，它表现为与其他社会组织相较中的组织特异性，正是这种特异性突出地体现出组织的社会身份。也就是说，社会组织作为一种社会实体，它也必须充分、准确地认识到由其自身的社会定位、社会分工和社会责任所决定的"是其所是"。而就道德行为的动力发生机制来说，这种自我辨识则更为重要。二是在社会组织内部的组织成员与组织之间以及组织内各成员之间的一致性。科尔曼从社会交换的视角将这种一致性解释为个体从组织中看到了自己和组织所具有的共同性和相似性，个体作为组织成员是一方行动者，组织则作为另一方行动者，双方在交换中获得自己需要的利益，"行动者通过对他人的认同获得满足，这意味着行动者在某种程度上把他人的利益当成自己的利益"①。在这个意义上，个体对社会组织的认同可以描述为指"组织成员个体与组织在相互关系中形成的心理和行为表现，是个体寻求自我增强与自我归类的认同过程，是个体运用自己所拥有的资源与组织进行交换、使自己的需要得到满足的过程，也是个体通过组织认同获取更为广泛的社会资源、使自己的自我得到增强和扩张的过程"②。组织自我的确认，成员在组织内部与组织及其他成员之间的一致性，形成了组织认同的二重结构。

当然，也有学者认为，组织认同还包括"除一般意义上（有确定组织边界）的组织之外的相关人群的认同"③。实际上，这只是外部对组织的一种社会认知和社会承认，并不具有"认同"的义涵。就社会组织道德行为的动力机制而言，它虽然作为一种外部压力情境可以促进道德行为动力的生成，但并不是组织本身的问题，必须通过组织认同的二重结构才能实现其促动作用。

---

① ［美］科尔曼：《社会理论的基础》，邓方译，社会科学文献出版社1991年版，第571页。

② 王彦斌：《中国组织认同》，社会科学文献出版社2012年版，第105页。

③ 同上书，第48页。

认识组织认同的二重结构的意义，首先在于强化组织自身的身份辨识和社会认同的重要性。就一般情况而言，如果没有这一身份辨识的过程，组织就无法使自己与其他社会相区分，从而可能导致组织层面的角色混乱、责任落寞和组织失败。其次，认识组织认同的二重结构，有利于分清在组织的道德行为动力问题上组织与其成员的责任。在现实的道德生活中，组织的道德行为通常是某个特定的组织成员——往往是组织的发起人、领导者和核心成员——发起的，因此，人们会将目光聚焦于个体的人，忽视作为总体的组织在道德行为发生问题上的重要作用，忽视组织的机制对道德行为发生的重大影响。一旦组织在道德行为取向、行为过程或行为结果中出现问题，也常归咎于成员个体，而忽视组织整体。组织认同的二重结构会有效地实现对道德行为的归责。最后，认识组织认同的二重结构，还有利于通过社会组织内部道德行为动力的发生程序和传递方向，全面地把握组织道德行为的动力发生机制。在组织内部，道德行为的议程提起固然由成员个体进行，但它有一个由成员个体到组织、再回到更大范围的成员个体的动力激发和传递机制。缺乏正常运行的这一机制，社会组织道德行为就会出现动力不足、动力失衡等现象，在很大程度上影响道德行为的发动、维持和实效。

二 社会组织的自我认同与道德行为动力的生成

不同组织在组织认同的基本结构上尽管是相同的，但其结构的重心却并不一致，其组织自我的发育水平也相差很大。在政府组织、企业组织和社会组织之间，这种差异性有明显的表现。这种差异也会在很大程度上影响道德行为议程的提起和道德行为的动力激发。在组织认同的核心上，社会组织一般基于组织间关系认知和组织内沟通的一致性及互动中的合作，而政府组织和企业组织则分别基于隶属关系的一致性和基于忠诚心的一致性及严格的分工体系。在组织自我的发育水平上，社会组织表现出以宗旨为核心的组织自我，而政府组织没有独立的组织自我，企业组织则是以利润为核心的组织自我。因此，道德行为的提起者在社会组织中是成员个体，而在政府组织和企业组织中则主要是以上级为主，或者说以领导者为主。道德行为议程的提起依据在社会组织中主要是组织价值观与宗旨，而在政府组织中主要是以上级为主，在企业组织中道德行为则主要与企业利益相关联。成员个体自我对组织的影响水平在社会组织、企业组织和政府组织中也依次表现为较大、一般和很小。从三类组织的上述差异性可见，社会组织的自我认同对于社会组织道德行为的发生动力具有特殊的重要意义。

社会组织的自我认同，就是社会组织形成自我概念或自我意识的过程，也即确立起"组织自我"的过程。它首先而且主要地通过社会组织的自我辨识来实现，其目的则在于，把握组织自身的独特性，并基于这种独特性形成正确的自我评价、行为规范体系、实践中的独立性以及自尊心、自信心、自制力。

社会组织的"组织自我"的形成对于道德行为动力的激发和维持具有特殊重要的意义。为了发动某一道德行为，或者在组织面临道德选择之时，社会组织必须就以下方面确知自己所处的位置：本组织自身的社会角色及其道德特性如何，是否存在法定责任和已由法律规定了的道德责任；本组织与其他类似社会组织之间的差异性如何，存在怎样的社会分工和行为分野；在即将发生的道德行为中，是否会在组织内部就包含有利益冲突或行为动机冲突；其他组织（包括政府组织、企业组织以及其他社会组织）与本组织之间是否存在利益冲突、行为动机冲突，或者它们会否支持、配合自己的道德行为；如果本组织不从事该种道德行为，会产生或导致怎样的社会后果或道德风险，是否会损及本组织的道德形象；等等。这些问题的正确回答，是保证道德行为动力在社会组织总体的层面上得以产生的基本条件。换言之，只有社会组织充分、正确地认识到自身的道德责任，才可能有效地发动一项道德行为。

社会组织的自我认同也是使道德行为的动力维持在理性轨道上的基本保证。道德行为与管理行为、经营行为有一个典型的区别，就在于它往往起于人们的道德情感，而且情感会直接触发行为动机，引起道德行为。在社会组织这里，不仅存在管理行为，甚至还包括在一定限度内的经营行为，更何况除了志愿服务组织等具有显著的伦理目标和强烈的伦理特性的社会组织之外，其他社会组织尽管具有一定的道德职能，但并不见得以道德行为作为其主旨。现代组织的组建和维持，是以其所欲达成的某种特定目标为前提的，这种功利性使它不可能为了实现其道德价值而危及自身的存在和利益。正因为如此，社会组织的行为不可能仅仅诉诸道德情感，也不可能仅以价值理性为基准，而是必须基于复杂情感的行动理性。不仅王彦斌所主张的个体成员的组织认同是"以理性为主导"的①，这一观点对于社会组织的自我认同来说也同样成立，甚至表现得会更突出。社会组织在行为结果的预期、行动决策、行为过程控制和改变等问题上，都会体现出价值理性（或道德理性）、工具理性（如技术理性、经济理性）等的综合作用。这在一定意义上也成了校正道德情感中可能存在的偏失的必要途径，它使社会组织的利他行为既不损及组织自身的存在或利益，也将保持正确的方向和限度，不致出现偏差或损及第三人。

社会组织的自我认同，是其道德行为的动力源、动力模式的决定者。社会组织的自我认同，既是基于组织对外部环境的感知，也是基于对内部关系的判断的。这种感知或判断会使社会组织——通常是通过其发起人、领导者或核心成员——清楚地认识到，若欲实施某一道德行为，动机的激发、动力的维持主要依靠哪些力量，何种力量会起主导作用，何种力量会对行为动机产生消解作用。进一步说，在有些情况下，道德行为的动力可能直接来自外部的压力——尤其是自我约束型的道德行为——的主体转化，当社会组织真切地感受到这种压力，对之进行分析、确认并加以重视时，压力就直接转化成了道德行为的动力，动力源、动力模式也直接由社会组织的"转化"策略而得到了确认。

社会组织的自我认同还直接助益于组织道德行为的动机冲突的解决。社会组织在道德行为的发生上所存在的道德动机冲突可能存在多种形式（在后文中将专门探讨），这些动机存在的解决的基本依据是社会组织的"组织自我"。只有在社会组织正确认识自己"是其所是"时，才能通过积极的价值排序，在多种动机中寻求合适的"度"，从而使组织的道德行为的动力方向、强度都维持在适度的水平上，并防止不良行为动机对道德行为过程的干扰。

三　道德行为动力问题上社会组织成员之贡献的两个维度

在组织中，个体行为可以分为两类：组织角色行为、组织内个体行为②。前者指个体在组织中依赖于正式的组织角色责任而得以强化的组织

---

① 王彦斌：《组织认同与行动理性》，《云南行政学院学报》2007 年第 5 期。

② 有些学者将这种组织内个体行为称为"组织公民行为"。参见张小林、戚振江《组织公民行为理论及其应用研究》，《心理学动态》2011 年第 4 期。

行为；后者则指个体在组织中基于其自由意志做出的有益于组织，但并非组织指定的行为。正是这两类行为构成了社会组织成员在组织道德行为的动力上做出实际贡献的两个基本维度，无论他们在社会组织内居于怎样的地位、承担何种角色，其基本贡献路径大体都是如此。

　　具体地说，在组织角色行为维度上，社会组织成员在组织道德行为动力的生成过程中主要表现为积极的参与性行为。一旦社会组织出现了某种道德需要，或者该种道德需要具备了其实现情境，组织中的部分成员可能将与之相对应的道德行为以决定、提议、号召等方式提上日程，其他成员出于对自己在组织中的角色认知而做出响应行为，启动在言论和行为两个层面的积极参与。此时，组织认同也会转化为工作—群体认同，并由此进一步固化其组织认同。尼蓬伯格（D. Van Knippenberg）和斯驰（E. C. M. Van Schie）的研究证实："在日复一日的组织生活中，组织认同感中的工作—群体认同（work-group identity，WID）比起组织整体认同（organizational identity，OID）来说，或许是更为重要的。"① 因为在这里，不仅个体成员的组织认同感实现了对象化，将认同直接体现到了具体工作中，而且他们还将从工作中获得利益。就社会组织而言，如果一个组织长期没有能够让成员参与的特定活动，组织与成员都可能难以感受到对方的存在的意义，组织成员会逐步对组织产生怀疑或麻木感，道德行为议程的提出会使组织成员强化对组织的存在感，组织成员由此重新"兴奋"起来，重新感受到组织及自身的意义。此时，工作—群体认同会代替组织整体认同，激发组织成员的参与动机和价值实现欲望，道德行为也因此会直接获得动力。

　　在组织角色行为维度上，个体对组织的认同还可以防止组织成员在道德行为上出现与组织或其他成员间的疏离。这种疏离对于社会组织道德行为的动力机制来说是一种突出的消解性力量。可以想见，当一个社会组织面临一项道德行为议程时，如果内部议论纷繁，难以达成一致，决策终难做出，行为也无法启动。社会组织的向心力、个体成员的归属感使促使组织成员基于对组织的依赖或对遭受组织排斥的畏惧而审慎思考组织的总体取向和具体行动，从而通过成员个体的组织认同既保证议题的集中，也可能促成意见的一致，并使这种统一性得以长期维持，疏离无由产生，道德

---

① 转引自王彦斌《西方组织认同感研究综述》，《思想战线》2005 年第 2 期。

行为的动力才有了良好的主体基础。

在道德行为动力问题上，组织内的个体行为所做出的贡献严格地说并不属于组织认同的直接结果，而是个体的德性自主的产物，但它并非与社会组织无关。这种个体行为发生于社会组织之内，对社会组织中的其他成员的道德行为取向和行为表现都具有示范和辐射功能，而且其行为及其结果也将汇集于社会组织道德行为中，因此，仍应视为社会组织的道德行为动力的主体基础的重要组成部分。具体地说，当一位成员具有充分的道德自律能力和行为自觉性时，如果他发现社会组织面临道德行为选择，或者出现应当进行某种道德行为的情境时，尽管他个人的角色责任并不包括这种道德行为，他仍能先行启动道德行为或发出首先行为的倡议，此时，他的行为往往会成为社会组织道德行为的动力源。

第二节　社会组织道德行为的动力源与动力模式

从根本上说，道德行为的动力总是源自社会和人自身两个层面，无论是个体的人还是组织都是如此。道德行为的动力模式也以此形成。尽管政府组织、企业以及其他营利组织在功能、运行机制、行动方式等方面都既在社会之中，依赖于社会，又对社会有所贡献，因而也同样具有社会性，但在其直接的现实性上，非政府性、非营利性的民间组织更具典型的"社会"义涵，"社会组织"也由此成为该类组织的专有名称。更由于政府组织以权力为中心的运行机制、企业等营利组织以利益为中心的天然的亚道德特质①，也自然对其道德行为的发生逻辑设定了自主性上的阈限；与之相

---

① 由于道德生活的复杂性，在进入21世纪之后，"亚道德"现象一度成为伦理学界关注的一个突出的现实问题，关于"亚道德"的含义以及它与"次道德"之间的关系随之成为争论的焦点。笔者倾向于认为，次道德的本质在于，一种行为既具有合道德性并在一定程度上产生公益性或利他性效果，同时也具有一定程度的悖德性，并可能或已经产生负向、消极的社会后果。亚道德既包括次道德，也包括由于主体所属的社会领域或群体的特殊性而产生的与社会倡导的道德规范不一致但亦不相背离的价值取向和主体行为，后者可能才是亚道德的主要体现。不过，关于亚道德的研究主要集中在个体行为上，对组织的亚道德问题涉及较少。在笔者看来，基于企业对利润的追求的正当性和合法性，企业组织的道德行为必然会建立在合法地追求利润和企业自身发展的前提之下，要求企业牺牲自身的生存和发展去追求崇高，既不切实际也不应当。此即所谓企业组织的"亚道德特质"。

反，社会组织的"社会"义涵却有着与道德的直接、显著的相关性，当笔者在研究组织的道德行为的生成逻辑时，不仅必然而且必须将社会组织作为一种特殊的重要形态进行专门的探讨，甚至不得不从激发组织道德行为的动机、促进道德行为的动力机制生成及良性运作的研究目标出发，将社会组织之道德行为的发生问题作为研究对象，也有着特殊的重要性。

一　组织道德行为动力源的心理分析

恩格斯曾经指出，人的"行动的一切动力，都是一定要通过他的头脑，一定要转变为他的意志的动机，才能使他行动起来"①。道德行为的动力源自然首先需要从人的精神世界去寻找。社会组织固然是以实体的形式存在和活动的，但它作为人的集合形态，其行为动力也存在于人的精神世界中。心理学的深入研究，对从精神层面把握社会组织的道德行为动力源有着重要的积极意义。

就个体的一般行为而言，其驱动力主要来自三个方面：其一，来自自身的生物本能的生物性驱动力，诸如驱动饮食行为以解渴、止饿，驱动交配行为以满足性欲和生殖需要；其二，来自外部的外在驱动力，指做出某种特定行为是由于外力作用而致的主体寻求奖励、避免惩罚的行为反应，也即该行为可能带来的奖励所内含的诱引力，或可能遭致的惩罚所内含的威慑力；其三，则是来自主体内心体验的内在驱动力（intrinsic motivation，或称"内在动机"，在研究之初，被称为"第三种驱动力"），通常以行为给主体自身带来的内在意义体验和精神愉悦为显性特征。这是行为心理学所揭示出的人的行为的基本动力源。行为心理学还指出，三种驱动力可能同时作用于个体，但并非总是同向度作用，即使在行为方向一致的情况下，一种驱动力也可能会对另一种驱动力的强度、持久性构成干扰。其中，内在驱动力对人的行为的驱动作用稳定而持久，来自环境的外在驱动力（如奖励或惩罚）的加入在短期内可能会提高人的行为积极性，但它同时也会降低人对行为本身的兴趣，当这种驱动力减弱或不复存在时，原本已经具有的内在驱动力甚至也可能会随之减弱或丧失。不过，值得一提的是，第三种驱动力比另两种更脆弱，只有在它所需要的或曰与它相适

---

① 《马克思恩格斯选集》（第4卷），人民出版社1995年版，第251页。

应的环境中，它才能存在并正常发挥作用。

由于社会组织道德行为的特殊性，满足生物本能的生物性驱动力即使存在于道德行为中，往往也与环境的外在压力相联系。加之组织道德行为必然依赖于组织存在的基本条件，一般地说，生物性驱动力无须纳入社会组织道德行为的动力机制之中。

第二种驱动力在不同性质、宗旨和形成原因的组织那里的表现可能最为复杂。尤其是互益性社会组织的道德行为的确可能基于交换关系而发生。从动机上看，这种行为是自利性的，但这并不妨碍在效果上的利他性。换言之，其动力源是否具有最大限度的善性，并不妨碍其行为本身的合道德性。基于交换的道德行为的动机激发不仅有意义，在市场经济社会中，由于市场本身对交换关系的肯定，这种道德行为甚至可以说是一种常态。当然，基于这种驱动力的道德行为往往总是不会表现得高尚，受公众的质疑也最多。20 世纪 70 年代，英国社会学家理查德·蒂特马斯（Richard Titmuss）就买卖血液问题提出过一个大胆的想法：买卖血液远远不只是不道德，反而会使捐献行为减少。这一设想在后来的两位瑞典经济学家的实验中得到了证实。他们发现，"'人们用奖励来提高其他人的积极性，提高某种行为发生的频率，希望能从中获益，但他们经常破坏人们对某种行为的内在积极性，无意中增加了隐形成本。'这是社会科学界最重要的发现之一，也是最为忽视的发现之一"。在这个意义上，"奖励抑制了善行"。① 此外，基于对物质奖励等利益形态的追求而促动的道德行为本身容易出现行为动机冲突，因此，也不能对这种驱动力有过度的依赖。

第三种驱动力则是基于道德行为本身的意义以及主体对这种意义的深刻体认的。研究者曾就那种习惯于通过奖惩实现动机激励的做法提出过这样的批评："不只公司，包括政府和非营利组织在内的很多机构的动作都基于对人类潜能和个人表现未经验证的过时假设②，这种假设来自民间传说而非来自科学。"③ 这种批评尽管针对的是组织在其成员激励中的做法，

---

① ［美］丹尼尔·平克：《驱动力》，龚怡屏译，中国人民大学出版社 2012 年版，第 50 页、第 60 页。

② 指那种以"给我奖励，我就更努力"的方式表达出来的奖励与积极性存在正相关关系的假设。

③ ［美］丹尼尔·平克：《驱动力》，龚怡屏译，中国人民大学出版社 2012 年版，第 10 页。

但也同样适用于社会对组织以及组织对其自身行为的激励。它更强调行为自身的动力源价值，认为行为者在行为中体会到快乐、成就感和价值实现感，才是真正稳定、持久、有效的动力机制。在个体那里，它更主要地依靠主体的潜能和个人表现，总体上呈现为一种"以乐为本的内在动机"。这种"以乐为本的内在动机"不仅在商业领域的活动中能使参与项目者感受到创造力和创造的乐趣，并由此成为最强大、最常见的动机，在社会组织的道德行为中也是如此。当组织成员预知自己可能通过某种道德行为获得快乐、成就感和价值实现感，组织也预知到这种道德行为可以让自身的存在更具有社会价值，道德行为的动力就会生成并将在此后的行为过程中因其成效而得以固化和强化。

关于以上三种驱动力及其作用，在心理学上另有类似的解释：每个人的行为都是"本我动力"、"自我动力"和"超我动力"这三种心理动力共同作用的结果。"本我动力"是个体为了获得"本我利益"、满足自我需要而产生的行为动力；"自我动力"倾向于在自我需要和社会需要之间进行权衡并达到适度的状态；"超我动力"是个体为满足社会需要、社会利益，实现社会价值、社会理想而产生的行为动力。这也是笔者提出"组织自我"概念的一个理论基础。

二　社会组织道德行为动力源的多种形态

古典组织理论更多地关注组织的效率与目标实现，其基本路径是运用组织权力实现外部协调和内部控制；以组织行为研究为中心的组织理论则更着重于人的本性、需要和人际关系，它在权力之外为组织理论找到了另一条道路。此外，尚有切斯特·巴纳德的组织平衡理论、赫伯特·西蒙的决策过程理论、弗里蒙特·卡斯特和詹姆斯·罗森茨韦克的系统与权变理论、本尼斯的组织发展理论、沙因的组织文化理论等对组织行为有着深刻的揭示，不过，总体上看，这些理论归根结底是基于效率和利益的，尽管在很大程度上解决行为动机的激发与激励问题，其成果自然能对本选题研究提供有益的借鉴，但基于利益权衡的行为动机生成机制从根本上无法适用于社会组织及其成员的道德行为，尤其无法适用于社会组织总体。因此，必须在充分借鉴组织理论的当前成果的基础上另寻他途。此外，社会组织道德行为的动力既是一个组织动力或曰群体动力问题，又是一个精神动力问题。前者强调动力属于组织，在组织中发生、运行并依靠组织力量、实现组织的价值；后者则指认动力的道德属性，它属于人的精神生活世界，体现为一种非功利的精神追求。恩格斯所说的被"庸人"们理解为唯物主义的那些"贪吃、酗酒、娱目、肉欲、虚荣、爱财、吝啬、贪婪、牟利、投机，简言之，即他本人暗中迷恋着的一切龌龊行为"①，既不能成为一种精神动力，也从来不会成为一种道德行为的动力。

不过，这并不意味着精神动力与物质毫无关涉。利益权衡在社会组织道德行为的发生问题上以另一种形式体现出来了，那就是行为后果的趋避选择。加之在道德行为问题上社会组织本身的复杂理性的考量，趋避选择就成了道德行为动力源的一种组织形态。关于人的道德行为取向，无论是个体的还是群体的，都可以简化为两种：趋与避。只要个体或群体主体具有足够的认识能力——尤其是对事物性质的判断能力和对行为趋势、结果的预见能力，即使最终通过"趋"、"避"的权衡使自身面对道德情境或任务时保持静止状态，没有任何行动，"趋"与"避"的选择也仍然存在，其道德的"无为"正是其趋避选择的结果。当然，这种趋避选择并不是决定论的结果，"选择"本身就意味着人的自由意志的作用。个人的社会本能的确会使人在组织之中产生利害一致之心，这种利害一致性会逐渐把相似者联合起来进行密切而持久的合作。这种同类相吸而产生的行为动机在动物那里已经能够看出，只不过就组织中的人来说，对行为的意义感知却更重要些。不过，对于社会组织的道德行为来说，其发生却不是一个简单的意志过程，而是其内部个体与个体之间的意志冲突在组织情境、机制作用下的复杂过程，而从社会组织的运行看，它更像是一个组织本能与组织理性的混合作用。

从应然角度看，组织目标以及由此决定的组织的道德需要才是社会组织道德行为动力的原生形态。它集中体现在社会组织的道德行为目标中。可以说，每一个社会组织都有其特定的价值目标，其中也自然内含着道德目标。道德行为的目标就组织外部来说是一种牵引力，在组织内部则是一种驱动力。在个体那里亦是如此。困难的是，社会组织道德行为的目标并不像企业的管理目标那样具有很高的分解空间，一般体现出混沌性的特征，这种混沌性既意味着整体性，又意味着模糊性，甚至还包含一定的不

---

① 《马克思恩格斯选集》（第 4 卷），人民出版社 1995 年版，第 232 页。

确定性。当目标难以分解时，群体道德行为中个体道德责任的析分也面临着相应的困难。不过，其动力意义却是自在的。当然，这种道德需要也体现为不同的层次和境界。

就人类社会的历史来看，"社会组织有一个最初时期，此时单位正在时间和空间上形成，此时人类个体的发展促使单位形成"①，因此，个体及其相互影响在道德行为的发生方面比组织的影响会更大。而随着社会的发展，社会对人的主体性、权利意识等的充分确认，社会组织越来越具有复杂的运行机理，一方面，个体的心理活动、现实利益、实践经验和认识能力在逐步增强，个性也在摆脱社会的束缚得到越来越充分的发展；另一方面，社会组织在运行机制、文化环境等方面也日趋成熟，对个体的控制能力也越来越强。因此，社会组织道德行为的发生机制和过程也更趋复杂。传统型社会组织大多起于凝聚力量、调解冲突，带有较强的道德特性。现代型社会组织的业务或事务主要包括服务提供、利益代言、社会支持、资本募集等方面。"社会组织在中国和西方的发展过程很不一样，但基本都是围绕争取维护权利和慈善公益互益这两条主线发展起来的。"②从其产生、演化及现实运作过程看，形成原因要复杂得多，尽管都带有突出的伦理特性③，但其道德需要的层次却有了显著差异。有些带有行政化色彩的组织更多地服务于社会管理，有些与利益相关，甚至直接起于利益

---

① ［法］亨利·贝尔：《社会组织的三个发展阶段》，［法］亚历山大·莫瑞、G. 戴维：《从部落到帝国——原始社会和古代东方的社会组织》，郭子林译，大象出版社 2010 年版，第 7 页。

② 国务院发展研究中心社会发展研究部课题组：《社会组织建设：现实、挑战与前景》，中国发展出版社 2011 年版，第 1 页。

③ 西方社会组织的发展基本上沿着权利斗争和慈善公益这两条主线展开。在资产阶级反对封建专制统治、工人阶级反抗资本主义剥削压迫的斗争中，自发形成了各种社会组织，主要以争取政治民主、个人权利和自由为宗旨。慈善组织则是在西方宗教改革以后慈善机构脱离教会管控、实现私人慈善的规模化的基础上形成的。进入 20 世纪尤其是第二次世界大战以后，环保、科技、教育等领域的公益性组织得到迅速发展。这些各不相同的社会组织在经济、社会中发挥着的巨大作用既能使民众权利、利益得到维护和增进，又以其所分担的政府公共职能展现了其突出的服务性。在当代中国，虽然社会组织是在强政府的背景下经历了特殊的发育过程，但无论政府扶持、支持还是许可，都基本缘于其公共性的社会功能。这些均是社会组织之伦理特性的显性表征。当然，这并不意味着社会组织不具有负向的社会影响，研究如何防止、克服其负向影响也是研究社会组织的道德行动的一个重要任务。

维护或争夺中的协作（如权益维护组织），有些则直接实现某种道德目的（如志愿服务组织），还有些只是为了某种个人性的互助或共同行动（草根性组织大多属于此类）。在王名等的研究成果中，社会组织的典型形态主要是行业协会、社区社会组织、基金会、社会企业、国际 NGO，其他类型则包括科技类社团、社科类社团、农村社会组织、各种民办非企业单位，以及大量未在民政部门登记注册的草根社会组织。① 鉴于社会组织具有各种不同形态，无论是民办非企业单位、免予登记的社会团体、学术性社会团体、专业性社会团体、行业协会和农村专业经济协会以及各种基金会虽在统计意义上作为非政府、非营利组织，但均有其特定的政治、经济背景或功能，在其道德行为的发生机制上，行政推动或利益驱动仍然起着较大的作用。② 社会组织的道德需要还将发展到起于价值重塑的自觉型社会组织形态。在这种形态之下，社会组织的存在更多的就是为了维护成员个体利益、组织自身利益与社会之间的平衡，促进社会公平，实现社会不同主体的共赢，道德行为的动力会更显著、更全面、更集中地内含于组织目标之中。

在社会组织的目标问题上，还需要考虑目标赖以实现的道德行为所属的类型，这尤其表现在任务型道德行为与职能型道德行为的差异上。这还与社会组织本身的任务型与职能型划分有关。一般地说，职能型社会组织以执行某一种或多种社会职能为中心，诸如行业协会、研究会、特殊人群的联合会（如为残障人士服务的残联、凝聚社会各界青年的青联等），虽然也会具体实施特定的道德行为，但目标上更具宏观性、远期性，且往往在决策层面所起的作用更大。其目标并不直接成为道德行为的动力，而是更倾向于以其管理权力推动基层、成员的道德行为。而在任务型社会组织在任务、目标、行为三个层面上往往是一体的，任务直接确定目标，目标也直接成为行为的动力，这在草根型、小规模的互益型社会组织那里表现得尤其突出。

道德文化累积层上的集体道德冲动，也是社会组织道德行为动力源的

---

① 王名：《社会组织论纲》，社会科学文献出版社 2013 年版，第 3—5 页。

② 此处关于社会组织的类型的提法取自《社会组织建设：现实、挑战与前景》，需要强调的是，这并非严格意义上的类型划分，只是一种描述。参见国务院发展研究中心社会发展研究部课题组《社会组织建设：现实、挑战与前景》，中国发展出版社 2011 年版。

一种重要形态。群体现象始于个体为了实现某个既定的共同目标（包括共同生存于某一特殊环境）时必须与他人形成合力而进行的联合和合作。正式组织的出现亦是如此。不过，这种合作的事实一经形成，即会独立于个体，按其自身的运行规律对自身及其所处的环境乃至整个社会独立地发生作用。个体虽处于其中，但已丧失了对群体实现完全控制的能力，相反地，维持合作行动成为个体共同关注的焦点问题和群体行动决策的核心问题，群体成为使相关参与者的行动目标、方式、策略与群体的目标以及相应秩序趋于一致的影响力。同时，社会组织在其运行过程中会逐步形成特定的组织价值观和组织文化，道德文化也由此逐步累积起来，并对后续的组织运行和组织所遭遇的涉道德事件发挥或显性或潜在的影响。在这里，社会组织的道德行为不外乎两种情况：一是为了克服个体在进行道德行为时所存在的体能、智能或社会资本等方面的局限性、实现共同的价值目标而与其他个体联合起来共同行动，从而形成社会组织并发起、维持道德行为；二是以社会组织的先在性为前提，为了实现组织的价值目标或避免组织可能遭遇的道德风险（包括道德舆论的压力）而由组织自身主动发起、维持的道德行为。就前一种情况来说，随着社会分工的日益深化和社会的单子化，无论是在人们日常生活领域还是社会公共生活领域都对社会提出了进一步组织化的要求。诚如彼得·德鲁克所言："社会已经成为一个组织的社会。在这个社会里，不是全部也是大多数社会任务是在一个组织里和由一个组织完成的。"[①] 个体的道德行为尽管对个体之间的道德关系维持、群体道德行为的发生和社会道德秩序、道德风尚的形成都不可或缺，但公益、互助、反侵害等道德目标都对社会道德生活产生了不断强化的新需求——道德行为的组织化。而就后一种情况来说，法律制度的逐步健全无疑在为道德的良性运行提供基础性的环境，但在此也不得不在以下方面给予足够的警醒和关切：社会组织的未来发展不应该也不可能永远仅仅秉持守法的底线性战略，社会组织的发展要求其信誉、声望、社会形象的高度提升，这必须依赖社会组织德性，必然体现为组织的道德行为。

社会组织的道德行为的动力源，还会以集体的极化效应的形态表现出来。严格地说，这不是动力源的一种形态，而是动力的一种增长方式。但

---

① ［美］彼得·德鲁克：《后资本主义社会》，张星岩译，上海译文出版社1998年版，第52页。

是，在复杂的社会空间里，往往会显示出一种脆弱性，如果没有这种极化效应，原来的一种设想、计划也可能根本无法具有动力性，不足以发动一种道德行为。"许多时候，一群人最终考虑和做的事情是群体的成员在单独的情况下本来绝不会考虑和做的"，在桑斯坦看来，这甚至是"社会生活中一个普遍的事实"①。"当人们身处由持相同观点的人组成的群体当中的时候，他们尤其可能走极端。当这种群体中出现指挥群体成员做什么、让群体成员承担某些社会角色的权威人士的时候，很坏的事情就可能发生。"在这个群体中，可能进行关于某种观点的讨论，但在讨论的最后往往不是达成各种观点之间的妥协，而是"与讨论前成员所持的倾向总体相同，而且更为极端"，② 也即桑斯坦给予特别关注的群体的极化（group polarization）现象。在这个意义上，道德的集体极化效应的确不啻为一种动力源。当然，桑斯坦所关注的极化现象，主要是关于不良行为倾向如何在范围、程度上迅速在群体内扩展的问题，其极化的机制却同样及于社会组织道德行为的发生、持续。

三　社会组织道德行为的动力模式

一般地说，动力模式涉及与行为动力相关的动力源自何处、何时产生、依靠何种力量得以传递或强化等方面。本书主要依据前两个方面对社会组织的道德行为动力模式进行分析，概括出以下三种动力模式：原发内生型动力模式、集体自省型动力模式和外部压力型动力模式。在社会组织的道德行为类型中，前两种基本都属于成员自主型道德行为，外部压力型模式下的则属于社会动员型道德行为。

第一，原发内生型动力模式。其特征是，道德行为的动力来自社会组织内部，通常由一个人或若干人在观察、遭遇到与道德行为的必要性相关的现象之后提出道德行为倡议，然后以特定的程序——正式的规范化程序或个人自主的非规范化上达行为——向组织提出，由组织形成创意、设想和行动方案，再通过决策程序，正式形成行动方案并付诸行动。它既依赖于社会组织中个体成员（也包括组织的发起者、领导者）对道德生活的

---

① ［美］凯斯·桑斯坦：《极端的人群：群体行为的心理学》，尹宏毅、郭彬彬译，新华出版社 2010 年版，第 2 页。

② 同上书，第 3、4 页。

敏锐观察力、行为性质及后果的判断力、对社会组织道德风险的忧患意识甚至恐惧心理、道德行为的选择能力和创造力以及对提议场合、时机的把握，也依赖于社会组织的道德行为决策能力、对成员建议的吸纳意识和容忍度、道德风险意识和道德行为的勇气。有了个体成员和组织本身两方面的条件，社会组织就会密切关注当下的道德境遇，选择适当的道德行为方案和行动时机，做出积极的道德行为。由于原发内生型动力模式对个体成员具有较强的依赖性，社会组织必须在注重不断提升成员的道德素质的同时，给予组织成员以充分的尊重和信任，因为社会组织会倡导道德行为上的积极性、创造性，但社会组织同时会使个体的自发性、自觉性受到机制的约束，且因此可能会窒息个体，并由此减损道德行动的积极性、创造性，个体对社会组织的促动作用也难以真正实现。

就组织来说，原发内生型道德行为模式一般主要在社会组织和企业组织内发生，行政组织由于其组织本身的既定管理职能范围及其在行政体系中的隶属关系所限，往往并没有行为的自主性，只在特殊情境（如突发灾害性事件等）中才会发生。当然，这并不排除政府组织中个体成员以其个人名义做出的道德行为的可能性，但那并不是组织的行为。在中国文化传统的影响下，甚至面对明知正确的道德选择，也往往持观望或比照的态度。譬如在制止某种危害行政相对人权益的行为时，如果组织未做出决定，有些成员可能会积极报告相关问题，但之后则是等待组织决定或同事的反应，而不是果断采取措施及时防范不良后果的发生。但在社会组织中，管理体制的不规范性、决策的灵活性却有利于触发这种原发内生型道德行为。企业组织兼有政府组织与社会组织在道德行为的原发性方面的优势和局限，其原发内生型道德行为的可能性水平也介于二者之间。

第二，集体自省型动力模式。这种动力模式在政府组织、企业组织中较少见到，在一定程度上可以视为社会组织特有的动力模式。它不是起于对道德行为服务对象的现实需要的发现，而是起于对社会组织当前行为的反思。在社会组织的运行过程中，并非所有道德事件都能被组织成员敏锐地感知到，或者事件看似与本组织无关，或者认为本组织并无相关的道德义务。但随着事件的进一步发展，与本组织之间的相关性逐步浮现出来，使社会组织参与该事件并做出道德行为上的回应成为必要。还有一种情况：社会组织在其从事另外一些事务时，出现道德上的偏向，可能出现预料之外的不良后果，组织必须果断地采取相应的救济措施，防止因此滋生出道德风险。对于一个具有组织伦理能力的社会组织来说，必然也必须及时启动伦理反思的程序，通过集体的行为自省，确证道德行为的必要性，继而提出道德行为的方案。它在实质上是一种继发、内生型的动力模式，仍然需要依赖社会组织内的个体成员和组织自身两方面的条件。

第三，外部压力型动力模式。在社会组织发展的必然性、合理性和赖以形成的社会逻辑方面，组合主义、新法团主义、新公共管理主义、治理与善治理论以及社会资本理论等分别做出了与其所在的时代状况相适应的深刻揭示。① 不过，从总体上看，这些揭示所涉的社会组织在社会政治、经济、文化生活以及社会管理等方面发挥着更明显的社会作用，其行为也具有一定的道德行为的性质，但并非直接的道德行为。那么，组织的道德行为是否也如以上诸理论所揭示的那样，有其不同的必然性、代表性和形成逻辑并因此呈现为不同的社会组织呢？如果是，不同社会组织的道德行为在发生机理上是否相同？这是笔者必须着力思考的问题。

组织之外的社会力量推动，在公益性社会组织的道德行为发生方面表现得十分突出，这种力量既包括政府及其他国家机关②，也包括其他组织；其推动力量则既包括政策引导、制度与资源供给、宣传鼓动、资源动员、关系协调等方面，也包括实际参与的榜样影响、竞争或竞赛等直接的动机激发、激励过程。从我国社会组织的当前现实看，的确如此。

从正式社会组织在管理上的规范化趋势看，大量社会组织是依托国家行政机关（甚至直接由行政机关改组）、基于组合主义而形成、存在和发展的，它反映出国家、社会与个人之间的一种特殊的协调机制，即以"组合的方式"这一特殊的联系方式"把国家和社会集团联系在一起，进行权力和资源、权威和合法性、控制和同意的互惠交换"③。在当前的中国，一方面，政府对社会组织的管理总体较紧；另一方面，社会组织在资源上也较缺乏，因此，社会组织呈现出对政府的双重依附，即资源依附和行政依附。"社会组织对政府的依附会导致对自己的发展缺乏足够的决定

---

① 参见胡仙芝等《社会组织化发展与公共管理改革》，群言出版社 2010 年版，第 24—36 页。

② 在中国，党群机关（包括党团组织、工会、妇联等）的这种推动作用由于其官方性和准行政权力的运用而尤其显著。

③ 胡仙芝等：《社会组织化发展与公共管理改革》，群言出版社 2010 年版，第 28 页。

权，由此在组织自身目标的设定上，以及事务的决策上缺乏决定权。"①
这种缺乏有时还表现为"主动"的放弃。也就是说，在社会组织决策时，
存在着消极等待、观望的心态。政府的过度介入与社会组织的放弃决策会
使作为服务对象的民众在观念、决策和实践三个层面都"被架空"，从而
既与社会组织所应具有的道德主体性形成巨大反差，又会导致道德行为难
以切实实现其所期待的道德目标。

实际上，这类社会组织即使是依托事业单位的，由于其所有制性质可
能属于国有，而同样具有典型的组合主义色彩。正因为此，其道德行为无
论在范围、方向、形式、主体参与程度乃至效果控制等方面都会受到行政
或准行政力量的指导和制约，而在道德行为的发生机制上，政治动员的方
式不仅较为常见，甚至会表现出一种惯性或惰性：当这类社会组织面对一
个具有实施某一道德行为的必要性的情境时，成员不是立即积极地做出回
应，而是静候组织的决定，而组织则往往以同样的姿态等待着上级的号
召。不过，这种基于行政或准行政力量的道德行为发起方式——或可称为
"道德行为的行政化动员"——并非总是消极的，因为一俟动员过程开
始，社会组织的成员或者本已等待着号召，便很快释放出其道德自觉性；
或者慑于行政权力，很快将压力转变为道德行为积极性，道德行为的发起
也因此呈现出较高的效率。②

在实践中，"枢纽型"社会组织可能是政府介入社会组织的运行从而
保障社会组织积极作用的一种有效模式。"'枢纽型'社会组织，是指由
负责社会建设的有关部门认定，在对同类别、同性质、同领域社会组织的
发展、服务、管理工作中，在政治上发挥桥梁纽带作用、在业务上处于龙
头地位、在管理上承担业务主管职能的联合性社会组织。"③ 2009 年，北
京市社会建设工作领导小组正式认定了市总工会、团市委、市妇联、市科

① 李春霞、吴长青、陈晓飞：《民间平谷：新时期社会组织在民生建设中的作用研究》，九
州出版社 2013 年版，第 140 页。

② 当然，这种高效率也可能会因其所具有的"不当强制"特性而产生道德行为动机递减的
效果，也就是说，假如类似的行为情境不止一次，当后面的行为情境出现时，那些非自觉的组织
成员的道德行为倾向性会越来越弱。

③ 北京市社会建设工作领导小组办公室：《关于构建"枢纽型"社会组织工作体系的暂行
办法》，转引自李春霞、吴长青、陈晓飞《民间平谷：新时期社会组织在民生建设中的作用研
究》，九州出版社 2013 年版，第 51 页。

协、市残联、市侨联、市文联、市社科联、市红十字会、市法学会作为首批"枢纽型"社会组织，分别负责职工类、青少年类、妇女儿童类、科学技术类、残障服务类、涉侨类、文学艺术类、社会科学类、医疗救助类和法学类社会组织的联系、服务和管理。此后，又有市工商联、市体育总会、市志愿者联合会、首都慈善组织联合会等获得认定。这种模式在道德行为动力的激发和维持方面的优点在于，它们有着"与政府、企业近距离接触的优势"，它"一方面近距离地同政府及其职能部门保持着密切联系，对宏观方面的方针、政策有比较全面、准确的了解；另一方面，他们与微观层面不同利益主体的当事人近距离地交往较多，对来自企业的呼声和要求比较了解，比较清楚"，"能够在政府、企业之间建立顺畅的沟通协调机制，扮演起重要的中介、桥梁、纽带角色"[1]，同时在社会组织之间的互动中将政府、企业的推动力、资源支持等转化为非枢纽型社会组织的道德行为动力，并在非枢纽型组织之间进一步扩散或传递。

第三节　社会组织道德行为动力的组织内传递

在社会组织那里，道德行为最终是通过成员个体付诸实施的，因此，并非组织总体具备了道德行为动力，就会实际发生道德行为。在社会组织的道德行动问题上，组织成员既以个体的面目出现，又以组织的名义发生对外联系，对外展示组织形象。社会组织环境的存在决定了其成员不可能完全是利他主义的，而道德行为则要求成员与组织一起秉持利他主义的信念。其动力机制还必须包括一个组织将道德行动的动力传递到每一位组织成员那里的过程，也即道德行为动力的组织内传递。总体上说，这一传递过程遵循组织传播的一般规律，但由于社会组织自身的特性，它还需要借助组织内的权力或权威等机制性力量以及个体成员的积极作用。

一　经由权力和权威的道德行为动力传递

与个体道德行为显著不同的是，社会组织的道德行为的发生过程必然与权力或利益或二者的结合联系在一起，它要么肇始或依赖于权力，要么

以利益诉求为直接发端、以利益驱动为特征，要么，就是二者共同发生作用，触发其道德行为动机并维持道德行为过程。不过，在社会组织道德行为动力的组织内传递方面，权力或权威往往比利益驱动更为有效。

在制度主义那里，权力无疑对于组织秩序的维持和行动的执行具有前提性意义。然而，它对权力同时从"合法性"上进行了规限，也就是说，只有权力具备合法性时，组织成员的服从和对秩序的尊重才会是有效的、完全的。其合法性机制的作用通过强迫性机制、模仿机制（竞争性模仿和制度性模仿）以及社会规范机制来实现。在社会组织的道德行为那里，动力机制的生成及其作用的实现与此大体相似，但不同目标类型的社会组织在几种机制的运行水平上有着较大的差异。强迫性机制，要求社会组织必须依据法律、公德规范或自身章程的规定，做出某种道德行为，避免某种不道德行为的出现，否则不仅会受到惩罚，甚至会丧失存在的必要性和社会认同基础。由于社会组织的目标较之政府组织、企业相对单一，社会组织对目标的依赖性也较强，换言之，政府组织、企业并不以道德行为为主要目标，一般也不会因该道德目标未能实现而解组，因此，强制性机制在社会组织（尤其是以道德目标为特质的公益性组织）那里所起的作用较之其他组织要大得多。模仿机制则更多地运用于不确定性的环境之中。当环境不确定时，即使社会组织已经确定了明确、积极的道德行为取向，道德行为动机也已通过特定的方式激发出来，但无论行为过程、结果都可能出乎预期之外，也难形成一个最优的行动方案，甚至出现危及组织或个体的风险，社会组织便会处于道德风险与组织风险的两难之中。在这种情况下，模仿竞争对手，或者依循旧例——这可视为制度性模仿的一种形式，无疑是最便利的，风险也最小。这种机制在政府组织那里并没有太大的作用空间，一是如果政府组织需要做出这一道德行动，则是责无旁贷；二是政府组织也往往无可仿效。当然，社会规范机制主要是为社会组织的道德行为提供一种共事的观念和共享的思维方式，这种机制无论对于哪一类组织都具有一般性的促进作用。

在社会组织里，权力的合法性一般取决于组织本身的形成方式，换言之，组织是由谁发起、组建或领导，谁往往就拥有并运用组织的权力。尽管社会组织成员与组织的领导者发生冲突（包括个人冲突或与组织总体的利益冲突）时可能会对运用权力的合法性或能力进行质疑，但其所质疑的并不是社会组织权力本身，而只是社会组织权力的执行者和权力运行过程。社会组织权力如果能被合理地运用，它会自动转化成为组织权威。不过，一旦权力被不正当地行使，即违反关于角色、报酬和各种条件的分配原则，权力就会被看作是强迫性控制，而不是合法的权威。当然，如果强迫性控制在维持秩序——即使这种秩序可能存在不当一方面是有效的，它就存在着一种合法性（即由被控制者赋予合法性）的趋势。另一方面，如果权威在维持秩序和分配角色、报酬等方面的作用削弱或丧失，那么权威也会失去其有效性。有研究者依据权力的作用方式，将权威分为专制型权威和民主型权威，弗伦奇和瑞文则指出，后一种影响力为参照性权力，"它的基础是对于拥有理想的资源或个人特质的人的认同"①，其权力特性主要体现在个人魅力权、背景权和感情权等诸种影响力上。在马克斯·韦伯所归纳的三种典型统治类型——魅力型、传统型和法理型——那里，对权力与权威的关系也有类似的理解。丹尼斯·朗甚至直接将权威作为权力的一种形式。② 在社会组织实践和社会生活中，"有权力又有权威方能具有真正的权威，权力也才能得到更有效的运用。一句话，权力是权威的前提，权威则是权力的内在灵魂"③。在这个意义上，权力与权威是一体的，在道德行为的动力传递上发挥着相同的作用。设若某一社会组织的权力集于领导者一身，领导者的道德情感会影响其道德理性，强化组织道德行为的执行力；当群体内个体之间的意见显著一致并与群体的领导者的意见相左时，势必会形成形式上的对抗，此时，这种一致性可能反而会强化领导者的反对倾向，并延搁道德行动的发生。这与其说是领导者的权力受到挑战时的防御或反抗，毋宁说是领导者在群体压力下的一种特殊应激方式。而当社会组织内的权力分散时，参与组织决策的各种力量具有的情感取向和强度所形成的合力往往决定组织的道德决策和执行。

二 基于榜样的道德感召力的行为动力传递

前文指出，社会组织的道德行为总是由在组织中处于不同位置的成员个体提议的。正因为此，社会组织道德行为的个体动力往往在提议者那里

---

① 黄斌、任丽梅：《权威与魅力》，企业管理出版社 2002 年版，第 10 页。

② ［美］丹尼斯·朗：《权力论》，陆正纶、郑明哲译，中国社会科学出版社 2001 年版，第 42 页。

③ 黄斌、任丽梅：《权威与魅力》，企业管理出版社 2002 年版，第 29 页。

最先形成。这些成员就自然会成为道德行为动力生成上的榜样。社会组织化所呈现的，是社会的个体成员越来越多地以特定的组织形态相互联系起来，形成或近或远的共同目标，并进行统一行为的社会趋势。在社会学意义上，它是"社会成员通过不同的途径建立相互联系方式参与社会管理，实现社会自组织的有效运行，实现社会组织的和谐治理目标"，其明显特征在于，"社会力量的主要载体并不是单个的个人，而是社会公众以组织、社团和集合等形式的结合"。① 基于组织人的四重特性——"个性（作为个体的个人特有属性）、个人独立性（超出组织控制的个人的心理和行为的独立性）、组织性（组织成员共同的组织属性）与社会性（作为社会成员共同的社会属性）"② ——这些个体的道德需要、道德情感、行为态度和士气会通过其言语和行动向组织中其他成员的扩展。这是社会组织道德行为动力传递的又一个重要途径。

一般地说，榜样具有两种基本价值：示范价值和激励价值。榜样示范的心理机制在于，模仿——按一种已有的行为模式习得与之类似的模式并见诸行动——是榜样影响力的基础，激励则意味着人们在榜样所内含的精神的影响下，自觉地产生"比、学、赶、帮、超"的行为。③ 在由于榜样已经不再停留在动员层面，而是已经付诸行动并可能见诸实效，社会组织对其成员的道德行为动力的传递上，充分利用榜样的道德感召力，产生强大的示范和激励作用，可以说是一种捷径。

榜样示范还会与群体压力相联系，出现一种扩大的效应。群体压力，是群体对其成员的一种影响力。当群体成员的思想或行为与群体意见或规范发生冲突时，成员为了保持与群体的关系而需要遵守群体意见或规范时所感受到的一种无形的心理压力，它使成员倾向于做出为群体所接受的或认可的反应。20 世纪 30 年代和 50 年代，心理学家谢里夫（Muzafer Sherif）和所罗门·阿希（Solomon Asch）所做的两个非常著名的经典的心理学实验为群体压力与趋同心理的研究做出了重要的贡献。实验显示：群体的影响或者说压力能够超越群体的存在，出现在没有群体的环境中；有些人即使发现感知到与群体意见相抵触的信息，也情愿追随群体的意见，群

① 胡仙芝等：《社会组织化发展与公共管理改革》，群言出版社 2010 年版，第 10 页。

② 张国才：《组织传播理论与实务》，厦门大学出版社 2002 年版，第 6 页。

③ 戴锐：《榜样教育的有效性与科学化》，《教育研究》2002 年第 8 期。

体压力导致了明显的趋同行为，甚至在人们从未彼此见过的偶然群体中也会如此。正因为此，榜样的示范会转化为一种群体压力，实现组织内的道德行为动力的人际传递。

三　组织传播中的道德行为动力传递

在社会组织中，成员对尊严感、价值实现感的重视程度在很大程度上高于政府组织和企业组织，进一步说，利他性组织较互利性组织中的成员对尊严、价值的感知和实现程度还会有更高的追求。正因为此，在道德行为动力的激发问题上，通常不会满足于简单的激励手段，精神上的对话、价值观的共享对于社会组织尤其重要，对话、共享的基本路径就是组织传播。在宏观上，组织传播是一个事业，但就社会组织的道德行为来说，需要关注的是微观的组织传播策略对组织行为的创造性、约束过程的实现可能或正在产生着何种影响，它在怎样的意义上、多大的程度上、以何种方式对社会组织道德行为的发生施加影响，如何促进社会组织道德行为的发生。

在组织传播过程中，"每一类符号都在描述、能量控制和系统维持等各层次发挥功能。因此，作为组织生活某一特别方面而表达的、不断讲述的故事可能发挥着描述功能（提供信息和会引起同感的体验）、能量控制功能（加强或减弱成员之间的紧张气氛），或通过把该符号作为某些行动（兼并、裁员等）的理由而促进系统的保持"[①]。组织传播较之一般人际传播的特殊性在于其方向的复杂性甚至弥散性，尽管这与组织本身的结构密切相关，结构在很大程度上会决定传播的方向，但实际的传播过程却并不如此确定。对于社会组织道德行为来说，组织传播的目的主要不是信息传播，而是道德行为动机的传递。

在伦理学界，对道德动机的研究大多是通过对其他相关问题的研究体现出来的，诸如德性、责任感、同情心、良心、利他心、爱与恨、感恩心与复仇心，等等。尽管人们在理论上承认动机是行为的直接动因，是直接激励人们去行动以达到一定目的的内在动力，但在有些学者那里，实际上是在"目的"的意义上使用"动机"一语的。为此，必须首先回到"动

---

① ［美］丹尼斯·K. 姆贝：《组织中的传播与权力》，陈德民、陶庆、薛梅译，中国社会科学出版社 2000 年版，第 23 页。

机"的本义和道德动机的一般形成过程。所谓"动机"，是"作用于有机体或有机体内部，发动并指引行为"的一种心理力量。"需要通常被看作动机的内部来源，它能激活并指引行为朝向环境中的对象，以缓解剥夺状态"，目标则是动机的外部来源。① 的确，动机是复杂而又隐秘的。它隐藏在人的行为背后——不仅在微观行为背后，也在宏观行为背后。动机的心理学研究揭示了本能、进化、情绪、需要、认知与思维、学习以及人们之间的相互作用等一系列因素对人的动机形成的影响。一般地说，道德行为动机"是行为者（主体）与环境（道德环境）相互作用后形成的，是主体通过对环境——人与人之间的关系、人的品质与境界、人的行为活动等的认识、体验而形成自身某种需要之后才产生的"②。在社会组织中，这既是一个每位成员同时或相继接受外部信息和影响的过程，是他们对外部环境、主体自身以及成员之间的关系与互动进行综合认知的过程，也是成员之间传播信息、传递影响并改变认知的过程。

　　每一个组织或其群体性活动都会凭借其自身的结构体系、固有经验、创新力量和行为取向、行为方式建立和维持其协作关系和内部的稳定，但其协作的建构方式却因组织或群体性活动的宗旨、形成过程和具体形态而各异，并会根据其所处的环境的变化进行调整。这种调整主要通过规则的形成和调整来实现。在社会组织的传播过程中，规则既是传播的对象和内容，也是传播的路径、限度，它使组织传播处于可预知、可控制的状态之下，体现出有序性，并获得预期的传播效果。不过，这里的规则不是预置的，而是生成性的，并在很大程度上体现为约定俗成或心照不宣的"前规则"形态，在一定意义上，也可以视为一种潜规则。当人们为志愿活动这一特定的目标聚集起来时，其原初的联结方式往往既基于共同目标，也基于同伴或同侪关系，权力的影响力为关系所取代，基于权力的动机源也基本不再存在，必须在人际关系那里寻求新的道德行为动机的来源。同时，人际关系决定着动机的流向，也即传播和传递方向、目标。其所影响的目标人群在人际的亲疏远近中体现得最为明显。此时，基于权力、权威而形成的规则只会在较低的程度上起作用。按照埃德加·沙因的观点，人

　　① ［美］H. I. 皮特里：《动机心理学》，郭本禹等译，陕西师范大学出版社 2005 年版，第12 页、第 16 页。

　　② 姚新中：《道德活动论》，中国人民大学出版社 1990 年版，第 218 页。

与组织的"心理契约总是在不断进行再协商，而且贯穿组织生涯始终"①，那么，社会组织中的交流和沟通实际上正是维持心理契约存在并支持其发挥作用的手段。当然，这种心理契约也可以通过显性的商谈以及"重叠共识"的达成②来实现。因此，组织的心理契约或重叠共识应当成为组织传播的基本规则、动机一致化的实现方式。

社会组织通过组织传播而实现的道德行为动机传递还会基于"情感逻辑"而实现。组织中的个体情感转化为组织的情感，是一个伴随着复杂的影响因素的人际互动过程。情感从来就不会是中立性的，自其产生开始，就负载了个体意义，并带有特定的主观性。信息的传播与动机的传递同样以情感逻辑作为基础，在一定意义上，甚至越是正式的传播、传递途径，越可能与情感逻辑相悖，并因此更难实现道德行为动机的有效传递。

当然，社会组织的动机传递过程并不仅仅是一个组织内部的心理互动过程，并非完全不依赖外部支持、不受影响外力影响。正由于看到这一点，"许多草根志愿者组织非常注重与媒体、政府、国际组织和公众建立良好的合作和互动关系。通过与媒体合作，提升组织的公众知晓度和公信力；通过与政府和国际组织合作，获得资金基础上等多方面的支持，从而拓展和演化服务；通过与公众建立良好的关系，扩大志愿者群体，使组织获得长久的动力"③。这些合作对社会组织的道德行为动力传递的意义主要在于，让组织成员感受到，其道德行为同样会得到社会的关注，行动同样能够得到支持，从而产生更强的自我效能感和价值体验，使成员现有的行为动力水平得到维持，并在一定程度上由于新目标、新希望、新支持而有所提升。

---

① ［美］埃德加·沙因：《沙因组织心理学》，马红宇、王斌译，中国人民大学出版社 2009 年版，第 103 页。

② 尽管罗尔斯明确地将"重叠共识"限定在政治的即公共事务的领域（参见罗尔斯《正义论》第 59 节、《政治自由主义》第 4 讲、《作为公平的正义》第 11 节），但笔者认为，这一概念延伸到社会其他领域是可能的，就本书主题而言，无论"自组织"还是"志愿行为"都需要这种"重叠共识"。

③ 陆士桢、张晓红、郭新保：《北京志愿服务模式研究》，北京出版社 2009 年版，第 70 页。

第六章

基于伦理能力的社会组织道德行为致成

"组织伦理能力是组织在制定伦理规范、处理伦理关系、把握伦理实践时，做出合乎善的评判和选择，并付诸行动的能力"，它是组织的一般能力与特殊能力的统一，"渗透在组织运行的各个环节之中，是组织顺利实现目标，获得持久发展必备的一般能力。当组织陷入伦理困境，遭遇道德冲突时，组织伦理能力又是组织应对道德冲突、化解伦理危机的特殊能力"。[①] 尽管组织并不是自然人那样的有意识的生命体，但组织也同样有"理性、能反思、能预见、有目标驱动，并能根据政策、法规、环境做出适时的调整和决策"[②]，因此，社会组织基于自身的自由意志而做出道德行为才能产生实质的道德价值，也只有依靠组织伦理能力对社会组织的道德行为进行有效调控和审慎反思，社会组织的道德行为才能顺利进行、卓有成效。

第一节 社会组织的伦理能力与道德行为之关系

尽管社会组织的道德行为最终需要通过社会组织的领导者、管理者和所有成员来实施，但它带有鲜明的机制性，在所有成员都具备深刻的道德觉悟和道德感受性时，其道德行为的动力一般能够得到保证，而行为的实际驱动却不见得能够得到保证，因为内部的管理体制和人际影响机制仍然可能影响道德行为决策的做出，致使道德行为难以发生。由于社会组织的组织特性，其道德行为不能仅仅依靠成员个体的道德判断、选择和践行能力，而是必须以社会组织的伦理能力为前提。同时，社会组织在组织目标上的价值特性又明显强于其他类型的组织，其伦理能力在道德行为领域显

---

① 蒋玉：《当代中国组织伦理能力研究》，硕士学位论文，东南大学，2010 年，第 21 页。

② 王珏：《组织伦理——现代性文明的道德哲学悖论及其转向》，中国社会科学出版社 2008 年版，第 41 页。

得尤为重要。

一　组织伦理能力的基本结构与社会组织伦理能力的特性

组织伦理能力是指组织在制定道德规范、处理伦理关系、把握伦理实践时，做出合乎善的选择，并付诸行动的能力，它由组织中的个体道德能力、组织实体的伦理运行能力以及社会伦理生态中组织的伦理发展能力三个层级构成，具体包括个体的道德认知能力、道德选择能力、道德践履能力；组织实体的伦理资源整合能力、伦理决策能力和伦理执行能力及伦理反省能力、伦理适应能力和伦理创造能力。

第一，组织伦理能力的个体（道德能力）心理结构。组织伦理能力是有机的系统整体，其主体是社会组织实体。组织中的主导因素是具有自由意志的个体。因此，组织中个体的道德能力是组织整体伦理能力的重要组成部分。个体的道德能力主要包括个体的道德认知能力、道德选择能力、道德践履能力。个体的道德认知能力是对道德现象和道德关系的感性认识能力及对道德规范、道德范畴的理性掌握能力。"知识虽不能直接被视作美德，但知识却是美德的基础"[1]，由知善而行善，从一个侧面反映出道德认知能力对道德行为的基础性意义。个体的道德选择能力是指个体自愿、自觉、自主地进行善恶取舍的能力。道德判断只是对善恶进行区分，但如何对善恶进行取舍，是否能择善弃恶，或者说道德意识、道德理性能否落实为道德的行为，则依赖行为个体的道德选择能力；个体的道德践履能力是个体在道德实践中坚守道德选择、承担道德责任、诉诸道德行为、实现道德目的的能力。在日趋多元的现代社会，个体在道德践履的过程中总会遇到一些客观或主观的困难，没有道德践履能力的支撑和推动，组织整体道德行为的展开会遭遇更多困难。

第二，组织实体内部的伦理运行能力。组织实体内部的伦理运行能力是社会组织伦理能力的主体部分，具体包括伦理资源整合能力、伦理决策能力和伦理执行能力。组织的伦理资源整合能力是指组织对组织中个体不同的道德意识、道德观念、道德取向及组织历时态与共时态伦理资源等加以整合的能力，从而使组织达成某种统一道德的共识，以实现组织的公共

---

① 魏英敏：《新伦理学教程》，北京大学出版社 1993 年版，第 423 页。

伦理资源与个体道德资源的相互转化，增强组织的道德活力，为道德行为的顺利展开铺垫基础；组织伦理决策能力是指组织根据一定的道德标准，对多种备选方案进行伦理分析，从而制定出更具有伦理性决策的能力。组织伦理决策能力是社会组织伦理能力结构中的关键要素。决策是组织有效运转的重要环节。在组织的各类决策中，至少会在某一方面涉及道德问题，甚至决策本身就处于道德冲突中。良好的伦理决策能力可以帮助社会组织快速做出善的决策。组织伦理执行能力是指组织践履伦理规范、执行伦理决策、实现伦理目标的行为能力，是以"善"结果为价值导向的实践能力。就社会组织来说，对个体道德践履能力的重视和对组织伦理执行能力的忽视是当前普遍存在的问题。社会组织一般是具有共同道德信念的个体自愿、自发成立的，在道德观念层面很容易达成一致，但组织自身若缺乏伦理执行能力，统一的道德信念难以创造出实质的道德行为价值。

第三，社会伦理生态中组织的伦理发展能力。组织中的个体道德能力及组织自身的伦理运行能力可以确证组织存在的现实性。但是，在变动不居的现代社会，组织存在的价值合理性的确证则要求社会组织应具备伦理发展能力，即伦理反省能力、伦理适应能力和伦理创造能力。伦理反省能力指的是组织作为道德主体对自身伦理意识、道德行为尤其是失范行为的反思能力，是对组织道德过失的追悔和觉醒，从而及时调节组织道德行为。组织的伦理适应能力是指组织通过学习，获取和运用伦理新知，不断地调整组织的道德理念、伦理机制和道德行为，对伦理环境的变化做出积极应对的能力。组织处在社会生态中，处在与外部生态环境的磨合中，组织形成了特定的道德理念及运行管理方式即组织惯例或者说组织传统。这可以减少社会组织重新寻找适应方式的成本，但当外部生态环境发生变化时，组织惯例或者说组织传统又成为组织发展的桎梏。[1] 因此，组织在遵从道德基本原则的前提下，应具备根据具体的道德问题不断更新和改造已有的道德传统的能力，即组织的伦理创造能力。伦理创造能力是组织在对伦理发展的各种因素进行整体分析的基础上，不拘泥于已有的道德传统，创造性地解决道德难题，将自身的道德认识和道德行为不断推向前进的

---

① 刘芳、刘洪、王成城：《基于生命周期的组织适应能力研究》，《经济理论与经济管理》2009年第2期。

能力。①

需要特别强调的是，与政府组织、企业组织相较，社会组织的伦理能力尽管在基本结构上并无多大差别，但由于社会组织的权力结构、管理体制、价值追求、人际沟通与说服方式等方面的特殊性，其组织伦理能力的核心却与其他组织有明显的差异。另外，在组织发展的不同阶段，组织的伦理能力既呈现出不同的发展水平，也发挥着不同的作用。总体上说，组织发展的原始阶段，组织伦理能力主要呈现为基于私人关系的道德传达能力、控制能力与遵行能力，它与道德能力基本吻合；在组织发展的初级阶段，组织伦理能力的机制性增强，个人性减弱，组织文化开始作为其伦理能力的一个重要组成部分参与组织的运行，组织伦理能力主要呈现为基于制度与文化的道德规范传达能力、调控能力与践行能力；在组织发展的高级阶段，组织伦理能力以反思性为特征，而且不仅包括对组织的各种行为的全方位反思，还包括对组织的道德取向、道德规范本身的反思，组织伦理能力也突出地呈现为基于反思的价值观观念体系构建能力与自我改造能力。这里所称的"发展阶段"既与特定组织自身的历史发展——包括组织规模的不断壮大、组织在其实践中的自身变革等——相关，也与组织随着时代发展而出现的总体进步相关。在社会组织、与政府组织、企业组织之间，即使处于同一发展阶段，其伦理能力也有较大差异。

具体地说，基于社会组织在形成、职能、结构及其运行等方面的特殊性，社会组织的伦理能力在内部结构上是以组织伦理发展能力为核心的，而政府组织、企业组织则分别以组织成员个体心理结构、组织伦理运行能力为核心；在组织价值观的存在和作用方式、水平上，社会组织强调的是组织内部结构要素（包括组织成员）及组织间互动，而政府组织着重于价值引领，企业组织则着重于价值分享；在伦理反思水平方面，社会组织的伦理能力力求全面、持续地反思，政府组织由于其执行性，往往因循既定取向、规则，基本无反思，企业组织则只能做基于愿景的有限反思；在道德取向、规范的开放程度上，社会组织一般会基于宗旨而具有较强的开放性，政府组织注重依循而非开放，企业组织也只具有基于利润目标的有限开放性；而在道德行为的控制水平方面，社会组织依靠的是以文化的精

① 蒋玉：《当代中国组织伦理能力研究》，硕士学位论文，东南大学，2010年。

神层面为手段的弱控制，政府组织则是以制度为基本手段的强控制，企业组织也居于较强控制水平，只是其所依赖的是制度与文化并行的手段。也正是由于社会组织在其组织伦理能力上的特殊优势，社会组织在价值观的调整或校正等方面会由于成员之间的日常互动而比其他组织更为容易，也更及时、更灵活，伦理发展能力无论是在伦理反省能力、伦理适应能力还是伦理创造能力上都明显强于其他组织。所以，它更能保障社会组织更全面、持续地进行伦理反思，在道德价值取向和道德规范的开放程度上、道德行为的控制水平上也更体现出与组织的精神相适应的特性。

二　社会组织伦理能力的一般功能

伦理能力是伦理学中一个被掩隐着的概念，虽然古今中外的学者都认识到伦理能力对于区分是非善恶、践履道德规范、坚守道德信念具有重要的意义，但是，却没有形成关于伦理能力较为系统的、完善的研究。伦理能力所具备的思维、认识、实践、反思等特征，使伦理道德在操作层面更具有现实意义。

在社会组织道德行为问题上，人们往往过多地关注志愿性、德性等，尽管没有明确提出"慈善组织必行善事"的假设，但实际上把它作为思维的逻辑起点，从而导致对社会组织伦理素质中伦理能力的忽视。殊不知，当行为主体缺乏必要的伦理能力时，越是善良，就越是容易陷于道德困惑中无所适从，难以做出正确的伦理选择及坚定的道德行为。社会组织应在道德行为实践中逐步增强伦理能力，提升道德认知的深度和敏感性，提高道德行为的果敢性和坚韧性，并在社会组织伦理实践中始终如一地予以贯彻。

较之于道德能力，伦理能力具有反思的特性，随时纠正道德行为已经发生的及可能发生的偏差，保证道德行为的顺利完成。可以说，社会组织伦理能力是社会组织道德行为发生、发展的内源性力量。因此，社会组织的道德行为应以社会组织的伦理能力为限。过高超出组织伦理能力的行为要求，不仅难以起到激励作用，而且会导致社会组织为履行不堪重负的道德使命而出现营利化倾向、行政化倾向，从而使社会组织陷入边界模糊、道德行为机制的混乱之中。从横向来说，社会组织应从政府更有实力和市场更有效率的领域退出，回归到"道德人"供给的志愿行为边界之内；从纵向来说，社会组织应根据不同阶段的伦理能力来承担不同的道德责任及开展不同的道德行为。在社会组织体系内部，不同的社会组织其伦理特性不同，伦理能力也有高低之分。对于伦理能力较弱的社会组织，不应提出过于苛刻的行为要求。

在一些情况下，社会组织对即将做出的决策所蕴含的伦理责任、所包含的道德危机或伦理冲突是无意识的，其原因来自多个方面，一方面是伦理问题边界的模糊性、伦理问题的隐蔽性、思维定式等；另一方面是道德认知、道德选择、道德决策、伦理反思等伦理能力的缺失。从某个角度来说，道德更多地指向实然状态、行为状态，但伦理主要指向应当的"理"。因此，较之于道德能力，伦理能力具有反思的特性，纠正道德行为已经发生的及可能发生的偏差，保证道德行为的顺利完成。伦理能力是社会组织道德行为发生、发展的内源性力量，需要社会组织在道德行为实践中不断地习练，逐步增强伦理能力。

社会组织伦理能力还具有建构新的组织伦理规范的功能。如第一章中所述，社会组织的道德行为可以按其可依循的规范的完备性分为规范依循型和规范建构型两种。一般地说，社会组织的道德行为是有其规范可以依循的，但当社会组织面临前所未遇的现实问题需要做出创造性的道德行为决策时，行为决策及其实施过程本身也在创造出新的道德行为规范或道德关系模式，并为未来类似情境中的类似行为提供示范。规范建构型道德行为的实施既是社会组织建构起新的组织伦理规范的过程，也是这种新规范的践行过程及其成果。

三　社会组织的伦理能力与其道德行为的内源性关联

社会组织伦理能力扬弃了伦理、道德在社会组织中以概念方式存在的抽象性，与社会组织精神、组织文化相结合，通过社会组织主体的实践行为，使概念、规范、制度层面的伦理道德得以具体化、现实化，推进了社会组织在知觉反思的基础上对伦理精神的内在认同、对道德规范的客观践履。社会组织伦理能力渗透在组织运行的各个环节，更准确地反映了社会组织在实际运行中所表现出来的整体道德水平。当社会组织遭遇道德冲突时，伦理能力帮助社会组织应对道德冲突、化解伦理危机。组织文化、组织道德信念渗透在组织之中，并对组织的活动产生影响，但并不直接付诸行动。而社会组织伦理能力一旦形成，便会蕴藏在组织的过程和结构之中，以良好的伦理资源整合力、伦理执行力、伦理适应力等保证道德行为的顺利进行。社会组织伦理能力不可替代性、不可复制性使之成为社会组织从内耗、内散走向内协的决定性力量，即社会组织道德行为顺利发展的内源性力量。

从反面来看，组织伦理能力的缺失会导致社会组织道德行为的失范。社会组织伦理能力包含着成员个体道德能力、社会组织实体的伦理运行能力及社会伦理生态中的社会组织伦理发展能力，这三个由内而外的层级构成了伦理能力丰富的内涵。每个层面的伦理能力的缺失都会对社会组织道德行为产生负面影响。

成员个体道德能力的缺失将导致社会组织道德行为的参与者危机。社会组织伦理能力是有机的系统整体。社会组织道德行为的参与者是具有自由意志、善良意愿的个体。个体的道德能力是社会组织整体伦理能力的重要组成部分，具体包括个体的道德认知能力、道德选择能力、道德践履能力。由知善而行善，可折射出道德认知能力对道德行为的基础性意义。虽然无知未必导致恶，但道德认知能力的缺失会减损成员参与道德行为的内在动力。道德判断只是对善恶进行区分，是否能择善弃恶，如何对善恶进行取舍，则依赖个体的道德选择能力。社会组织结构、边界会限定个体道德选择的范围和取向，但面对具体的道德冲突、伦理困境，道德选择能力的缺乏会导致个体难以做出善的选择，进而影响社会组织道德行为的进程。在日趋多元的现代社会，个体在道德行为过程中会遇到一些客观或主观的障碍，没有强大的道德践履能力的支撑和推动，道德行为参与者的道德认知、道德选择难以落实为现实的道德的行为。

社会组织的伦理运行能力的缺失导致社会组织道德行为的主体危机。社会组织的伦理运行能力是社会组织伦理能力的主体部分，具体包括伦理资源整合能力、伦理决策能力和伦理执行能力。社会组织伦理运行能力不仅是社会组织伦理能力系统的主体，同时也是社会组织成为道德行为主体的基本条件。社会组织伦理运行能力的缺失会导致组织难以有效地整合伦理资源，难以做出善的伦理决策，难以展开道德行为。高涨的道德情感、系统的伦理知识、完善的伦理规范并不能直接落实为道德行为。可以说，在社会组织伦理运行能力的统摄下，这些要素才能相互作用并落实为具体的道德行为以实现社会组织伦理目标。

社会组织伦理发展能力的缺失将导致社会组织道德行为的发展危机。社会组织伦理发展能力是社会组织伦理能力高级形态，具体包括伦理反省能力、伦理适应能力和伦理创造能力。伦理反省能力的缺失导致社会组织出现道德过失后，难以通过反省吸取教训，积累道德经验，从而在同一性质的道德过失中兜兜转转，阻碍社会组织道德行为的发展。当今社会瞬息万变，对于社会组织来说，无论是内部环境还是外部环境，变化和不确定因素都在显著增加。伦理的世界同样如此。伦理适应能力和创造能力的缺乏使社会组织在面对新的伦理难题时无所适从。已有的伦理机制和行为习惯虽然减少了社会组织重新寻找适应方案的成本，但却成为道德行为发展的桎梏。当社会组织无法从现有伦理法典中找到合宜的道德行为规范时，缺乏伦理发展能力的社会组织难以走出"道德迷宫"，伦理发展能力的缺乏使社会组织难以应对现代伦理世界的挑战，导致其道德行为实践难以迈向新的高度。

第二节　社会组织道德行为的决策与控制

与个体道德行为的发生不同的是，组织的道德行为不仅要求组织成员个体的需要、情感、态度、意志等作为心理动力，以个体的道德认识作为观念基础，还要求组织有一个或简或繁的决策过程。对于组织的道德行为来说，没有顺畅、正确的决策，就没有道德行为的实际发生。社会组织又与其他的组织不同，无论行政组织还是企业组织的规模大小，一般会有一个责任人和程序都较明确的决策过程，但从目前中国社会组织的现状看，已经实现规模化的社会组织往往对政府具有更强的依附性，并在内部管理体制和运行模式上呈现出明显的准行政化色彩。而大量的社会组织规模较小，依其成立方式和发展动力等不同，内部管理体制和运行模式在总体上呈现出不规范、不成熟等不完善性，这突出地表现在决策机制上。缺乏透明、民主的决策机制，"大大小小的决策基本上都是由组织领导者做出"的状况在小规模的社会组织中是司空见惯的。这种体制和模式在决策效率上的优势显而易见，但其缺陷也很明显：一方面，"一旦组织的负责人由于某种原因而不能进行组织的管理，那么组织基本上就会一直处于瘫痪状态，直到负责人重新履行管理职能"①；另一方面，决策的失误也难于及

---

①　[荷兰] 皮特·何：《组织自律与"去政治化"的政治立场》，[荷兰] 皮特·何、[美] 瑞志·安德蒙：《嵌入式行动主义在中国——社会运动的机遇与约束》，李婵娟译，社会科学文献出版社 2012 年版，第 51 页。

时得到反馈修正。由此可见，社会组织的管理体制和运作机制对其道德行为决策既具有特殊性，又具有关键性。

一　社会组织的道德行为决策

社会组织道德行为决策，是组织伦理能力的重要体现。鉴于一般道德原则和组织价值观、组织所面临的道德情境，其决策的方向是既定的，社会组织道德行为决策的内容主要包括道德行为目标、道德行为方式、道德行为策略的选择以及道德行为的具体方案的制定等方面。

决策是个体或组织在工作、学习和生活中常见的行为，尤其是组织管理中常进行的一种活动。在管理学上，赫伯特·西蒙提出的"管理就是决策"，"决策是管理的核心问题"以及 E.F. 哈里森提出了"决策是一个过程"都可谓经典的决策理论，对决策的一般理解上，"决策即对若干备选方案采取评定、优劣评价和抉择"的观点已基本得到公认，与一般的做决定不同的是，它必须是一个多方案选择的过程，而不是针对唯一方案的表决。确定所要解决的问题和目标，搜集信息制定决策原则和标准，以分析、评价拟订的可行性方案，进行利弊权衡，最终优选出最佳方案，在执行方案后及时跟踪反馈，不断进行决策修正，从而实现决策目标的过程。

赫伯特·西蒙以组织中的选择机制和人类理性的局限性为出发点，强调组织中的决策者首先是行动者，但行动者的决策不是行动者个体单方面行为的产物，而是在复杂的组织背景下促成的；决策是组织结构里的行动者或行动者群体带着不同的甚至是变化不定的和冲突的目标参与管理的一个短暂过程，是他们对众多可能的抉择及其后果认识的过程，也是他们根据自己的满意标准对解决问题的方案进行选择的过程。[①] 在社会组织道德行为决策问题上，不仅存在有限理性问题，还存在道德理性与经济理性、技术理性等方面的冲突问题。因此，决策程序的存在不仅由于决策者不可能全知全能，对外部条件的变化、行为后果、备选方案等均无法达到充分的确定性把握，而且不得不在强调道德理性的同时既掺入情感等非理性因素的作用，也要在经济利益、技术可行性等方面深入考量。

---

① 参见 ［美］赫伯特·西蒙《管理行为——管理组织决策过程的研究》，杨砾、韩春立、徐立译，北京经济学院出版社 1988 年版。

　　除了针对简单道德行为可以进行授权决策之外，社会组织的道德行为
决策应当采取共同决策的方式。组织理论的研究者在讨论组织结构设计时
曾经指出，"决策者所依据的并不是客观的环境、技术、社会心理，而是
决策者们对这些因素的认识、感觉，并由此形成'组织活动范围'的战
略选择"，① 实际上，不唯组织结构如此，组织理论如此，社会组织的道
德行为决策同样如此。由于个体对复杂的事物往往缺乏足够的理解力，难
以全面、深入地认识事物，无论是其历史、当下还是未来。但从整体看，
有着智能的局限性的无数个体却能表现出超凡的群体智慧。"群体中的每
一个个体都会遵循一些规则，……一些规则使它们聚在一起形成一个团
体，另一些规则则允许它们像超个体中的一员那样行事。超个体中没有个
人领导者，但这种组织形式能够提升群体的智慧。利用这种智慧，群体可
以做出集体性决策。"而且"在一个社会团体内，思维方式的多元化是群
体作为一个整体完成有效决策的关键"。② 因此，在决策过程中，智慧本
身尽管出自个体，但它通常是通过群体智慧的方式涌现出来，这种涌现特
性是社会组织道德行为的一个重要特征。群体智慧的形成机制是因为有竞
争、有选择，然后通过选择中的净化稳定策略将一些行为策略保留下来。
共同决策还会因为展示出社会组织在决策中的民主、平等而更有利于道德
行为动力的组织内传递。

　　在一般的组织中，道德行为决策的机制主要通过基于权力运行和利益
博弈的人际关系来实现，人际关系对道德决策的影响通常表现为权力关系
和利益考量两个方面，其中的权力运行逻辑基本如图 6 - 1 中的模型所示。

　　图中的"强制权力"的使用"包括用威胁或惩罚的手段使别人顺
从"；关系权力是"依赖于与那些有影响力的人或朋友的接触"而建立的
自身影响力；奖赏权力"是指向别人提供对他们有价值的东西从而影响
他们的能力"；合法权力（也被称为"法治权力"）是由组织授予的"以
管理者的职位权力为基础"的影响力；感召权力属于一种个人权力，它
是"依靠自己的性格和与员工的关系使他们顺从"的能力；信息权力是

---

　　① 转引自胡河宁《组织传播学：结构与关系的象征性互动》，北京大学出版社 2010 年版，
第 77 页。

　　② ［美］兰·费雪：《完美的群体：如何掌控群体智慧的力量》，邓逗逗译，浙江人民出版
社 2013 年版，（序）8，3。

基于"有别人想要的信息"这一特殊优势而获得的影响力；专家权力则是"以使用者的技术和知识为基础"的个人权力。① 当某一主体做出道德决策时，实际上就是在图中所示各种人际关系中通过权力的运行和利益的权衡决定该项行为是否具有必要性、可能性以及以何种方式、通过何种途径、运用何种手段实施该行为。

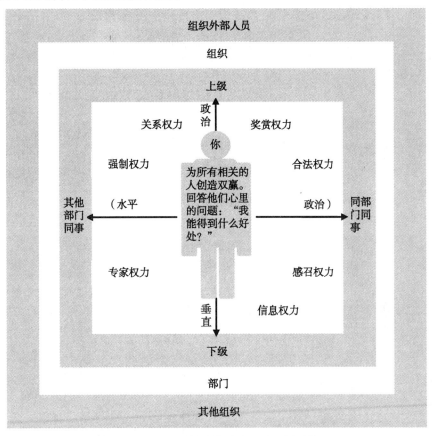

图 6 - 1　道德决策的人际关系原则②

不过，这一模型的用途主要在于判断一项决策是否合乎道德，如果一个决策者"能骄傲地告诉所有相关的人"他的决定，那么，这个决定很可能是道德的；如果他"透露自己的决定时感到很尴尬"或者"一直在

① ［美］罗伯特·N. 卢西尔：《组织中的人际关系：技能与应用》，贾佳、刘宝巍译，北京大学出版社 2010 年版，第 293—295 页。

② 同上书，第 313 页。

自圆其说"，那么，这个决定很可能是不道德的。它所期待的是"从中央的人际交往目标开始，通过水平政治和垂直政治"分别与其同事和其他部门的成员以及上级、下级"创造出双赢的情景"。① 而且这一模型是为组织内的决策者而确立的，换言之，其运用者是决策人员，而不是组织自身。在社会组织那里，这一模型也只适用于组织内负责决策的人员，社会组织总体的道德行为决策则应当适用如图 6－2 所示的模型。

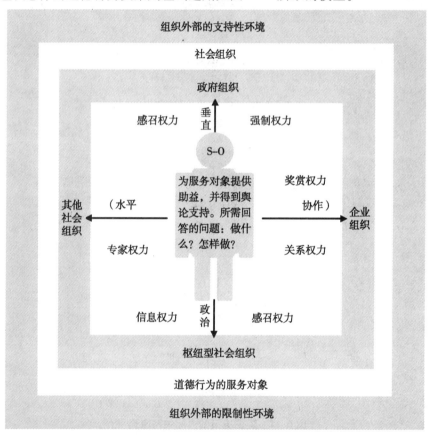

图 6－2　社会组织道德行为决策的关系结构

　　社会组织在道德行为决策时，必须首先对社会组织及其准备实施的道德行为的外部环境达到充分、准确的把握。其外部环境由支持性环境和限

---

① ［美］罗伯特·N. 卢西尔：《组织中的人际关系：技能与应用》，贾佳、刘宝魏译，北京大学出版社 2010 年版，第 313 页。

制性环境两部分构成，前者主要包括公众、政府、企业、枢纽型社会组织（在枢纽型社会组织自身的决策中则无此项因素）以及其他社会组织等能够为社会组织提供人力、财物、时间、信息等资源性条件以及精神支持的因素，后者则指对社会组织的活动进行制度规范、组织管理等方面的规约的因素，当然，政府、企业以及枢纽型组织都可能会以支持性措施的撤销而直接对社会组织的活动构成限制，这也意味着支持性环境与限制性环境的相对性。

除了充分、准确把握外部环境之外，社会组织的道德行为决策的认识前提还包括对组织自身（宗旨、目标以及机构、人员等）和道德行为的服务对象——重点是对象的现实境遇和服务需要——的把握。基于前述问题的把握，社会组织便可以在政府、企业、枢纽型社会组织以及其他社会组织的影响下进入道德行为的决策过程。这个过程在本质上是一个以服务对象的利益得到补益或增益为目标，政府组织、企业组织、枢纽型社会组织以及其他社会组织与决策中的社会组织之间在"广义上的权力"的互动过程。之所以说是"广义上的权力"，是因为对于社会组织总体来说，一般组织决策中的合法权力（参见图6－1）已不复存在，而其他权力也不具有职权和管理上的意味，与其说是"权力"，毋宁说是"影响力"。同时，政府、枢纽型组织与决策中的社会组织之间虽然仍可视作垂直政治的关系，企业组织、其他社会组织与它之间却不可能是政治性的，而只是事务上的协作关系了。具体的权力或影响力关系见图6－2，在此不再赘述。

如果道德行为决策不仅涉及对行为的合道德性的判断，还涉及道德行为的多种方案的选择时，问题的复杂性会使得以权力和利益为中心的人际关系也随之复杂化，决策程序的合理设定便会显得十分重要。

社会组织的道德决策程序直接与组织的规模相联系。尽管它会在总体上遵循外部关系上的自治、内部关系上的民主等重要原则，但社会组织的规模既会决定其管理和决策的复杂性，也直接规定了决策程序。当社会组织本身的规模很小时，基本上不需要去区分程序化决策或非程序化决策，道德行为决策往往表现为一人或几人发起并通过传播过程的商谈，最终做出决策方案选择的过程。而当社会组织的规模大到能够明显区分出上层、中层和下层（基层）时，道德行为决策则会出现一个由上到下的程序化要求不断提高、非程序化色彩渐淡的变化趋势。

在一般意义上，社会组织道德行为的基本决策程序主要包括四个步骤：道德场的感知、道德行为与服务对象的需要之间契合度的评估、道德行为方案的制订、道德行为方案的优选。鉴于道德行为方案依不同道德行为有不同的细节，而其基本内容不外乎人力、物力、财力、时间、地点等因素的合理——符合正当性、可行性的——配置，而优先也不外乎利害权衡，这些都依赖于对道德场的认识，笔者认为，道德场的全面、深刻的感知是社会组织道德行为决策的首要程序。

社会组织本身就是一种特殊的道德场，无论是在性质还是结构、功能上都是如此。道德场既是道德行为的空间存在方式，也是道德行为发生与持续的动力机制的重要组成部分。道德场的方向、规范、压力来源等构成了道德行为发生与持续的动力模式，道德行为则既是一种"场"内的行为，也是场际空间行为。"道德行为也是一种'场行为'"，"道德过程也是一种'场过程'"①，这个"道德场是影响处于其中的每一个体进行道德选择的关键变量，道德场所产生的力不仅能加速社会道德在场中向个体道德转化，使外部的社会道德规范内化为个体内部的主观现实，而且还能促使个体在道德的压力下选择道德行为，回避非道德行为，拒绝不道德行为，克服言行不一而自觉践履道德"②。易法建对道德场的认识是立足于个体道德行为的发生、变化的，社会组织道德行为不仅在道德场的作用下发生，而且有着比个体道德行为更为复杂的场内、场际关系及相互作用。社会组织作为一种实体，是以总体形态出现的，如何防止或对抗在道德上的善的冲突？社会组织道德行为是如何汇聚个体道德取向又最终偏离个体而走向"总体形态"的？如同易法建所揭示的个体道德行为选择是"道德社会场、道德情境场、道德心理场协同活动的结果"③那样，社会组织道德行为无论是在发生还是发展上也都是具有更复杂的内部结构和外部关系的道德场的组织化运行的结果。与个体道德行为不同的是，这里的"组织化运行"不仅作为一个过程，同时也具有"场"的意义，而这两方面都会在很大程度上削弱组织内个体成员的主体性。正因为此，社会组织道德行为的发生固然也依赖于个体的上述方面，但组织自身的内部关系及

---

① 易法建：《道德场论》，湖南教育出版社 2001 年版，第 6 页。

② 同上书，第 11 页。

③ 同上书，第 13 页。

互动却是道德行为赖以发生的更重要的前提。如果说个体道德行为既是主体自觉选择的结果，也是自主（自由）选择的结果的话，那么，社会组织道德行为的发生则会在一定程度上失去这种自主性。

　　社会组织的道德行为决策还需要将自己的道德行为与服务对象的需要之间的契合度作为重要的指标加以考量。"社会组织的服务是否能够获得公众的支持、是否取得良好的效果，不只在于公众的认知如何、参与度如何、满意度如何，同时在于双方的契合度如何。亦即，社会组织提供的服务，是否是公众最为迫切的服务；公众希望改善的领域，是否获得改善。"① 服务对象的需要，既包括社会组织与对象共同地体认到的需要、经由调研所感知的需要，也包括依照生活逻辑而推知的需要以及假设的需要。由于认识过程的主观性，社会组织所认识到的需要常常与服务对象的真实需要并不吻合，甚至有很大差距。同时，道德行为与对象需要的"契合"还包括具体方式、情境、标的、手段等方面。为公众所周知的陈光标"高调慈善"行为②之所以在公众那里遭遇争议，正是由于对"契合"的片面化理解。尽管陈光标所代表的是企业慈善而不是社会组织慈善，但其中呈现出的问题在社会组织那里也大量存在。为此，社会组织的道德行为决策必须充分了解并正确把握服务对象的实际需要，并在设计行为方案时对满足这种需要的具体方式、情境、标的、手段等问题进行充分考虑和审慎选择。

　　道德行为方案的制定和优选，是在道德场的感知、道德行为与服务对

---

　　①　李春霞、吴长青、陈晓飞：《民间平谷：新时期社会组织在民生建设中的作用研究》，九州出版社 2013 年版，第 121 页。

　　②　陈光标的"高调慈善"行为，在媒体上所引起的争论如同其行为一样是众所周知的，甚至将其高调慈善行为称为"暴力慈善"。有论者认为这是一个"行善风格"的问题，"只要是真行善，即使在行善方式上如陈光标一样出一点格，也应该得到宽容"（邓聿文：《谁说陈光标高调慈善就不可以》，《中国青年报》2011 年 9 月 29 日）陈光标本人也称"高调慈善能唤醒更多人来做好人、做好事，所以不是什么坏事"。（姜春媛、陈光标：《高调慈善不是什么坏事》，[2014－12－18].http：//news.xinhuanet.com/gongyi/2013－04/25/c_124632876.htm.）。但是，慈善作为一种积极的道德行为，不仅要强调目的、动机的合道德性乃至崇高性，还需要有合道德的手段和积极的效果，因此，也需要防范负效应的发生。高调慈善行为对是否满足慈善对象的实际需要、是否会因不顾被捐赠人的感受而导致对其尊严的压迫等问题，的确缺乏充分的考虑，这就是笔者所强调的具体方式、情境、标的、手段等方面与对象需要之间的"契合"问题。

象需要的契合度评估之后，根据满足对象需要的目标物以及可能采取的方式、手段等进行的具体行为方案设计和选择过程。总体上说，要求此时设计出的不是一个待决定的方案，而是多个待选择的方案。在多个方案中经过审慎选择，确定出一个最优方案并付诸动员和分解、执行，道德行为即告生成。

二　社会组织道德行为的流程控制

组织行为的流程决定着社会组织在道德行为上的执行力。"流程就是为了完成某一目标而进行的一系列逻辑相关的活动。"一般地，流程是"根据组织结构的需要而设定，并根据组织结构的需要而调整和优化"，但是，组织理论的研究者注意到，"当领导者从组织结构看流程的时候，往往只倾向于部门之间的相关活动，人员也往往视其他部门不是同一系统流程上的伙伴，从而导致了各部门在执行过程中的'不配合'。这就是完全为组织结构服务的执行流程的缺陷，它实际上并不会有助于执行力的提高，反而阻碍了执行"[①]。由此看来，并非将属于不同部门的相关联的工作或活动环节连接起来就是一个有效的流程，只有通过事先的设计，将相关联的工作或活动环节按照一定的合理程序连接起来，一项行动才能在快速、连续、高效能的流程中得以展开或实现。社会组织道德行为不仅需要这样的流程，尤其要克服像企业组织中常见的"缺乏流程思维"、"流程层次不和谐"、"为流程而流程"、"流程体系性脱节"、"流程内部环节断裂""缺乏合理的信息共享平台"之类的执行流程病症[②]。

作为一种组织行为，社会组织的道德行为必须拥有良好的秩序。然而，秩序从哪里来，或者说，何以保证？菲利普·鲍尔用社会物理学的方式思考并试图解决的问题同样摆在组织伦理的研究者面前："社会行为无疑表现出一定的模式——众多的个人在进行各不相同的行为时，所表现出的混杂的总体表现——有的互相帮助，有的尔虞我诈；这些人彼此合作，那些人争来夺去；一批人随波逐流，另一批另辟蹊径。……人们还可能判断出符合人们实际而被选用和出自本能所采取的组织模式。"与此相联系

①　影响力商学院：《绝对执行：高效执行力组织的六大系统》（修订版），电子工业出版社2012年版，第21页。

②　同上书，第23页。

的另一问题是：在纷繁复杂的社会生活中，个体的行为一般是基于自由意志，也因此呈现出难以预知的特点，但群体的行为却往往有章可循，呈现出杂乱之中的秩序和稳定。是什么机制造就了这种秩序和稳定？采取何种方式才能保证这种秩序、稳定的正向性或合道德性？或者，假使其行为的方向偏离了人们普遍认可的社会道德取向，其行为模式与人们习以为常的模式发生了冲突，并因此出现道德风险，何以使之重返积极的秩序和稳定？

　　道德行为在有序性上的追求，要求在社会组织道德行为决策完成后，必须进行合理的决策分解，或者说，决策本身就包括分解的过程。当然，在有的研究者看来，"我们不把决策本身看成不可分解的基本单位，而是将人的抉择视为'由前提推出结论'的过程。因此，在我们看来，进行分析的基本单位是前提，而不是完整的决策（每项决策均包含大量前提的组合）"①。实际上，这种观点所强调的是，每项决策都在大量前提之下做出，也必然包含与这些前提相适应的具体要求。

　　在决策分解过程中，社会组织的结构是其基本依据。就组织来说，"结构是一种具有目的性和目标取向的人为体系，是深藏于组织内部的各要素的组合形式"②，同时，结构还意味着社会组织内部人与人之间的关联模式和互动机制、影响水平，组织的结构本身对于社会组织道德行为的发生不仅不是可有可无，反而是十分重要的。尽管社会组织的结构形式可能具有偶然性或基于偶然性条件，但一经形成，就会对个体行为、群体过程产生重大影响，而且其自身也会维持一定的惰性，对组织自身的改进或变革产生自觉或不自觉的抗御。更需要指出的是，社会组织的结构演进、变革一般是根据组织自身的目标、运行规律以及组织所在的特定社会背景而提出的，并不是根据其道德行为的需要，即使在公益性社会组织那里也不可能完全根据道德行为的需要，而必然也必须受制于组织自身的运行规律。正因为此，一个组织无论其结构是简单的还是复杂的，都会试图将偶然的事件、结果难以预料或难以接受的事件的发生率最小化，并通过将该

---

　　①　［美］赫伯特·西蒙：《管理行为——管理组织决策过程的研究》，杨砾、韩春立、徐立译，北京经济学院出版社1988年版，第4页。

　　②　胡河宁：《组织传播学：结构与关系的象征性互动》，北京大学出版社2010年版，第18页。

类事件隔离在局部以维持组织自身的正常运行，社会组织的道德行为也同样不会以偶然的事件、结果难以预料或难以接受的事件的形式出现，而往往是社会组织的结构及其要素之间的互动导致或支持了道德行为的发生。无论是社会组织道德行为发生的迟速，还是其方向、强度或过程的正误，都可能与结构相关，甚至源于结构：问题之源可能在于错误的结构。效率与效果则可能得益于适恰的结构安排。

决策分解还必须考虑社会组织中的层级关系。如泰尔考特·帕森斯所强调，层次是与一种社会必要性相适应的，是建立在社会组织最高价值之上的等级制度。价值的阶梯本身是与社会行动——"个人在制度框架内所表现的倾向性活动"——发生关系的，层次则是"根据一套共同的价值标准对社会组织系统的单位所进行的等级分类"[①]，分层既是社会组织道德行动的结果，又是社会组织道德行为的手段。

强调社会组织道德行为决策之后的过程控制，并不意味着使社会组织的运行堕入管理主义的轨道。肖知兴在讨论"中国人为什么组织不起来"的问题时曾经指出，"解决中国人合作问题和组织危机，离不开制度和文化这两种最基本的组织方式。制度是成文的行为规范，文化是不成文的行为规范，两者相辅相成，一般情况下都是缺一不可"[②]，尽管他对文化的理解仍有局限于"行为规范"之嫌，对文化的强调却能给予道德行为的过程控制以重要启示。鉴于本书仅以社会组织道德行为的发生为探讨的主题，笔者也围绕"发生"发现文化的过程控制功能。由于制度本身也是组织文化的一个层面，文化的过程控制功能自然包括制度的影响，另一方面，社会组织的物质文化一般在内容、形式上都很有限（小规模的社会组织甚至仅仅表现为组织标识等寥寥几种），所以，笔者在此着重其精神层面和活动层面的文化。这也意味着，由社会组织的特殊性所决定，对道德行为决策的实施过程的控制会更多地依赖精神资源，而非制度手段。具体地说，社会组织的文化在精神层面主要指反映在组织的宗旨和目标中的组织哲学、组织的理念和价值观、组织道德规范以及由此凝练出的组织精神，在行为层面，则指组织中由领导者、管理者、榜样以及普通成员的行

---

① 转引自［法］让·卡泽纳弗《社会学十大概念》，杨捷译，上海人民出版社2003年版，第132页。

② 肖知兴：《中国人为什么组织不起来》，中信出版社2012年版，第21页。

为取向、行为习惯构成的特色化的行为模式。二者都会以精神指向、舆论评价等形式存在于组织中并对组织成员形成显性或隐性的压力氛围，从而使组织成员在实施组织道德行为决策时保持正确的方向和合理的进程。有学者指出，组织文化存在着公开文本和隐藏文本共存的现象。"公开文本系指组织公开宣称的价值与信仰体系，它通常由组织管理层构造并主要体现在组织的战略目标、规章制度、人工制品、组织标识等可直接观察到的外显物中。组织文化的隐藏文本系指组织成员实际上所持有的价值观与行为方式。它具有隐含性、真实性、批判性的特点。"① 由此，社会组织一方面需要从学习意识、创新意识、超越意识、质量意识、服从意识和责任意识等方面加强组织文化意识的培养②，从而努力促进组织文化的"公开文本"能够实现向"隐藏文本"的转化；另一方面，还应积极倡导组织成员之间在组织中的角色扮演过程中相互产生在组织文化上的积极影响，并通过其"批判性"对组织成员中出现的越出组织道德行为之轨的倾向进行及时有效的校正。

三　社会组织道德行为过程中非正向效应的防范

在科层制组织中，成员的认知活动往往会根据在头脑中形成的权力及其运行的图谱决定其行为的取向和策略，并将其行为限制在自己所负职责的范围内。当他们参与群体活动时，所体现出的是一种有限的参与，而且"群体成员的关系通常不涉及深层次的情感、个人生活或者对生活价值的信仰"③。在社会组织中实际上存在着大量的个体动机，即使不与组织之间发生动机冲突，仍需要得到足够重视。塞尔兹尼克将那种默许自己变成为组织目标服务的工具但并不认为组织目标与己有关的态度称为人类的工具性的"顽强抵抗"。如果不加以解决，通常会出现"磨洋工"式的行为表现，极大地影响道德行为的效率和效果。另外，社会组织本身也可能存在多种道德行为动机，并因此发生动机冲突，动机冲突既可能表现为两善之间比较而产生的动机冲突（比如，慈善捐款的数量实际上反映的是道

---

① 石伟：《组织文化》，复旦大学出版社 2004 年版，第 172 页。

② 王今舜：《组织文化》，湖南师范大学出版社 2007 年版，第 111—114 页。

③ 胡河宁：《组织传播学：结构与关系的象征性互动》，北京大学出版社 2010 年版，第 112 页。

德行为动机的强度；选择帮助谁或不帮助谁，则是行为动机的指向；以 A 种方式、途径帮助别人，或以 B 种方式、途径帮助别人，或者不同方式、途径的结合，则可能是行为动机的结构。它们之间会发生非 A 即 B 的矛盾，即是道德动机冲突），也可能表现为善行动机与预期可能产生的不良后果而产生的动机消退之间的冲突（比如一方面想救助他人，另一方面又担心这种救助会对自己造成损失或使对方遭致损失），还可能表现为以一种可能具有恶的倾向（嫌疑）的行为去施善行的动机。这些都会严重地影响社会组织道德行为的取向确定、动机生成和道德行为的具体实施。

社会组织成员之间的协作性缺失，也会对道德行为的实施构成严重的威胁。在汤普森所假定的组织的构成部分之间"相互依赖的互惠性里面，由于有限理性的作用，往往其中一方会有意或无意地为另一方设置偶然性，或者说在这种相互依赖里面总是存在某些潜在的偶然事件元素。这样往往会导致组织的协作难度呈上升趋势"①。因此，结构比较复杂的组织都会试图将偶然事件的发生率最小化，并通过将偶然事件隔离在局部来维持组织结构的正常运行。社会组织必须采取及时、有效的措施防止偶然事件的发生，维护组织本身的团结性和行为凝聚力。"组织的技术和环境越是倾向于撕裂组织，组织越是要捍卫其整合度；面临偶然事件的组织会对于它们控制范围内的变量实施严格控制，从而在组织的约束和偶然事件最多的地方提供理性的边界。"②

此外，社会组织还需要防范因其成员的非理性因素而影响组织自身的行为理性以及成员的不良行为。作为一种能力，理性是指人们形成概念、做出判断并进行逻辑推理的认知能力，以及按照逻辑思维规律指导实践实际活动能力，亚里士多德认为，理性"就是灵魂用来进行思维和判断的东西"。③ 与理性能力相反，非理性是指人所具有的一种非逻辑、非条理化的精神能力，如直觉能力、意志能力、本能能力等，这种精神能力推动

---

① ［美］詹姆斯·汤普森：《行动中的组织》，敬义嘉译，上海人民出版社 2007 年版，第 63 页。

② 转引自胡河宁《组织传播学：结构与关系的象征性互动》，北京大学出版社 2010 年版，第 69 页。

③ 北京大学哲学系外国哲学史教研室：《西方哲学原著选读》（上卷），商务印书馆 1981 年版，第 39 页。

着人们去从事那些难以表述的和不能自已的认识和行动。非理性因素中的欲望和情感等因素更多的是在人的自然属性基础上的体验或感受，在表现过程中往往表现出明显的冲动性特征。非理性的冲动性一方面表现为盲目性，非理性因素往往受人的本能的驱使而表现为一种冲动，因而缺乏规律和本质的向导功能，在其表现形式上有着时空方位的不确定性和活动的无序性特征，一旦遇到某种情境，主体可能不假思索地并且毫不犹豫地做出选择，从动机确立的角度看这种行为足够果敢、坚决，但是由于对某种计划、过程、方案没能实现科学把握，往往容易造成行为过程中的判断失误，甚至做出与社会价值观念不相符合的行为选择，从而导致人的情绪和行为的盲目性。非理性的冲动性另一方面表现为波动性，也就是个体的行为选择往往依靠个体内在的偶然性，这在行为选择上就具体表现为可能符合社会的需要，同时也可能不符合社会的需要。非理性的这种波动性是不断变化的。这些都会影响社会组织的道德行为顺利进行，社会组织必须及时发现并采取相应对策。

第三节　社会组织对自身道德行为的反思

社会组织对自身道德行为伦理反省，最初往往由成员个体基于自己的道德理性和道德情感而对组织进行审查开始，这种审查主要针对组织的行为是否具有公益性、是否存在道德瑕疵等问题。在组织成员的促动下，组织也将对自身行为进行总体反思，从而既促进对其道德行为的组织自律，也达到对组织的道德行为边界的正确认识和遵循。

一　社会组织道德行为的组织自律

一度由"郭美美事件"引发的对红十字会管理和运行机制的关注已随媒体热度的降低而渐逝，但由于红十字会之社会角色的特殊性和舆论传播的弥漫性，对红十字会的质疑还因"晕轮效应"而扩散为对几乎所有公益性社会组织的质疑，其他公益性社会组织的形象也受到损害，这种损害的衍生效应又继而危及整个社会公益事业的发展。尽管关于红十字会的讨论中人们的注意力会集中在郭美美与社会组织中某些个体成员的关系上，不少人的质疑和反思也聚焦在制度本身，但红十字会所遭质疑却远不止于不正常的人际关系和制度监督的缺失，还在于红十字会的公信力及其组织行为的合道德性。因此，红十字会以及其他社会组织的内部管理和行为规制问题不仅需要热议，更需要冷静观察和思考。在笔者看来，社会组织即使在从事道德的行为，也需要合理、有效的制度约束，需要其自身的道德自律，必须根据其组织的自身特点建立合理、有效的道德自律机制，才能从根本上防范问题的出现，保证社会组织的道德行为正当并富有成效地得到实施。

道德自律赋予社会组织道德行为自愿的特点、自觉的维度和自然的形态。自觉、自愿与自由的统一，从而使社会组织道德行为获得了现实的规定和实践的呈现。社会组织是以某种社会使命的承担和实现为组织目标。组织成员因对组织使命的认同而向社会组织提供无偿的捐赠和服务，支持其发展，实现与组织实体的伦理统一。社会组织的服务对象因享受的是免费或低价的服务，很少给社会组织负面评价。适合于企业和政府的契约机制、奖惩机制、监督机制很难在社会组织中发挥约束力。即使一些社会组织引进了这些机制，但所起的作用也是比较弱化的。而且大部分社会组织没有足够的资金及专业管理实力来引进、运行这些机制。由于信息不对称，社会大众似乎只能看到社会组织在道德光环下的美丽外表，但是社会组织是否承担并实现其使命，或者说是否最大限度地完成使命就很难以客观的标准来衡量。社会组织成员不是为了物质需求加入社会组织的，而是希望在利他主义的道德行为活动中得到自我实现的价值满足。因此，道德自律是社会组织得以发展的基础。较之于组织管理机制，社会组织的道德自律机制更契合社会组织的伦理本性，更具有相应的约束力。

社会组织的道德自律不仅包括组织内部成员的道德自律，更主要体现为社会组织对自身的整体行为的自律。社会组织道德自律有着自身的特殊性。作为伦理型组织，道德自律是社会组织的内在义涵，是社会组织的形象建构的关键，也是道德的实践理性向德性实践跃迁的基本条件。如前所述，道德自律是相对于"道德上的不作为"、"不道德的行为"两种行为取向而存在的主体自我规约行为。前一方面主要意味着自我激励，而后者则更主要地表现为自我约束。约束机制与激励机制相对应，激励机制的直接目的在于从正面鼓励和促进道德行为的实施和社会组织的快速发展，约束机制的直接目的则在于从负面或者从规范的角度对社会组织的行为进行规限，从而保障公益行为以适当的方式有序开展和社会组织的健康发展。道德自律不仅要求对行为进行自我约束，使之符合道德行为的宗旨并在效果上实现对相关对象的利益增益，还要求实现组织的道德动机维持，以防止组织在道德行为的选择、启动及运作过程中出现的决策踌躇、行为懈怠、积极性丧失和方向偏移。

基于组织与个体在道德行为取向、行为方式的差异性，社会组织的道德自律不仅是组织内部成员的道德自律，也不仅是组织对成员的道德约束，而更重要的是组织对自身的整体行为进行的自律。就社会组织而言，道德自律既包括在需要实施道德行为的情境出现时做出反应的迅速性、道德行为决策的果断性和启动道德行为的积极性，包括在社会组织自身建设上的主动姿态和有效参与，也包括对组织在内部运行的各环节中不当耗费组织资源、因对内部成员管理不善而使成员损害公共利益、受益人利益和组织形象并辜负公众期望等问题的防范与规制。

从目前对社会组织的行为约束机制的探讨情况看，无论是研究者还是公众都在很大程度上对制度性的约束机制给予了关注。这种约束机制主要包括社会组织的内部治理结构的完善及其良性运行、外部的行政监管和社会监督（包括捐赠人、受益人、行业组织和民间专门监督组织等）以及相应的信息披露制度。在这方面，杨道波进行了较全面的阐述①。不过，这种约束机制有其特定的适用条件，包括相关法律制度的健全与执法的严肃性、社会组织具有较大规模、组织的发起成立及运作的规范性等，因此，既不能适用于所有的社会组织，也不能适用于特定类型的社会组织在道德行为中可能发生或遭遇到的各种不同情况。杨道波在研究中还注意到，如果社会组织（受到过多或过重的约束，甚至会使社会组织在努力满足层出不穷的要求的同时而导致组织自身紊乱，从而使组织丧失满足约束者对组织实施约束目的的可能性）。此外，来自外部的约束机制也不能构成对社会组织的自治、自由的不当限制，而必须尊重作为社会组织的基本运行条件的自治和自由。这也意味着，制度约束终究不能代替内部的道德自律，而且必须以内部的道德自律作为制度得以贯彻实施的基本保障。在这个意义上，社会组织的道德自律机制不仅不是补益性的，由于公益与道德的内在一致性，它实际上应当被切实地视为社会组织运行机制的根本方面。从这个角度来说，道德自律机制正是社会组织自组织能力的重要结

---

① 参见杨道波《公益性社会组织约束机制研究》第4—7章，中国社会科学出版社2011年版。

构性要素，道德自律机制的建立和完善既直接形成了社会组织的道德自律能力，也必会对组织的自组织能力有所增益。

需要强调的是，道德自律机制与基于本能的自调节机制（也称"自适应机制"）尽管有相似之处，但道德自律机制并不像自调节机制那样主要根据外部环境的变化进行自我调整，反而更强调在出现外部变化时道德行为取向的坚守和行为过程的持续。因此，在社会组织的道德自律问题上，既需要组织成员个体具有较强的道德自律意识和自律能力，又需要组织道德自律机制的良性运行，而其运行又主要依靠组织成员的积极行动。因此，社会组织中组织成员个体的道德自律虽非本文主题，但每一成员的公共责任意识确是组织道德自律机制的前提条件。有了它，才能保证组织道德自律机制顺利、有效地发挥作用。

具体地说，社会组织的道德自律主要由以下几部分共同作用得以实现：

第一，基于个体道德需要的自律。对于社会组织成员来说，在道德行为中感受到活动以及主体自身的意义和价值，在活动及其成果中获得成就感和荣誉感，可以说就是主体的道德需要。社会组织的意义则在于为这种道德需要提供活动平台、信息支持、资源共享、精神交流等实现条件，个体道德需要也由此为组织确立了行为的基本框架：如果不能提供必要的条件，或者所提供的条件不符合个体道德需要所指向的行为，组织便是无意义的。如果说个体的道德自律的关键在于道德义务向道德良心的转化的话，社会组织的道德良心就是个体的道德行为需要的总和。社会组织必然也必须受制于个体的道德需要，服从个体基于自身的公益取向对社会组织提出的要求和进行的督察。成员个体的道德行为需要经由"要求"和"督察"即会变成社会组织在理智上的自我确认、意志上的自我坚守和行为上的自我约束，成员个体在情感上的不满则会启动社会组织的自我纠错机制，从而实现社会组织道德自律。

第二，基于权威或公议的道德自律。在组织内，权威与权力对其成员——就权威而言，准确地说是其他成员——的影响方式有着显著的不同，尽管权威的影响在有时候也会是约束性的，但更多的则是示范性或暗示性的影响；同时，权威还可能带动成员一起审查社会组织自身的合道德性，包括对权力的运行展开合道德性的审查。此外，在有些尚未形成权威的社会组织中，基于自由表达的众议也会对社会组织中的领导者或实际决策者形成强烈的舆论压力，督促社会组织实现道德自律。在小型草根型社会组织中，权威或公议对于组织的道德自律的影响尤其明显；而在规模较大且带有准行政色彩的社会组织中，权威或公议的作用则需要通过制度所提供的言路资源加以保障。

第三，基于心理契约或互信的道德自律。在组织行为理论中，心理契约强调组织与成员之间的理解和默契关系，它体现出的是组织与成员之间的相互感知、期待和责任、贡献，其核心是双方达成的隐性的互信。一般地，心理契约用于组织对个体行为的引导、激励和监督，但在笔者看来，成员对其组织的要求也是其应有之义。在社会组织中，组织必须积极为其成员的道德行为取向提供实现的途径、条件，必须合理地动用资源服务于道德行为的开展，必须努力且有效地排除公益行动所遭遇的各种不利因素、消除出现的不良倾向，都是成员对社会组织的期待，是心理契约中的组织的责任，也是成员信任组织的根据。只要社会组织能够以其道德自律赢得、保持成员的这种信任，心理契约就能维系组织与成员的理解、默契关系，成员的公益行为也会更会积极。

第四，基于制度自觉的道德自律。在黑格尔那里，"道德之所以是道德，全在于具有了知道自己履行义务这样一种责任"①。对于个体来说，"知道"依赖的是其自觉意识，其行为的主动性也基于此。在组织中的每一个体——尤其是其决策者——的自觉意识都会导向主体的责任和为了责任的行为自律。然而，组织的特殊性在于，并非每一成员在任一时间、在面对任一境遇或事件时都能一致地"知道"，因此，制度化应当作为一种必要的程序和形式要件，促使组织能一直"知道"其责任从而保证道德自律的实现。尽管制度在一般意义上是一种他律手段，但对于社会组织内部来说，却意味着道德自律的主动性和规范化。旨在强化社会组织自律的制度化，既及于决策，也及于具体的行动过程；既针对积极行为的动机激发，也针对禁止性行为的动机消解和不良行为倾向的防范；既独立地呈现为组织的纪律，也可以蕴含在专业化制度之中；既防范并惩戒个体在行为上对组织宗旨的背叛，也防御并抗制社会组织本身的整体性异化。

当然，道德自律机制并不排斥外部力量的积极作用，而且只有二者的

① ［德］黑格尔：《精神现象学》（下卷），贺麟、王玖兴译，商务印书馆1979年版，第157页。

紧密结合和相得益彰，才能真正保证道德行为达到良好的社会效果，保证社会组织的健康发展，并提高社会组织公信力，确立良好的公众形象。在这方面，国家机关（包括政府、司法机关等）对于社会组织的自律机制运行、自律规范实施的推动、保障作用尤其突出。对于道德自律机制与外部约束机制的这种结合，社会组织自身也有着基本一致的期待，如冯燕所说，"在个别组织的自律规范层面，多数组织认为应透过由政府制定法律规范方式来落实；如果是在联盟团体的自律规范层面，有多数的非营利组织认为应透过联盟以自律规范为加盟要件来认证会员组织资格（如 ISO 认证制度）方式来落实；至于整个非营利部门，则是以成立专责监督组织推动自律规范，且应透过由政府制定法律方式来落实"①。

二　社会组织道德行为的限度

社会组织伦理能力是其道德行为发生、发展的内源性力量。因此，社会组织的道德行为应以社会组织的伦理能力为限。崇高的道德目标可以对社会组织的道德行为起到一定的道德激励作用。但是，过高超出组织伦理能力的行为要求，不仅难以起到激励社会组织的作用，而且会导致社会组织为履行不堪重负的道德使命陷入边界模糊、道德行为机制的混乱之中。从横向来说，社会组织应从政府更有实力和市场更有效率的领域退出，回归到"道德人"供给的志愿行为边界之内。从纵向来说，社会组织应根据不同阶段的伦理能力来承担不同的道德责任及开展不同的道德行为。在社会组织体系内部，不同类型的社会组织其伦理特性不同，伦理能力也有高低之分，道德行为要求也应有相应的区分。

从横向来说，社会组织的伦理能力决定着社会组织不同于政府组织、企业组织的道德行为边界。"市场失灵"与"政府失灵"是由于其自身难以克服的缺陷导致资源配置无法实现帕累托最优。于是，人们便把期待的目光转向社会组织。但是，由于缺乏资金、资源的保障，社会组织自给自足、独立自主缺乏现实基础。社会组织为寻求足够的资金来源，要么以功利主义为行为取向，参与市场竞争，谋取利润；要么依附于政府，获取财政补贴。社会组织越来越难以通过志愿机制来致力于社会公益的宗旨实

---

① 冯燕：《自律与他律：非营利组织规范的建立》，载范丽珠主编《全球化下的社会变迁与非政府组织（NGO）》，上海人民出版社 2003 年版，第 180 页。

现，这便是社会组织近年来所遭遇的"志愿失灵"。失灵成为三大组织摆脱不了的长期困扰。从某个角度来分析，失灵实则由于三大组织主体之间行为边界的错位和模糊造成的。对于失灵的矫正，一方面寄希望于组织主体内部的完善，另一方面要求助于外部社会生态的优化，明确组织行为的责任边界。

社会组织应从政府更有实力和市场更有效率的领域退出，回归到"道德人"供给的志愿行为边界之内，以更有效地配置道德资源，完成道德行为。政府组织在产权制度上超越组织成员个人、具有代理性，运用公权力为公众服务，使政府组织拥有更强的实力管理社会公共事务、提高公共利益。企业组织以经济利益为总体目标，求利性和竞争性使得企业组织淋漓尽致地发挥其财富创造力，市场逻辑大大提高了资源的配置效率。社会组织行为活动多在人道主义和利他主义的指导原则下进行，组织的使命和目标一般都是社会公益性的，旨在谋求人际互助、社会公平正义，维护特殊群体利益、社会整体利益乃至全人类共同利益。社会组织具有社会使命感、奉献精神和志愿性，天生的合伦理性给社会组织戴上了崇高性道德的光环，公众对社会组织有了更高的道德期待。实践证明，社会赋予社会组织的道德责任过于重大，超越了社会组织伦理能力。不堪重负的社会组织陷入行为目标错位、行为使命混淆、行为功能混乱的怪圈中，辜负了相互矛盾的公众的期望，扼杀组织的灵活性。因此，社会组织应明确行为边界，从政府更有实力和市场更有效率的领域中退出，以"道德人"供给的志愿行为为限度，回归到原始使命界限内。

首先，社会组织应从纯公共产品领域撤退，明晰与政府组织的行为边界。当政府出现失灵，人们便寄希望于社会组织来纠正、弥补政府组织的不足。于是把越来越多的社会服务、公共产品交由社会组织，其中包含一些本属于政府责任的公共产品。如遇到由于生活困难被迫辍学的适龄儿童或贫困山区缺乏教师资源等义务教育事件时，人们更多地求助于社会组织的捐赠和志愿服务，却没有意识到义务教育是公民应享受的最基本的受教育权利，政府对此负有完全责任。社会组织为完成超越其伦理能力的行为目标，不得不寻求政府资助、市场化营利等筹资方式，从而失去了宝贵的自主性。因此，社会组织道德行为应从政府完全责任领域退出。

其次，社会组织应从由市场机制调节的公共产品的供给领域撤退，交给公共企业。由于受"非营利性"限制，社会组织伦理资源整合能力相对薄弱，无法提供具有吸引力的薪资，难以吸引专业人员的参与，因而组织运行效率普遍低下，难以持续提供令公众满意的公共产品和公共服务。公共企业（Public Enterprise）是指生产公共产品、提供公共服务的，拥有自身预算的独立法人实体。公共企业接受来自政府和公众的监督，所提供的公共服务和公共产品不仅是有偿的，而且是营利的。这既保证了公共服务和公共产品的质量，同时，也保证了公共企业生产能力的持续性。

　　从纵向来说，社会组织应根据不同发展阶段的伦理能力来承担不同的道德责任及开展不同的道德行为。在社会组织体系内部，不同类型的社会组织其伦理特性存在差异，伦理能力也有高低之分。应根据实际的伦理能力，来制定相应的道德行为要求。比如，不同的社会组织的伦理特性是不同的，有些社会组织具有道德取向的崇高性（如旨在进行慈善、救助、援助等活动的志愿服务组织或爱心组织），其伦理特性明显、其伦理能力一般较强；另有一些以互助为特性的社会组织，具有一定的功利性，伦理能力往往较弱，不应对它们提出过于苛刻的要求。另外，社会组织在不同的发展阶段，其伦理能力是不同。一般而言，组织发展会经历通常所说的幼稚期、成长期、成熟期、衰退期。其以伦理能力为主要标志的伦理生命周期亦然。组织伦理能力的发展虽与组织的发展周期并不统一，但仍有对应的特征和规律性可循。一般而言，在社会组织内部，伦理能力的发展会经过三个阶段：其一，伦理能力"即兴"阶段。社会组织伦理能力建立在领导者个体道德能力上，领导者凭借自己的道德能力以非系统方式做出伦理决策，道德判断、道德行为带有显著的情感特征。其二，伦理能力发展阶段。社会组织成员共享伦理决策理念，组织的伦理决策不仅合法，而且具备伦理正当性和道德合理性，伦理决策、道德行为趋于理性。其三，伦理能力复兴阶段。社会组织开始反省自身的行为习惯及伦理传统，主动进行伦理创造。组织成员自觉广泛参与伦理反思、创造的过程中。因此，应结合社会组织不同发展阶段的伦理能力展开相应的道德行为。

结　　语

由于组织德性是一个尚待商榷的问题，所以"社会组织的道德行为的生成逻辑"没有沿用伦理学"从德性到德行"的传统探讨路径，而是采用一般意义上的行为发生过程，从认知、动力、决策、反省、调控等行为发生的一般过程来试图寻求社会组织道德行为的生成逻辑。在理论思考、文献阅读的基础上，试图通过有限的访谈和短时期的观察来探求社会组织道德行为发生、发展的规律，这在具体的社会组织道德行为的研究中，不免捉襟见肘。没有作为行动者参与到社会组织道德行为中去，就很难窥探道德行为动态发展的内在机理和行为者不断变化的思考、体验和感悟，也没能对社会组织、成员、志愿者及社会间错综复杂的关系和变化历程进行深刻的把握，因此，也没能呈现出社会组织道德行为具体而鲜活的行为变化和内在意义。

"没有作为行动者参与到社会组织道德行为中去"这一不足之处，在另一方面，也赋予本研究一些优势，那就是保持研究立场和研究态度的中立和客观。关于研究者将自身客体化或对象化而展开研究这一方法论在学界引起激烈争论，至今还未尘埃落定。笔者试图用系统的研究来完善对社会组织道德行为的自觉认识，对道德行为直觉的、肤浅的和惯常的看法往往会导致对行为的错误指导及预测。系统化地研究道德行为，则可以提高完善对道德行为的直觉认识，从而更好地指导、预测道德行为。所谓系统的研究，就是指通过对事物之间关系的考察来解释其中的原因和结果，并把解释和所得的结论建立在科学论证之上。

理论构筑了学术研究的根基，用以分析、探索经验事实，并对事实提出质疑和完善的方向。"社会组织的道德行为的生成逻辑"不是试图建立一种总体理论主张，以强加于实践之上，应用于任何一种行为情境中。笔者对社会组织道德行为的研究是想形成关于一个既定行为领域的知识，促使相关行为者关注这样一种新发现，从而改善具体的道德行为，形成良好的行为习惯，建构有效的行为运行机制。同时，研究者通过对改善了的行为的经验观察，再修正业已形成的道德行为发生知识，使关于社会组织道德行为的发生知识与实践达到紧密地结合。从经济学家的观点看，"集体行为能够扩张个人的理性范围。集体行为是一种实现力量的手段"。而在另一方面，无论对于内部还是外部，组织实际上都是一个权威性的分配体系，按肯尼斯·阿罗的理解，"在效率这个强有力的意义上，在使每个人更好这个意义上，没有更好的其他体系或者分配"。① 正基于此，在社会的未来发展进程中，组织的作用会不断强化。而在当代中国，无论是就社会主义市场经济体制改革这一时代背景，还是社会主义和谐社会建设这一目标来说，社会组织的发展都有着特殊的重要意义，而其良性的社会影响则必然依赖于社会组织道德行为的有效开展，社会组织道德行为实践问题也将在组织内外部日益提上日程。

　　社会组织总是具体的，尽管可以在一般意义上把握其道德行动发生的规律性，但同时更需要针对不同类型——基于性质、成因等而进行划分——进行个别性探究。应以组织理论的相关领域（如组织社会学、组织心理学、组织传播学等）的有益成果作为理论资源。在更宽的视野里，还可以发现，伦理学界重"善"与"恶"、"应然"与"实然"的学术范式也在制约着对道德行为发生问题的思考，这种习惯于定性的对偶性论证在一定程度上忽视甚至排斥了人们对道德心理问题的深入发掘，缺乏道德心理学的理论支援，对道德行为的研究就只能望"复杂性"而兴叹。社会组织道德行为的发生机理，绝不能简单地从个体那里去寻找，也不能简单地从个人的社会本能那里去寻找，而必须回到社会组织自身。

　　然而，伴随着社会的发展，社会组织自身既面临着新的来自外部的挑战，其内部也在不断发生改变。此外，社会转型期文化的多元化之势使得社会组织的伦理文化也在一定程度上呈现出多元性，由此产生外部道德评价的异质性和社会组织内部自省的困难。与社会组织道德行为目标的三个层次（组织拥有者的目标、成员的共同目标、组织实体的独立目标）相联系，可能会产生三类最主要的伦理冲突：社会组织目标与外部环境的伦理要求的冲突，社会组织目标与成员个体目标的冲突，社会组织间的冲突。这些冲突的解决固然可以依靠法律、协商等途径，但更重要的则是社

---

① ［美］肯尼斯·阿罗：《组织的极限》，万谦译，华夏出版社 2006 年版，第 6、10 页。

会组织的道德自律、自省和道德智慧。社会组织道德行为固然是组织凭以实现道德自律、自省，增进道德智慧的实践基础，这些自然会对社会组织道德行为发生机制的合理性和有效性提出挑战，也给笔者留下了太多需要进一步思考的问题：

组织伦理应当成为社会组织道德行为的基本理念和规则，但是，社会组织伦理能力不应当成为一种话语霸权能力，它应当是经由组织自省的人类组织化生活形态的自我完善机制。然而，这种能力如何使社会组织影响他人，包括领导者？"有组织或无组织地违反命令经常会对权力设定限制，同时，像其他许多制裁一样，对这些不服从的恐惧将会使责任内在化。"① 然而，此时成员又面临新的道德困境：对领导的尊重与对道德信念的敬仰，何者为重？对社会组织缺乏合理性的道德指令是服从，还是进行劝诫？假如以暴抗暴不能获得伦理上的支持，那么，以不道德行为压制或促使他人放弃不道德行为呢？当社会组织中每一个人都是善的时候，社会组织为什么还会发生不道德行为？如何消除社会组织之恶？

不管是社会组织还是它所包含的部门、群体等都是由个体构成的。社会组织道德行为是由组织中个体的道德行为来体现的，但这种行为主要不是来自个体的道德意识的支配，更多的是受制于社会组织的价值观、结构、制度、决策机制、目标、道德规范、道德信念和伦理氛围等。既不能把社会组织拟人化，也不能把社会组织道德行为简单地分解为个体或群体道德行为。社会组织作为实现目标的工具，本身也要消耗本来就不充足的资源。在有些情况下，资源不是用于实现道德目标，而是维持社会组织的存续，也就是说，社会组织成为目的。那么，当社会组织自身的发展需要与开展道德行为的需要同时显得急迫时，本来就不充足的资源倾向于哪一边？

当社会组织中的道德行为动机冲突表现为善与善的对峙时，应该以何种原则来化解？比如，慈善捐款选择帮助谁或不帮助谁的标准；帮助弱势群体的方式、途径的选择等。当善行动机与预期可能产生的不良后果想法相冲突时，比如一方面想奉献自我，帮助他人；另一方面又担心这种奉献会对自己造成损失或使对方遭致损失。社会组织又该如何评估并做出合理

---

① ［美］肯尼斯·阿罗：《组织的极限》，万谦译，华夏出版社2006年版，第81—82页。

的行为选择?

基于奖惩等利益形态的外在驱动力短期内会提高社会组织开展道德行为的积极性,但长期来看是否会减损社会组织对道德行为本身的兴趣及道德行为自身的崇高性?如果没有外在压力,社会组织能否主动地提升道德行为能力?如果需要外部压力,什么样的外部压力才能真正起到促动道德行为的作用?

"从道德发生学的观点分析,个体的社会实践活动、社会关系和自我意识是个体道德行为发生的前提。"[①] 那么,社会组织道德行为的发生前提是什么?影响其道德行为发生的因素与个体道德行为的发生因素存在怎样的差异性?社会组织中的成员个体在上述因素方面可能会发挥怎样的相互作用?不同伦理特性的社会组织中,这种变化、影响又有何差异?如何发现、适应这种差异,并利用其积极的相互影响,促进社会组织道德行动的发动和发展?

所有这些问题都表明,本书中关于社会组织道德行为的思考仍是极其有限的,能否在实践上产生积极效应也未可知。本书未能呈现的,远远大于已然说出的,这既是一种缺憾,更是价值所在,正如打开一个缺口的宝藏,由此本书的不足未竟之憾,恰恰反映出社会组织道德行为更广大的探索空间,这无论是对社会组织的道德实践还是学术研究而言,恐怕都是一个有价值的缺憾。同时,笔者深知,对于社会组织道德行为方面尚待解决的一系列问题的"忽视"比逻辑的"错误"、方法的"无效"更可怕。一个让人不满意的解决思路更容易引发进一步探讨或论争,并由此可能产生更完善的解决方案。但是,"忽视"却永远都不是建设性的,永远不具有生产价值。至于本书的价值,也许还有待于前述诸多问题解决之后才能呈现出来。理论永远不会成为完美无缺的终结性产品,而是需要不断加以修正的过程性产品。"路漫漫其修远兮,吾将上下而求索!"笔者当以此自勉,继续在社会组织领域尤其是社会组织道德行为方面不懈探索。

---

① 唐凯麟、龙兴海:《个体道德论》,中国青年出版社1993年版,第104页。

参考文献

一　中文著作

1. 杨伯峻：《论语译注》，中华书局 2006 年版。

2. 张岱年：《中国伦理思想研究》，江苏教育出版社 2005 年版。

3. 周辅成：《西方伦理学名著选集》（下），商务印书馆 1996 年版。

4. 北京大学哲学系外国哲学史教研室：《西方哲学原著选读》（上卷），商务印书馆 1981 年版。

5. 肖前：《马克思主义哲学原理》（上），中国人民大学出版社 1994 年版。

6. 罗国杰：《伦理学》，人民出版社 2005 年版。

7. 朱贻庭主编：《伦理学大辞典》，上海辞书出版社 2011 版。

8. 魏英敏：《新伦理学教程》，北京大学出版社 1993 年版。

9. 唐凯麟、龙兴海：《个体道德论》，中国青年出版社 1993 年版。

10. 唐凯麟：《当代中国道德和伦理学发展的理论审视》，湖南人民出版社 2000 年版。

11. 姚新中：《道德活动论》，中国人民大学出版社 1990 年版。

12. 夏伟东：《道德本质论》，中国人民出版社 1991 年版。

13. 万俊人：《现代性的伦理话语》，黑龙江人民出版社 2002 年版。

14. 樊浩：《伦理精神的价值生态》，中国社会科学出版社 2001 年版。

15. 樊浩：《道德与自我吉林》，吉林教育出版社 1994 年版。

16. 樊浩：《道德形而上学体系的精神哲学基础》，中国社会科学出版社 2006 年版。

17. 田海平：《西方伦理精神》，东南大学出版社 1998 年版。

18. 王珏：《组织伦理——现代性文明的道德悖论及其转向》，中国社会科学出版社 2008 年版。

19. 杨国荣：《存在的澄明——历史中的哲学沉思》，辽宁人民出版社1998 年版。

20. 杨国荣：《伦理与存在——道德哲学研究》，华东师范大学出版社2009 年版。

21. 杨国荣：《心学之思——王阳明哲学的阐释》，生活·读书·新知三联书店1997 年版。

22. 戚万学：《道德学习与道德教育》，山东教育出版社2006 年版。

23. 易法建：《道德场论》，长沙：湖南教育出版社2001 年版。

24. 赵汀阳：《论可能生活》，中国人民大学出版社1994 年版。

25. 卢风：《应用伦理学与当代生活》，中央编译出版社2004 年版。

26. 甘绍平：《应用伦理学前沿问题研究》，江西人民出版社2002 年版。

27. 谭伟东：《经济伦理学——超现代视角》，北京大学出版社2009 年版。

28. 钱焕琦：《走向自觉——道德心理论》，人民出版社2003 年版。

29. 蔡志良、蔡应妹：《道德能力论》，中国社会科学出版社2008 年版。

30. 康晓光、冯利：《2013 中国第三部门观察报告》，中国社会科学出版社2013 年版。

31. 张静：《国家与社会》，浙江人民出版社1998 年版。

32. 邓正来、［英］亚历山大：《国家与市民社会——一种社会理论的研究路径》，中央编译出版社2005 年版。

33. 黄宗智：《中国研究的范式问题讨论》，社会科学文献出版社2003 年版。

34. 邓国胜：《民间组织评估体系——理论、方法与指标体系》，北京大学出版社2007 年版。

35. 王名：《社会组织论纲》，社会科学出版社2013 年版。

36. 陈宝良：《中国的社与会》，浙江人民出版社1996 年版。

37. 影响力商学院：《绝对执行：高效执行力组织的六大系统》（修订版），电子工业出版社2012 年版。

38. 钱满素、刘军宁：《自由与社群生活》，生活·读书·新知三联书店1988 年版。

39. 邓国胜：《非营利组织评估》，社会科学文献出版社2001 年版。

40. 国务院发展研究中心社会发展研究部课题组：《社会组织建设：现实、挑战与前景》，中国发展出版社2011 年版。

41. 胡仙芝：《社会组织化发展与公共管理改革》，群言出版社 2010 年版。

42. 陆士桢、张晓红、郭新保：《北京志愿服务模式研究》，北京出版社 2009 年版。

43. 周晓虹：《现代社会心理学：多维视野中的社会行为研究》，上海人民出版社 1997 年版。

44. 王彦斌：《中国组织认同》，社会科学文献出版社 2012 年版。

45. 黄斌、任丽梅：《权威与魅力》，企业管理出版社 2002 年版。

46. 张国才：《组织传播理论与实务》，厦门大学出版社 2002 年版。

47. 周作伟：《新和谐之道：决定和谐的组织伦理与制度》，中国社会科学出版社 2007 年版。

48. 李春霞、吴长青、陈晓飞：《民间平谷：新时期社会组织在民生建设中的作用研究》，九州出版社 2013 年版。

49. 李茂平：《民间的道德力量》，中国社会科学出版社 2011 年版。

50. 杨道波：《公益性社会组织约束机制研究》，中国社会科学出版社 2011 年版。

51. 周雪光：《组织社会学十讲》，社会科学文献出版社 2003 年版。

52. 崔开华：《组织的社会责任》，山东人民出版社 2008 年版。

53. 范丽珠：《全球化下的社会变迁与非政府组织（NGO）》，上海人民出版社 2003 年版。

54. 胡河宁：《组织传播学：结构与关系的象征性互动》，北京大学出版社 2010 年版。

55. 石伟：《组织文化》，复旦大学出版社 2004 年版。

56. 李义天：《共同体与政治团结》，社会科学文献出版社 2011 年版。

二　国外著作

1. ［古希腊］亚里士多德：《尼各马可伦理学》，廖申白译，商务印书馆 2003 年版。

2. ［德］马克思、恩格斯：《马克思恩格斯全集》第 23 卷，人民出版社 1995 年版。

3. ［德］马克思、恩格斯：《马克思恩格斯选集》第 1 卷、第 4 卷，人民出版社 1995 年版。

4. ［德］康德：《道德形而上学原理》，苗力田译，上海人民出版社 2002

年版。

5. ［德］康德：《康德实践理性批判》，韩水法译，商务印书馆 1999
年版。

6. ［德］黑格尔：《法哲学原理》，范扬、张企泰译，商务印书馆 1979
年版。

7. ［德］黑格尔：《精神现象学》，贺麟、王玖兴译，商务印书馆 1979
年版。

8. ［德］路德维希·费尔巴哈：《费尔巴哈哲学著作选集》（下），商务
印书馆 1984 年版。

9. ［德］叔本华：《伦理学的两个基本问题》，任立等译，商务印书馆
2004 年版。

10. ［德］马克斯·韦伯：《经济与社会》（下），林荣远译，商务印书馆
1997 年版。

11. ［美］约翰·罗尔斯：《正义论》，何怀宏、何包钢、廖申白译，中国
社会科学出版社 1988 年版。

12. ［英］齐格蒙特·鲍曼：《现代性与大屠杀》，杨渝东等译，译林出版
社 2002 年版。

13. ［英］齐格蒙特·鲍曼：《后现代伦理学》，张成岗译，江苏人民出版
社 2003 年版。

14. ［英］齐格蒙特·鲍曼：《现代性与矛盾性》，邵迎生译，商务印书馆
2003 年版。

15. ［英］安东尼·吉登斯：《现代性的后果》，田禾译，译林出版社 2006
年版。

16. ［美］丹尼尔·贝尔：《资本主义文化矛盾》，赵一凡等译，生活·读
书·新知三联书店 1989 年版。

17. ［美］丹尼尔·贝尔：《后工业社会的来临——对社会预测的一项探
索》，高铦等译，商务印书馆 1984 年版。

18. ［英］约翰·穆勒：《政治经济学原理》（上卷），赵荣潜等译，商务
印书馆 1991 年版。

19. ［美］莱茵霍尔德·尼布尔：《道德的人与不道德的社会》，蒋庆等
译，贵州人民出版社 1998 年版。

20. ［法］让－弗朗索瓦·利奥塔：《后现代道德引言》，莫伟民等译，学

林出版社 2000 年版。

21. ［美］大卫·雷·格里芬：《后现代精神》，王成兵译，中央编译出版
社 1997 年版。

22. ［俄］别尔嘉耶夫：《论人的使命》，张百春译，学林出版社 2000
年版。

23. ［法］涂尔干：《社会分工论》，渠敬东译，生活·读书·新知三联书
店 2000 年版。

24. ［美］乔治·H. 米德：《心灵、自我与社会》，赵月瑟译，上海译文
出版社 2008 年版。

25. ［美］理查德·罗蒂：《偶然、反讽和团结》，徐文瑞译，商务印书馆
2003 年版。

26. ［美］丹尼斯·朗：《权力论》，陆正纶、郑明哲译，中国社会科学出
版社 2001 年版。

27. ［美］汉娜·阿伦特：《人的境况》，王寅丽译，上海人民出版社 2009
年版。

28. ［澳］迈克尔·A. 豪格、［英］多米尼克·阿布拉姆斯：《社会认同
过程》，高明华译，中国人民大学出版社 2011 年版。

29. ［美］乔纳森·特纳简·斯戴兹：《情感社会学》，孙俊才、文军译，
上海人民出版社 2007 年版。

30. ［美］马斯洛：《人的潜能和价值》，林方等译，华夏出版社 1987
年版。

31. ［美］詹姆斯·S. 科尔曼：《社会理论的基础》，邓方译，社会科学
文献出版社 1991 年版。

32. ［美］丹尼尔·平克：《驱动力》，龚怡屏译，中国人民大学出版社
2012 年版。

33. ［法］亚历山大·莫瑞，G. 戴维：《从部落到帝国——原始社会和古
代东方的社会组织》，郭子林译，郑州：大象出版社 2010 年版。

34. ［美］理查德·L. 达夫特：《组织理论与设计》，王凤彬等译，清华
大学出版社 2008 年版。

35. ［美］詹姆斯·马、赫伯特·西蒙：《组织》，邵冲译，机械工业出版
社 2008 年版。

36. ［法］米歇尔·克罗齐埃：《科层现象》，刘汉全译，上海人民出版社

2002 年版。

37. ［美］埃德加·沙因：《沙因组织心理学》，马红宇、王斌译，中国人民大学出版社 2009 年版。

38. ［美］赫伯特·西蒙：《管理行为——管理组织决策过程的研究》，杨砾、韩春立、徐立译，北京经济学院出版社 1988 年版。

39. ［法］让·卡泽纳弗：《社会学十大概念》，杨捷译，上海人民出版社 2003 年版。

40. ［美］詹姆斯·汤普森：《行动中的组织》，敬乂嘉译，上海人民出版社 2007 年版。

41. ［美］罗伯特·S、卡普兰，戴维·P.诺顿：《组织协同》，博意门咨询公司译，商务印书馆 2006 年版。

42. ［美］罗伯特·克赖特纳、安杰洛·基尼奇：《组织行为学》，顾琴轩等译，中国人民大学出版社 2007 年版。

43. ［美］雷蒙德·E.迈尔斯、查尔斯·C.斯诺：《组织的战略、结构和过程》，方洁译，东方出版社 2006 年版。

44. ［美］约翰·P. 科特、詹姆斯·L. 赫斯克特：《企业文化与经营业绩》，李晓涛译，中国人民大学出版社 2004 年版。

45. ［美］莱斯特·M. 萨拉蒙：《全球公民社会：非营利部门视界》，贾西津、魏玉译，社会科学文献出版社 2007 年版。

46. ［法］让·梅松纳夫：《群体动力学》，殷世才、孙兆通译，商务印书馆 2004 年版。

47. ［美］斯蒂芬·P. 罗宾斯、蒂莫西·A. 贾奇：《组织行为学》，中国人民大学出版社 2008 年版。

48. ［英］帕特里夏·沃海恩、R. 爱德华·弗里曼：《布莱克维尔商业伦理学百科辞典》，刘宝成译，对外经济贸易大学出版社 2002 年版。

49. ［美］科恩：《论民主》，聂崇信、朱秀贤译，商务印书馆 1988 年版。

50. ［英］R. 梅雷迪思·贝尔滨：《未来的组织形式》，郑海涛、王瑾译，机械工业出版社 2001 年版。

51. ［法］皮埃尔·卡蓝默：《破碎的民主——试论治理的革命》，庄晨燕译，三联书店 2005 年版。

52. ［美］阿尔伯特：《哈伯德致加西亚的信》，艾柯译，九州出版社 2013 年版。

53. ［美］肯尼斯·阿罗：《组织的极限》，万谦译，华夏出版社2002年版。

54. ［美］理查德·P. 尼尔森：《伦理策略——组织生活中认识和推行伦理之道》，伏宝会、陈育明译，中国劳动社会保障出版社2001年版。

55. ［美］彼得·M. 布劳、W. 理查德·斯科特：《正规组织：一种比较方法》，夏明忠译，东方出版社2006年版。

56. ［美］曼瑟尔·奥尔森：《集体行动的逻辑》，陈郁、郭峰宇、李崇新译，上海三联书店1995年版。

57. ［法］古斯塔夫·勒庞：《乌合之众》，冯克利译，中央编译出版社2005年版。

58. ［美］罗伯特·阿克塞尔罗德：《合作的进化》，上海人民出版社2007年版。

59. ［美］米歇尔·鲍曼：《道德的市场》，肖君、黄承业译，中国社会科学出版社2003年版。

60. ［德］诺贝特·埃里亚斯：《个体的社会》，翟三江、陆兴华译，译林出版社2003年版。

61. ［美］乔恩·埃尔斯特：《社会黏合剂：社会秩序的研究》，高鹏程等译，中国人民大学出版社2009年版。

62. ［美］兰·费雪：《完美的群体：如何掌控群体智慧的力量》，邓逗逗译，浙江人民出版社2013年版。

63. ［美］H. I. 皮特里：《动机心理学》，郭本禹等译，陕西师范大学出版社2005年版。

64. ［美］丹尼斯·K. 姆贝：《组织中的传播与权力》，陈德民、陶庆、薛梅译，中国社会科学出版社2000年版。

65. ［美］凯斯·桑斯坦：《极端的人群：群体行为的心理学》，尹宏毅、郭彬彬译，新华出版社2010年版。

三　期刊论文

1. 俞可平：《马克思市民社会理论及历史意义》，《中国社会科学》1993年第4期。

2. 王诗宗、宋程成：《独立抑或自主——中国社会组织特征问题重思》，《中国社会科学》2013年第5期。

3. 樊浩：《当前中国伦理道德状况及其精神哲学分析》，《中国社会科学》2009 年第 4 期。

4. 樊浩：《伦理文化与管理精神》，《管理者》1990 年第 1 期。

5. 樊浩：《人伦传统与中国式管理的组织形态》，《天津社会科技》1993 年第 6 期。

6. 孙炳耀：《中国社会团体官民二重性》，·《中国社会科学季刊》（香港）1994 年第 6 期。

7. 康晓光：《转型期的中国社团》，《中国社会科学季刊》（香港）1999 年第 28 期。

8. 王颖、折晓叶、孙炳耀：《社团发展与组织体系重构》，《管理世界》1992 年第 2 期。

9. 倪梁康：《论伪善：一个语言哲学的和现象学的分析》，《哲学研究》2006 年第 7 期。

10. 王绍光：《金钱与自主：市民社会面临的两难困境》，《开放时代》2002 年第 3 期。

11. 李顺德：《普遍价值及其客观基础》，《中国社会科学》1998 年第 6 期。

12. 王珏：《组织伦理与当代哲学范式的转换》，《哲学研究》2007 年第 4 期。

13. 王珏：《"后单位时代"集体行动的特征及其规律：基于社会调查的实证研究》，《道德与文明》2014 年第 4 期。

14. 王珏：《后单位时代组织伦理的实证调查与对策研究》，《江海学刊》2010 年第 3 期。

15. 王珏：《现代社会伦理秩序的发生路径》，《伦理学研究》2008 年第 6 期。

16. 王珏：《组织伦理与现代社会的伦理和谐：基于江苏地区的调查问卷的分析》，《东南大学学报》2008 年第 2 期。

17. 张传友、刘科：《改革开放与中国社会伦理价值观的转向》，《哲学动态》2008 年第 8 期。

18. 贺来：《社会团结与社会统一的哲学论证：对当代哲学的一个重大问题的考察》，《天津社会科学》2007 年第 5 期。

19. 宋建丽：《文化差异群体的身份认同与社会正义：多元主义对自由主

义的挑战》，《哲学动态》2009 年第 8 期。

20. 卢坤：《从个体伦理到"集体与个体"二维伦理——论当代集体主义建构路径》，《哲学研究》2005 年第 3 期。

21. 盛晓明、吴彩强：《行动、因果关系和自我——赛尔行动哲学述评》，《浙江大学学报》2007 年第 3 期。

22. 张霄：《集体行动的道德动机：评马克思分析学派对革命动机理论的重建》，《江苏社会科学》2008 年第 3 期。

23. 张钢：《论组织行为学研究方法的转向》，《浙江大学学报》（社会科学版）1995 年第 1 期。

24. 杨家碌：《组织行为面临的挑战及组织行为的研究趋势》，《上海大学学报》2010 年第 4 期。

25. 曾晖、赵黎明：《组织行为学的发展新领域》，《北京工商大学学报》（社会科学版）2007 年第 3 期。

26. 余卫东、龚天平：《组织伦理略论》，《伦理学研究》2005 年第 3 期。

27. 张远芝、万江红、田大明：《当前民间组织发展的困境》，《理论与现代化》2006 年第 5 期。

28. 廖加林：《论非营利组织活动的伦理特质》，《中南大学学报》（社会科学版）2006 年第 1 期。

29. 安云风：《非政府组织及其伦理功能》，《中国人民大学学报》2006 年第 5 期。

30. 白立娟：《期待、背离与回归：非营利组织伦理问题研究》，《吉首大学学报》2007 年第 5 期。

31. 姚锐敏：《困境与出路：社会组织公信力问题建设研究》，《中州学刊》2013 年第 1 期。

32. 程立涛：《爱心实现与慈善救助的现代意义》，《河南师范大学学报》（哲学社会科学版）2006 年第 3 期。

33. 孟凡平：《伦理关怀：弱势群体问题的现代视角》，《齐鲁学刊》2006 年第 6 期。

34. 曹凤月：《解读道德责任》，《道德与文明》2007 年第 2 期。

35. 皇甫刚、姜定宇、张岗英：《从组织承诺到组织忠诚：华人组织忠诚的概念内涵与结构》，《心理科学进展》2013 年第 4 期。

36. 李海、张勉、李博：《组织凝聚力结构与影响因素案例研究及理论建构》，《北京师范大学学报》（社会科学版）2009 年第 6 期。

37. 杨智、刘新燕、万后芬：《国外组织学习研究综述》，《外国经济与管理》2004 年第 12 期。

38. 王健敏：《道德学习的心理特点和基本方式》，《山东师范大学学报》2005 年第 2 期。

39. 张典兵：《近十年我国道德学习研究的反思》，《道德与文明》2011 年第 1 期。

40. 陈国权、马萌：《组织学习：现状与展望》，《中国管理科学》2000 年第 1 期。

41. 张小林、戚振江：《组织公民行为理论及其应用研究》，《心理学动态》2011 年第 4 期。

42. 戴锐：《榜样教育的有效性与科学化》，《教育研究》2002 年第 8 期。

43. 顾文涛、韩玉启、吴正刚：《领导的伦理性质与伦理的领导性质》，《社会科学》2005 年第 4 期。

44. 施桂荣、浦光博、陶向京、时巨涛：《领导的诚实性行为对员工工作积极性的影响过程——中国企业组织内的研究》，《管理世界》2002 年第 1 期。

45. 杨清荣：《略论制度伦理与德性伦理的关系》，《道德与文明》2001 年第 6 期。

46. 周祖成：《论道德管理》，《南开学报》（哲学社会科学版）2003 年第 6 期。

47. 万俊人：《论价值一元性与价值多元性》，《哲学研究》1991 年第 2 期。

48. 田海平：《道德哲学的伦理思维进路》，《哲学研究》2005 年第 11 期。

49. 王南湜：《论道德生活的现代重建》，《理论与现代化》1998 年第 8 期。

50. 杨耕：《社会科学方法的发生、范式及其历史性转换》，《中国社会科学》1994 年第 1 期。

51. 王善平：《现代性：资本与理性形而上学的联姻》，《哲学研究》2006 年第 1 期。

52. 王彦东：《道德风险研究：伦理道德在社会管理中的价值》，《伦理学研究》2005 年第 1 期。

53. 张康之：《论公共管理中的伦理关系》，《中国人民大学学报》2003 年第 2 期。

54. 彭定光：《制度运行伦理：制度伦理的一个重要方面》，《清华大学学报》（哲学社会科技版）2004 年第 1 期。

55. 曹刚：《从权利能力到道德能力》，《中国人民大学学报》2007 年第 2 期。

56. 陆晓禾：《论经济发展与人的道德能力》，《社会科学》1994 年第 12 期。

57. 晏辉：《伦理生态论》，《广东社会科学》1999 年第 5 期。

58. 刘永富：《文化共同体对共同生活的意义》，《人文杂志》2004 年第 5 期。

59. 杨秀香：《走向制度化的伦理学——对中国现代化进程中道德建设的反思》，《中国人民大学学报》，2006 年第 1 期。

60. 刘彦生、梁禹祥：《论费尔巴哈关于道德行为主导因素的分析》，《南开学报》1998 年第 5 期。

61. 朱德元：《行动范畴的哲学解释》，《江汉论坛》2000 年第 1 期。

62. 曾鹏、罗观翠：《集体行动何以可能——关于集体行动动力机制的文献综述》，《开放时代》2006 年第 1 期。

63. 于建嵘：《集体行动的原动力机制研究——基于 H 县农民维权抗争的考察》，《学海》2006 年第 2 期。

64. 刘能：《当代中国社会转型中的集体行动——对过去三十年间三次集体行动浪潮的一个回顾》，《学海》2009 年第 4 期。

65. 郭学德：《试论法人腐败及其特点》，《学习论坛》1999 年第 7 期。

66. 王国勤：《当前中国"集体行动"研究述评》，《学术界》2007 年第 5 期。

67. 余炳元：《道德的市场与企业道德行为的合理性》，《伦理学研究》2010 年第 2 期。

68. 康永超：《法人失德及道德调控》，《中共中央党校学报》2004 年第 3 期。

69. 李路路、李汉林、王奋宇：《中国单位现象与体制改革》，《中国社会科学季刊》（香港）1993 年第 1 期。

70. 李汉林、李路路：《资源与交换——中国单位组织中的依赖性结构》，

《社会学研究》1999 年第 4 期。

71. 费孝通：《农村、小城镇、区域发展——我的社区研究历程的再回顾》，《北京大学学报》1995 年第 2 期。

72. 路风：《单位：一种特殊的社会组织形式》，《中国社会科学》1989 年第 1 期。

73. 孙立平、王汉生等：《改革以来中国社会结构的变迁》，《中国社会科学》1994 年第 2 期。

74. 王彦斌：《西方组织认同感研究综述》，《思想战线》2005 年第 2 期。

75. 王彦斌：《组织认同与行动理性》，《云南行政学院学报》2007 年第 5 期。

76. 张小林、戚振江：《组织公民行为理论及其应用研究》，《心理学动态》2011 年第 4 期。

后　记

　　本书从选题、写作到修改，历时近三年，其间我孕育了两个生命。我的书与我的孩子一同成长。我付出了更多的艰辛，也得到了双重收获：生命的成熟与思想的果实。本书对于我来说承载了更多的意义。当终于拉上写作的帷幕，回望一路走来的艰辛，感慨万千。感谢给予我智慧、关心和鼓励的所有人，特别地：

　　感谢海南大学马克思主义学院院长李德芳教授，没有李教授的推荐和海南大学中西部结合实力提升计划科研团队项目的支持，本书难以面世。在从学生向老师的角色转换中，李教授的博学、仁慈和温暖在无形之中给予我极好的示范和莫大的鼓励，因此，工作中我更习惯于称李院长为李老师，以此向他表达深深的谢意和崇高的敬意。

　　本书是在我博士论文的基础上修改而成，在付梓之际，感谢我的恩师王珏教授。我于2007年师从于恩师门下，与恩师的师生情缘已历经了近九年的时光。九年来，恩师对我学业上的指导，生活上的关心，是我今天能完成创作的前提；九年来，恩师给予了我最严格的学术训练，这不仅培养了我学术思考的能力，而且也一直激励着我前行；九年来，无论我的学业、生活处于怎样糟糕的境况，恩师都会在指导之余给予我足够的信任和期待，这给了我不断向前的力量。我在恩师的关爱里学习、生活、成长，积蓄着日后经营生活、为人师表的能量。对于恩师来说，也许最大的回报就是学生能在学术的道路上一步一个脚印地走下去。不管要忍受多少清苦，不管要经历多少艰辛，我都会在学术的大道上一路前行，希望学生的坚守和努力，能带给恩师一丝欣慰。

　　还要在此特别向孙慕义老师、樊和平老师表达深深的感激。两位尊师的课我不止一遍地听，他们的思想、他们的谆谆教诲让我领略到了伦理学无与伦比的意蕴。同时他们在曲折人生中的奋起拼搏，在收获殊荣后依旧埋头苦读，让我更深刻地体会到学术之于人生的意义。

　　如果说还有什么感谢的话让我无语凝噎的，那就是感谢我的家人。感谢我的姥姥、我的父母、我的姐姐和弟弟。这浓浓的血亲之爱是我生命的源头，是我奋勇的起点，更是我念念不忘的港湾。离开是为了成长，成长是为了终有一天能通过自己的努力带给他们更多的幸福。感谢我的公公和婆婆，感谢他们不仅帮我照顾小孩，还把我当成亲生女儿一样照顾，让我得以安心写作。感谢我两个可爱的孩子乐山和乐水，感谢他们带给我的幸福和希望。感谢我的丈夫朱子明，我们虽一直分处异地，聚少离多，但这份感情却从未改变。谢谢你，承担起家庭的全部重担，让我做一个不为生活所困，执着于梦想的幸福女人。

写作的状态有时让我感觉这种孤单的、焦虑的生活似乎绵延无期，但我知道每写一个字、每走一步都在趋向我想要的终点。时间、生命总以滚滚不复的流逝之景鞭策着我漂浮的心灵。有时我真的感到倦怠，却不曾真的停歇。我会一直努力，希望在奋斗、煎熬、等待、焦虑、收获的激荡中我能褪去青涩、迈向成熟，真正实现从学生向学者的转变，这也曾是恩师对我的期待！又是一个人生的十字路口，又是一次转变、提升的契机，努力吧，生命有无限的可能！

蒋　玉

2016 年 3 月 20 日于海口